W0078002

LAUTER!

19. Augsburger Lesebuch

Herausgegeben vom
Referat für Bildung und Migration
der Stadt Augsburg

Projektleitung: Gertrud Hornung
Covermotiv: Hintergrund Equalizer-Signal: Dhana Design
                      Mikrofon: Christos Georghiou
                      Elemente: z3r0graphic
                      Nutzung unter Lizenz von Shutterstock.com, 2022
                      Composing: Lisa Schwenk

Bibliografische Information der Deutschen Nationalbibliothek
Die Deutsche Nationalbibliothek verzeichnet diese Publikation in der
Deutschen Nationalbibliografie; detaillierte bibliografische Daten sind
im Internet über https://dnb.dnb.de abrufbar.

ISBN 978-3-95786-332-4
© Wißner-Verlag Augsburg 2023

Das Werk und seine Teile sind urheberrechtlich geschützt.
Jede Verwertung in anderen als den gesetzlich zulässigen Fällen
bedarf deshalb der vorherigen schriftlichen Einwilligung des Verlags.

Liebe Schülerinnen und Schüler, liebe Lehrkräfte und Eltern,
liebe Lesende,

wann wart ihr, wann waren Sie das letzte Mal so richtig laut? Und wann habt ihr jüngst jemanden aufgefordert, lauter zu sein? Beim Thema des 19. Augsburger Lesebuchs „Lauter!" dachten wir von Anfang an an Musik, an Gesang und an Instrumente. Aber natürlich können wir mit der eigenen Stimme nicht nur singen, sondern auch erzählen oder laut protestieren: Und leider dürfen nicht überall auf der Welt Menschen offen sagen, was sie denken. „Lauter!" meint also auch, dass man für andere eintreten und leise Stimmen dadurch hörbar machen kann. Auch davon zeugen Texte in diesem Buch.

Danke zunächst allen Schülerinnen und Schülern, die sich an diesem Schreibwettbewerb beteiligt und einen Text eingereicht haben! Oft stehen dahinter engagierte (Deutsch-)Lehrkräfte. Auch Ihnen gilt mein Dank dafür, dass sie an den Schulen für kreatives Schreiben eintreten.

Die Auswahl, welche der 500 eingereichten Texte abgedruckt werden, hat unsere ehrenamtliche Jury getroffen. Danke für diese tolle Arbeit!

Ebenso engagiert für und begeistert vom Projekt sind unsere Förderer und Unterstützer, ohne die es kein Lesebuch gäbe: AUFWIND, die Kinder- und Jugendstiftung der Stadtsparkasse Augsburg, ist seit Jahren eine wichtige Stütze. Ebenso danken möchte ich der Gemeinschaftsstiftung „Mein Augsburg" und dem Lions Club Augsburg Raetia wie auch den „Freunden der Stadtbücherei" und der Stadtbücherei selbst, für die Lesen ja eine besonders große Rolle spielt, und deshalb freue ich mich, dass sie als Partner neu an Bord sind.

Altbewährter und verlässlicher Partner des Lesebuchs ist der Wißner-Verlag, der das Buch wieder von der Ausschreibung bis zum Druck betreut und verantwortet hat, begleitet von den beiden höchstmotivierten Lesebuch-Initiatorinnen Gertrud Hornung und Andrea Unglert sowie den beiden Neueinsteigerinnen Margrit Fiederer vom Maria-Theresia-Gymnasium und Barbara Friedrichs vom Referat für Bildung und Migration.

Ihnen allen, euch und uns wünsche ich nun viel Vergnügen beim Schmökern, Blättern und Lesen. Und: Bleibt laut, wo es notwendig ist!

Ihre/Eure

Martina Wild
Bürgermeisterin | Referentin für Bildung und Migration

Inhalt

9

Immer lauter

Eine Feder fällt zu Boden,
genauso wie ganz sanft der Schnee.
Der Wind erzeugt ein Blätterrauschen,
ich öffne mein Buch und trinke Tee.
Der Wasserhahn tropft und ich flüstere nur,
der Wecker tickt und auch die Uhr.
Quakende Frösche und leichter Regen,
ich höre leise Radio und Leute reden.
Ein Rasenmäher geht laut an,
aus dem Fernseher tönt Gesang.
Auch der Staubsauger wird angemacht,
Autos fahr'n bis tief in die Nacht.
Die Bohrmaschine wird angeschaltet
– oh nein, es wird gefährlich laut.
Wenn man direkt daneben steht,
wird man noch auf Dauer taub.
Kettensäge, Presslufthammer, Düsenjäger, Flugzeugstart,
Rockkonzert und Diskothek sind für's Gehör, trotz Spaß, sehr hart.
Ein Gewehr, so laut es will
– alles ist nun wieder still.

Fiona Werle
Gymnasium Maria Stern, Klasse 8a

Lauter

Irgendwie ist alles frustrierend.
Wenn die Stille zu laut ist und das Laute zu still.
Wenn der Schrei die Schallwellen aussendet, aber die Luft vor den Ohren zum Stehen kommt.
Wenn die Lunge zu platzen droht und der Atem nicht mehr ausreicht.
Wenn die Ohren an Lärm gewöhnt sind und die Stille nicht beachten.
Wenn die Welt immer lauter wird und die Hoffnung immer leiser.
Wenn du versuchst zu hören und ich versuche zu schweigen.
Und wenn du aufgibst, weil du nichts hörst, aber meine Gedanken schreien, während der Mund zu bleibt.
Lauter wäre gut, aber leiser ist einfacher.

Kirsi Müller
Maria-Theresia-Gymnasium, Q11 (Schreibwerkstatt)

Heute ist der Tag

Heute ist der Tag.
Der Tag, an dem ich nicht
länger schweigen wollte.
Denn ich bin Superman, Wonderwoman und The Flash.
Ich bin Psychologe, Seelsorger und Ratgeber.
Ich bin Wahrsager, Wunderheiler und all-zeit-da.
Ich kann in eurer Seele lesen,
so seid ihr an die erste Stelle gerutscht,
und ich in einen tiefen Schlaf gefallen.
Und da stand ich dann in meinem Traum am Meer.
Ich sah mich um . . .
Keiner lacht, niemand schreit.
Keiner nörgelt, niemand weint.
Keiner da zum Bemuttern, niemand da zum Trösten.
Keiner da zum Auffangen,
Niemand, nichts und nirgendwo.
Doch was ich da auf einmal hörte,
war unbeschreiblich und unüberhörbar.
Laut und immer lauter schrie ich befreit aus voller Kehle
In die weite Leere hinein.
Ausgebrochen aus der Stille,
ertönte meine Stimme im Einklang mit mir selbst.
Laut und immer lauter.
Und ich nehme Anlauf und dann springe ich ins Meer hinein.
Ich schließe meine Augen,
gleich ist es vorbei.
Denn ich würde gern jeden Tag so leben,
als ob es mein letzter wär'.
Meine Stimme nutzen und mein Leben neu sortieren.
Ich möchte die Welt aus ihren Angeln heben,
doch gleich ertrinke ich im Meer.
Worin ich ertrinke,
ist nicht das Wasser selbst.
Ich werde verschluckt von eurem Alltag, Anforderungen, leeren Verspre-
chungen, Heuchelei, Size Zero, leeren Blicken, Augenringen, Sorgenfalten,
Liebeskummer, Luxusproblemen und von eurem Weltschmerz.
Denn ich bin Superman, Wonderwoman und The Flash.

Ich bin Psychologe, Seelsorger und Ratgeber.
Ich bin Wahrsager, Wunderheiler und all-zeit-da.
Doch ihr seid nicht die erste Stelle
und nicht wichtiger als ich.
Also ruderte ich mit den Armen,
kämpfte immer weiter,
um endlich meine Stimme zu nutzen.
Laut und immer lauter.
Und dann habe ich gedacht,
Wasser füllt meine Lunge,
davon bin ich aufgewacht!
Doch es war nicht nur ein Traum.
Denn ich bin kein Superheld,
nicht professionell und nicht allwissend.
Ich bin eine gute Freundin und höre gerne zu.
Und ich bin gern für euch, aber vor allem für mich da.
Und ich lasse euch nicht hängen,
das solltet ihr nicht denken.
Doch ich schweige nun nicht länger,
stehe selbst für mich ein.
Ich werde laut und immer lauter.
Und genau so soll es sein.

Dana Mayer
Berufsfachschule für Kinderpflege, Klasse Ki 10A

Lauter!

Ich lief die knarzenden Treppen zum Klassenzimmer hoch, in dem Wissen, gleich wieder von allen angesehen zu werden, weil ich die letzten zwei Tage nicht in der Schule war . . . „Sophia!", hörte ich meine Klassenkameraden rufen mit diesem einen Unterton, der sagte: „Du bist hier nicht willkommen" und „Da kommt die Dumme!"
Erst vor einem Monat hatte ich noch eine beste Freundin in der Klasse; wir hatten uns super verstanden und in jedem Fach zusammengesessen. Es war toll. Doch meine Noten wurden schlechter. Für meinen Notenabfall kannte niemand den Grund. Ich hatte nur noch Vierer; besonders in Geographie lief es richtig schlecht. Niemand hielt zu mir . . . alle mobbten mich. Ich fühlte mich scheiße, wie immer. Das Problem war: Kein Lehrer oder Schüler fragte mich jemals, wie es mir ginge, niemand wusste,

warum ich immer lange Klamotten trug, sogar im Sommer. Keiner fragte mich, denn alle dachten, ich wolle nur Aufmerksamkeit. Und niemand wusste, dass meine Mutter tot und mein Vater drogenabhängig war und mich schlug. Bald musste ich die Schule wechseln und nicht einer würde traurig darüber sein oder mich vermissen. Die Jungs meiner Klasse machten sich ständig über meine Noten lustig. Ich weiß nicht, wie ich hier rauskommen soll. Ich will doch einfach nur dazugehören. Ich will Freunde haben und mich nicht mehr in den Schlaf heulen müssen.

Sophia Maier
Maria-Theresia-Gymnasium, Klasse 7d

Es war einmal eine laute Klasse

Wir waren einmal drei Mädchen und sie waren die leisesten Kinder in der Klasse. Die anderen Mädchen waren mit den Jungs die lautesten. Die Lehrer mussten immer schreien.

Wir mussten uns leider immer das Geschrei anhören, weil die anderen nie leise sein konnten. Die Lehrer versuchten immer und immer wieder, die lauten Kinder umzusetzen, aber es klappte viel zu selten. Meistens wurden sie Freunde oder hielten zusammen. Aber irgendwann waren alle unsere Lehrer krank. Wir warteten und warteten in voller Lautstärke. Als die Lehrerin der Nachbarklasse zu uns kam, fragten wir sie: „Wo ist unsere Lehrerin?" Sie antwortete: „Ist sie noch nicht da?" „Nein!", riefen alle und es war auf einmal komplett still, weil jeder wusste, dass sie streng war. Meine Freundin bemerkte, dass die Lehrerin sich Kopfhörer aufsetzte und ganz laute Rockmusik anmachte, damit versuchte, ihre Stunde zu halten und dabei sehr laut redete. Alle, wirklich alle Kinder, sogar die aus der Nachbarklasse, hielten sich die Ohren zu.

Zwei Mädchen standen auf, rüttelten an ihrem Pulli und holten einen Kopfhörer aus ihrem Ohr. Sie sagten unschuldig zur Lehrerin, die Musik sei viel zu laut.

Sie antwortete: „Ja, jetzt wisst ihr, wie sich das für uns Lehrer jeden Tag anfühlt."

Zoé Meier
Johann-Strauß-Grundschule, Klasse 4d

Lauter sein ist nicht so schlimm!

Es gab einen Jungen namens Marc. Er war ein ganz ehrlicher und lauter Junge und das hat ihn besonders gemacht. Er wurde früher in der Schule gemobbt und geschlagen, weil die anderen ihn nicht mochten, denn er war so laut und ehrlich und hat seine Meinung immer geäußert, ohne sich zu schämen. Marc hat trotz des Mobbens gekämpft und hat viel mehr geschafft als alle anderen. Man muss sich trauen, lauter zu sein! Das ist etwas ganz Normales. Egal – auch wenn die ganze Welt gegen dich ist: MACH DEIN DING! Mach das, wobei du dich wohl fühlst! SEI LAUTER!!! Laut bedeutet, einer ehrlichen, redlichen, aufrichtigen Verhaltensweise zu entsprechen. Sei mehr als genug und sei lauter, denn so kannst du auch in ganz vielen Situationen weiter kommen.

Maya Ghanim
Berufsschule VII, Klasse MF11H

Aurora will etwas Wichtiges sagen

„Mama, ich will dir etwas Wichtiges sagen", ruft Aurora.
Mama antwortet: „Später, mein Schatz! Geh zu Papa!"
„Okay!", sagt Aurora und geht zu Papa.
„Papa, ich will dir etwas Wichtiges sagen!", ruft Aurora.
Papa antwortet: „Später, mein Schatz!"
Da schreit Aurora ganz laut: „Mama! Papa!"
Mama und Papa erschrecken und kommen schnell.
Aurora zeigt beiden ihr Zwischenzeugnis und lacht: „Schaut mal, ich habe in meinem Zwischenzeugnis lauter Pokale bekommen, das ist das Beste, was man haben kann!"
Alle lachen und freuen sich.

Valentina Ascione
Grundschule Centerville-Süd, Klasse 2c

Ein lauter Wegweiser

Ich saß mit meinem Vater im Auto und war nicht glücklich. Wir schwiegen beide. Er brachte mich ins Feriencamp. Mein bester Freund Max und ich hatten uns wochenlang auf diese Ferienwoche gefreut, bis gestern Abend seine Mutter bei uns anrief mit schlechten Nachrichten. Max hatte plötzlich hohes Fieber bekommen und konnte nicht mitfahren. Ich war am Boden zerstört und Max ging es sicher genauso. Jetzt musste ich ohne ihn ins Feriencamp fahren. ‚Aber ich kenne dort doch niemanden', ging es mir durch den Kopf, ‚und bestimmt werde ich die ganze Woche allein da herumsitzen.' Mein Vater bemerkte meine trübe Stimmung und rief mir aufmunternd nach hinten zu: „Es wird sicher trotzdem eine schöne Woche. Du wirst schon Freunde finden." Ich antwortete nur mit einem mürrischen Laut.

Auf einmal war die Fahrt zu Ende. Wir waren angekommen. Ich nahm meinen Rucksack aus dem Kofferraum und ging mit meinem Vater zum Eingang des Feriencamps. Ein freundlich aussehender Mann kam auf uns zu und begrüßte uns: „Hallo, ich bin Tom, einer der Betreuer hier, und wer bist du?" „Luis", erwiderte ich leise und knapp. „Hallo, Luis!", sagte Tom mit einem Lächeln, „Jetzt verabschiedest du dich von deinem Vater und dann kommst du einfach mit mir mit. Ich zeige dir das Feriencamp." Nach dieser Begrüßung fühlte ich mich ein kleines bisschen besser. Ich drückte meinen Vater zum Abschied und er flüsterte mir ins Ohr: „Du schaffst das schon. Ich wünsche dir eine tolle Ferienwoche."

Daraufhin führte mich Tom durch das Feriencamp. Schließlich blieb er mit mir vor einem Zelt stehen und sagte: „Dieses Zelt teilst du dir mit drei anderen Jungs, okay?" Ich nickte stumm, ging ins Zelt, legte meinen Rucksack auf eine freie Matratze und schaute mich um. Die anderen drei hatten ihre Schlafplätze schon belegt. ‚Wer sie wohl sind?', überlegte ich, ‚und hoffentlich sind sie in Ordnung.' Dann setzte ich mein Käppi auf und ging wieder hinaus an die frische Luft.

Da kamen drei Jungen auf mich zu. Sie waren etwas größer und älter als ich. Der eine fragte mich spöttisch: „Na, bist du mit uns im Zelt? Kannst du schon ohne Mami und Papi hierbleiben oder brauchst du noch einen Babysitter?" Ich tat so, als hätte ich das nicht gehört und ging weiter. Da sprang der zweite Junge auf mich zu und griff sich mein Käppi. Er warf es dem dritten Jungen zu. Dieser fing es auf und rief lachend zu mir: „Hol dir dein Käppi doch wieder, wenn du kannst!" Und schon rannten die drei mit meinem Käppi davon und ich raste hinterher.

Sie rannten erst an einem Bach entlang, bis das Feriencamp nicht mehr zu sehen war. Schließlich führte der Bach in einen Wald hinein. Jetzt verließen die drei den Weg und liefen zwischen den Bäumen weiter. Dort konnte ich sie endlich einholen. Ich keuchte: „Gebt mir sofort mein Käppi wieder!" Die drei blieben stehen und waren genau wie ich außer Puste. Trotzdem antwortete der eine noch: „Wie bitte? Wir verstehen dich so schlecht." Jetzt reichte es mir und ich schrie sie mit lauter Stimme an: „Her mit meinem Käppi!" „Da, fang!", murmelte der, der mein Käppi hatte, nun müde und ließ es vor mir fallen. Auf einmal sah er ganz unsicher aus. Schließlich fragte er: „Wo sind wir eigentlich? Wie kommen wir zurück zum Feriencamp?" „Keine Ahnung!", meinte der zweite Junge mit einem leichten Zittern in der Stimme. Der dritte Junge zuckte mit den Schultern und schaute sich ratlos um.

Ich hob mein Käppi auf und dachte entnervt: ‚Na toll! Nun sitze ich mit denen im Wald fest und wir finden nicht mehr zurück. Abend ist es auch schon. Vielleicht müssen wir hier sogar übernachten.‘ Doch plötzlich erinnerte ich mich daran, dass wir bis in den Wald hinein an einem Bach entlang gelaufen waren und dass der Bach genau zum Feriencamp führte. Angestrengt lauschte ich. In der Ferne konnte ich ein ganz leises Plätschern hören. Ich ging los in die Richtung, aus der das Wassergeräusch kam. Den anderen rief ich zu: „Kommt mit, ich weiß wieder, wie es zurück geht!" Sie guckten verwundert, folgten mir aber. Langsam näherten wir uns dem Bach, denn das Geplätscher wurde immer lauter. „Juhu, es klappt! Wir finden den Weg", lachte ich voller Erleichterung. Die anderen schienen auch ziemlich froh zu sein, dass mir der Bach wieder eingefallen war. Bald schon erreichten wir ihn und liefen den Weg daran entlang zurück. Im Feriencamp warteten bereits alle ungeduldig auf uns. Wir erzählten, was passiert war. Zum Glück war uns niemand böse. Alle waren einfach erleichtert, dass wir wieder da waren.

Am Lagerfeuer kamen die drei Jungen zu mir her. Erst entschuldigten sie sich und dann bedankten sie sich, weil ich den Rückweg gefunden hatte. Sie hießen übrigens Tim, Sam und Ben und ich verbrachte mit ihnen doch noch eine tolle Ferienwoche. Das Beste aber war, dass Max schnell wieder gesund wurde und mit nur zwei Tagen Verspätung nachkam.

Lucia Hanrieder
Maria-Ward-Gymnasium, Klasse 5a

Lauter

Lauter, lauter, schneller, schneller,
alles lauter, alles schneller.
Es gibt kein „Stopp!", es gibt kein „Halt!"
Alles so laut und so viel Gewalt.
Alles so laut.
Viel zu laut!
Ich will flüchten an einen stillen Ort.
In eine heile, friedvolle, stille Welt.

Jeder wird respektiert, jede Meinung zählt.
Doch wir sind hier und können nicht weg.
Es gibt nirgends ein sicheres Versteck.
Also steht auf!
Steht auf, all diejenigen, denen es ist zu laut!
Denn gemeinsam können wir es schaffen,
unsere Welt wieder gesund zu machen.

Tabea Kohl
Mädchenrealschule St. Ursula, Klasse 8b

Große Pause in der Schule

Ihr werdet geärgert und erpresst, es nicht dem Lehrer zu sagen?
Trau dich, es zu sagen! Lass dich nicht erpressen und ärgern, sondern
geh einfach deinen Weg! Wenn sie dir folgen, geh am besten zu einem
Erwachsenen oder rufe: „HALT! STOPP! Ich mag das nicht!" Wenn sie nicht
aufhören, gehe zu einer Pausenaufsicht (oder zu einem Erwachsenen in
der Stadt)!
Sei laut, stark und lass dich nicht ärgern!

Gabriel Stark
Grundschule Inningen, Klasse 3b

LAUTER

Völlig aufgewühlt steht sie an der Straße und weint.
Was haben diese Leute da eben gemeint?
Sie warfen mit gemeinen Worten und Sätzen
Und tun alles, um dieses Mädchen zu verletzen.
Der Grund für all diese Taten?
Ja, dreimal dürft ihr alle raten.
Das Mädchen sieht etwas dicker aus als andere Leute,
Deswegen wird sie von vielen beschimpft heute.
Wegen eines größeren Bauchs und dickeren Beinen
Lassen sie sogar ihre damaligen Freunde hier stehen am Weinen.
Das Mädchen wird traurig und sehr still und leise,
Keiner merkt, wie verletzt sie ist durch solche Weise.
Sie erzählt niemandem, was hier passiert.
Es ist auch keiner da, der dies kapiert.
Ihr Selbstbewusstsein fängt immer mehr an zu verschwinden,
Sie schafft es nicht mehr, sich selbst schön zu finden.

Das Mädchen fängt an, sich zu verstecken, und zieht sich von allem zurück,
Sie dachte, sie hätte wenigstens in ihrem neuen Freundeskreis Glück.
Doch bei den Leuten, die sich ihre Freunde nannten,
Merkte sie schnell, wie sich alle abwandten.
Das Mädchen fängt jetzt an, sich zu ändern und lauter zu sein,
Lauter als alle anderen, laut fängt sie an zu schrein.
Sie lässt sich nicht mehr unterkriegen,
Die anderen werden schon sehen, dass sie alle falsch liegen.
Jeder ist so, wie er ist,
Und auch du bist toll, so wie du bist.
Also falls du auch mal in solch einer Situation steckst,
Sei LAUTER als alle anderen und du wirst sehen, wie dein Selbstbewusst-
sein wächst!

Yasmin Stadlmeier, Leonie Reuss und Antonia Wolgschaft
Berufsfachschule für Kinderpflege, Klasse Ki 10B

Für die Welt

In dieser Welt gibt es einiges, was uns nicht gefällt.
Rassismus und Krieg bringt uns viele Tote,
was wir nicht wollen.
All diese Leiden sind es nicht wert.
Wir singen LAUTER, LAUTER,
bis sie alle hören, wie es uns gefällt.

Für Gleichberechtigung, Klimaschutz machen wir uns stark,
Frauen und Männer sollen GLEICH berechtig sein.
Die Erde und die Natur zu schützen, ist unsere Pflicht.
Wir sagen LAUTER, immer LAUTER!!!
Bis sie alle hören, wie es uns gefällt.

Mateo Sebastian Heutz Reano
Lichtenstein-Rother-Grundschule, Klasse 4

Ein tragisches Liebesgedicht

Ich rufe seit langer Zeit,
doch er hört mich nicht.
Ich rufe seit langer Zeit,
doch er sieht mich nicht.
Ich rufe noch lauter,
er schmunzelt mit seinem süßen Mund,
als hätte er meine Worte gehört.
Doch verstehen tut er sie nicht.
Wie laut muss ich rufen,
dass Du mir antwortest?
Habe ich zu laut gerufen,
dass Du Deine Hände nun schüchtern in den Jackentaschen versteckst?

Ich rufe seit langer Zeit,
doch sie hört mich nicht.
Ich rufe seit langer Zeit,
doch sie sieht mich nicht.
Ich rufe noch lauter,
sie zwinkert mit ihren hübschen Augen,
als hätte sie meine Worte gehört.
Doch verstehen tut sie sie nicht.
Wie laut muss ich rufen,
dass Du mir antwortest?
Habe ich zu laut gerufen,
dass Du Deinen Blick nun abgewendet hast?

Anna Walter
Maria-Theresia-Gymnasium, Q12

Ein Funke voll Hoffnung

Ich wachte auf. Meine Mutter zerrte mich mit einem angsterfüllten Blick aus meinem Bett. Draußen hörte ich Bomben, Schreie und Kinder, die jämmerlich weinten. Der Krieg war zurück. Wir flohen in einem überfüllten Schlauchboot nach Deutschland. Wir konnten nichts mitnehmen, da es eng war. Die Wellen wurden immer höher und höher. Viele Leute ertranken. Ich hörte meine Schwester weinen. Sie sagte zwar nichts, doch ich war mir sicher, dass sie Angst hatte, so wie alle hier. Jeden Tag hoffte ich auf den Frieden. Unsere Tante, die schon vor Jahren geflüchtet war, nahm uns zum Glück auf. Wir hatten Angst um unser Land und um unseren Vater, der im Krieg kämpfen musste. Jeden Abend sahen wir den blutroten Himmel und wussten nicht, ob er noch lebte. Oft hörten wir unsere Mutter weinen. Eines Tages wachten meine Schwester und ich von einem lauten Geschrei auf. Erst dachten wir, dass der Krieg uns verfolgte, aber als wir genauer hinhörten, vernahmen wir die Worte: „Wir demonstrieren gegen Krieg!" Nun ging es uns schon besser, weil wir wussten, dass Leute für uns laut wurden.

Jonna Zogg und Sophia Krebs
Maria-Theresia-Gymnasium, Klasse 6b

Rondell: Lauter, lauter!

Papa und Mama streiten laut.
Ich bin traurig und weine laut.
Den Lärm möchte ich nicht hören.
Ich bin traurig und weine laut.
In italienischen Familien wird manchmal laut gestritten.
Mama und Papa hören mich, weil ich immer lauter weine.
Ich bin traurig und weine laut.
Papa und Mama trösten mich, versöhnen sich und alles ist wieder gut.

Valentina Ascione
Grundschule Centerville-Süd, Klasse 2c

Ein zwitschernder Vogel

Es ist Februar, aber in der letzten Woche schien die Sonne. Ich ging aus dem Haus, um mit meinem Freund zu spielen. Vor meiner Haustüre hörte ich einen Vogel zwitschern. Das Zwitschern war sehr laut und hörte sich toll an. Dann lauschte ich eine Weile und ging mit meinem Freund spielen. Wir spielten etwa eine Stunde und dann gingen wir nach Hause.

Yashas Kilaparty
Gymnasium bei St. Stephan, Klasse 5c

Großes, großes Großstadtfieber

Ich wachte wie immer ungefähr um acht Uhr auf, zog mich an, die Sonne ging gerade auf, die Vögel zwitscherten und meine Frau Esmeralda sang in der Küche. Alles sah nach einem normalen Sonntagmorgen aus. Ich hatte ja noch nicht gewusst, dass das heute alles in einer Katastrophe enden würde. Ich gähnte und ging hinunter zum Frühstück, ich begrüßte Esmeralda und setzte mich an den Frühstückstisch. Danach schlenderte ich ins Dorf, um Einkäufe zu erledigen, bis auf einmal Tom, der im alten Steinbruch spazieren ging, schrie: „Gold, ich habe Gold gefunden!" Sofort kamen alle Dorfbewohner dort hin, um den Fund zu bewundern. In weniger als zwölf Stunden wusste schon das ganze Land von der Entdeckung. Alle reisten an, um auch Gold zu finden und reich zu werden.

Das hatte zur Folge, dass es in unserem kleinen Dorf auf einmal ziemlich voll und laut wurde. Am Abend gingen Tom, Esmeralda und ich spazieren und wir vermissten die gewohnte Ruhe und Stille. Das ganze Dorf war voll von lauten Autos, lauten Menschen, lauten Maschinen. Überall geschäftiges Treiben ohne Rücksicht. Uns Dorfbewohnern schrillte es in den Ohren, wir verstanden unser eigenes Wort nicht mehr. So konnte es nicht weitergehen.

Als wir uns am nächsten Tag trafen, war Tom sehr traurig. Sein Goldfund war in Wirklichkeit nur Katzengold gewesen und war wertlos.

Wir teilten dem Bürgermeister diese Nachricht mit, die sich daraufhin wie ein Lauffeuer unter den Goldsuchern verbreitete. Dann ging es ganz schnell und bis zum Nachmittag hatten wir unser Dorf zurück. Da konnte Tom gar nicht mehr traurig sein. Zur Feier des Tages lauschten wir der Ruhe und Stille.

Mattheo Bretthauer
Maria-Theresia-Gymnasium, Klasse 5e

Ein lautes und turbulentes Geburtstagsgeschenk

An einem schönen, sonnigen Samstagmorgen saß ich voller Vorfreude und Aufregung in unserem Auto auf dem Weg zum Münchener Flughafen. „Danke, Papa", sprudelte es aus mir heraus. „Das ist das beste und coolste Geburtstagsgeschenk aller Zeiten! Ich freue mich schon riesig auf das Finale der Championsleague: Bayern gegen Real Madrid in Istanbul." Doch in diesem Moment wusste ich noch nicht, wie laut und turbulent es in Istanbul werden würde.

Am nächsten Tag zog ich voller Begeisterung und Elan mein Kimmich-Trikot an und machte mich mit meinem Vater und den Tickets im Gepäck auf den Weg zum Stadion. Den Zuschauern wurde ein grandioses Spiel geboten. Die Spieler des FC Bayern jagten jedem Ball hinterher und gewannen fast jeden Zweikampf. „Wow, was ist das für ein phänomenal gutes Spiel!", kommentierte ich erfreut. Die Spannung war kaum auszu-

halten und die Fans jubelten. Doch was war das? Auf einmal trippelte sich der Spieler Benzema von Real durch die gesamte Bayern-Abwehr und rannte blitzschnell auf das Tor zu. Alle Fans hielten den Atem an. Rasant und präzise traf der Spieler die Latte des Tores, der Ball prallte auf dem Boden auf und landete direkt auf der Torlinie. „TOOOOR!", brüllten die Madrid-Fans aus Leibeskräften, während die Gegenseite vor Schreck die Augen schloss. Ein schriller Pfiff des Schiedsrichters verkündete die Fehlentscheidung: Der soeben erzielte Treffer zählte nicht, da der Ball nicht hinter, sondern auf der Linie aufkam. Ein lautes Raunen ging durch die Menge der spanischen Fans: „Buhhhh, blöder Schiri, doofe Bayern, unfair!" Die Stimmung heizte sich auf und wurde immer aggressiver. Zahlreiche Fans sprangen auf, protestierten lautstark, tobten und Rangeleien waren zu sehen. Plötzlich kippte bei mir die Stimmung. Ich bekam eine Riesenangst und konnte die Lautstärke kaum noch ertragen. Auf einmal ging dann alles ganz schnell. Ein wütender, aufgebrachter und tosender Fan warf eine Getränkeflasche mit voller Wucht Richtung Spielfeld und traf den Schiedsrichter direkt am Kopf. Mir lief ein kalter Schauer über den Rücken. „Oh, nein, der arme Schiedsrichter!", rief ich entsetzt. Der Getroffene fiel zu Boden, das Spiel wurde unterbrochen und die Sanitäter kamen herbeigestürmt. Ziemlich erschrocken sah ich, wie der randalierende Fan von den Sicherheitskräften aus dem Stadion gebracht wurde.
Nach einer längeren Spielunterbrechung und einem Appell an die Fans zu Ruhe und gegenseitiger Rücksichtnahme konnte das Spiel schließlich fortgesetzt werden. Am Ende gewann der FC Bayern München 1:0 verdient. Auf dem Nachhauseweg waren wir uns beide einig:
LAUT rufen – Aggressivität
LAUT feiern – JA
Gewalt – NEIN
LAUT jubeln!
LAUT dabei sein!

Noah Krist
Maria-Theresia-Gymnasium, Klasse 5e

Für dich

Der Regen so wie ich.
Meine Gedanken wie der Fluss.
Meine Liebe so groß wie das Meer.
Meine Stimme wie eine Pfütze – klein, schwach.

Aber für dich schrei ich.
Laut und noch lauter.
Für dich bin ich kein Regen.
Für dich bin ich ein Sturm.
Für dich bin ich größer als das Meer.
Ich überflute die Welt.
Meine Gedanken stoppen nicht.
Ich bin laut und höre nicht mehr auf.

Filip Velimir
Berufsfachschule für Kinderpflege, Klasse Ki 10D

Lauter!

Die Welt wird wegen des Klimas in ein paar Jahren sehr heiß sein. Warum müssen wir aufs Klima achten? Warum müssen wir laut sein gegen die Umweltverschmutzung? Es gibt sonst eine große Gefahr für Menschen, Tiere und Pflanzen. Autos, Motorräder, Busse, Atomkraftwerke – sie sind alle sehr laut. Wir müssen die Umwelt beschützen.

Levente Monszider
Pankratiusschule, Klasse 6b

Gemeinsam lauter

Es war einmal ein Mann, der war musikalisch. Er hieß Lukas. Lukas konnte sehr gut singen, deswegen wollte er sich eine Gitarre kaufen. Am Nachmittag kam er mit einer Gitarre nach Hause. Er probierte sie gleich aus, da er schon ein Lied spielen konnte. Er probierte das Lied gleich aus. Das Lied hieß „Drowsy Maggie". Er spielte dieses Lied ganz oft. Irgendwann wurde die Gitarre lebendig. Eines Tages summte Lukas „Drowsy Maggie". Plötzlich spielte die Gitarre das Lied mit. Lukas sang dazu. Sie wurde immer lauter, immer lauter, so laut, dass die ganze Straße ihn hörte. Er fand es toll zu singen und die Gitarre fand es toll zu spielen. Nach einem Jahr hatte er eine Band. Sie hieß „The Swingstarter". Seine Band wurde sehr berühmt. Sie trafen sich jeden Donnerstag und übten ihre Lieder. Sie übten viele verschiedene Lieder. Irgendwann hatten sie einen sehr großen Auftritt. Bei diesem Auftritt wurden plötzlich alle Musikinstrumente lebendig.
Am nächsten Tag summte Lukas wieder eines seiner Lieder. Das Schlagzeug neben ihm begann zu spielen. Dann sang er das Lied „Drowsy Maggie" ganz laut und plötzlich spielten auch alle anderen Musikinstru-

mente, die im Raum standen, mit. Immer mehr Leute begannen zu singen und die Musikinstrumente liebten es zu spielen. Alle fanden es einfach wundervoll. Die Band produzierte viele CDs von sich.

Franziska Stürzl
Franz-von-Assisi-Grundschule, Klasse 3c

Lauter!

Ich liebe laute Lieder,
die hör ich immer wieder.
Musik ist richtig cool,
wir hören sie auch im Pool.
Für lange Lieder
Hab ich einen Hang – mal wieder.
Die kurze Melodie
ist das Tüpfelchen auf dem i.
Manche Musik ist so schön
wie die Blumen auf den Höhen.
Wir wollen Musik machen
und dabei lachen.
Noten schreib ich
nur für dich.
Konzerte sind so teuer,
deshalb spiel ich am Lagerfeuer.
Musik hör ich ganz laut,
das macht mir eine Gänsehaut.
Es gibt so viele Lieder,
ich hör sie immer und immer wieder.
Ich mach jetzt gleich 'nen Beat
und schreib dazu ein Lied:
(UND DAS GANZE JETZT ALS LIED)

Tilda Pfau, Alessia Loielo und Aniela Düster
Grundschule Hammerschmiede, Klasse 4b

Lauter

Vor lauter tun komm ich gar nicht zum denken
doch in der stille wohnt die beste idee
weiß gar nicht mehr wohin soll ich jetzt lenken
wenn ich vor müssen meinen weg nicht mehr seh

vor lauter plan komm ich gar nicht zum denken
doch in der ruhe wohnt die beste vision
hab keine ahnung wem soll ich sie schenken
die aufmerksamkeit zersplittert jetzt schon
wenn ich anhalte ja dann kann ich denken
wenn ich stehen bleibe wird mir nur klar
ich schüttel sie ab all meine bedenken
was ich wirklich will wird endlich sichtbar

Eray Bozkaya
Kapellen-Mittelschule, Klasse 6a

Ein lautes Hobby

Wenn ich Schlagzeug spiele, ist das lauter als alles bei mir zu Hause. Es macht viel Spaß, weil es so schön laut ist. Laute Musik mag ich sehr gerne, am meisten Pop und Rock! Ich mag laut auch, weil ich ein lauter Mensch bin und viel Lärm mache. Schlagzeug ist ein tolles Instrument für Leute, die gerne Krach machen.

Simon Schwenk
Grundschule Göggingen-West, Klasse 4a

Die traurige Stille

Wenn eine Bombe abgeworfen wird, ist sie laut. Doch die Explosion ist lauter.
Aber die Stille danach ist am lautesten.

Daniel Müller
Städtische Berufsoberschule, Klasse 11

Lauter

Sie wird lauter und lauter:
Eine Stimme in mir, die das alles nicht mehr erträgt.
Dieser ganze Hass,
Dieser ganze Schmerz,
Dieser ganze Stress,
Die Menschen um mich herum, die mich unter Stress setzen
und mich kaputt machen.
Die Stimme in mir schreit: „Ich will nicht mehr!"
Die Stimme wird lauter und lauter und deshalb wurde ich lauter.

Ich habe dadurch eine Seite von mir kennengelernt,
die ich davor nicht kannte.
Ich werde nie wieder zulassen, dass andere Menschen lauter als ich sind.

Elham Ahmadi
Löweneck-Mittelschule, Klasse 9c

Lauter laute Gefühle

Lauter, immer lauter klingt die Musik in den Ohren. Wenn wir hier rauskommen, sind wir taub. Lauter, immer lauter haben wir uns angeschaut,
gedreht, umeinander, ineinander, getanzt. Verwischtes Make-up schaut
mich aus dem Spiegel an. Eine Freundin schreit mir ins Ohr. „Läuft da
was!?" Schulterzucken, Lippenstift nachziehen. Schnell noch Wasser aus
dem Hahn trinken – wer kann sich bitte die Bar leisten? Ich grinse sie an
und ziehe sie wieder auf die Tanzfläche. Wir tanzen und ich spüre seine
Blicke. Gut, ich bilde mir ein, sie zu spüren, und hoffe, er schaut auch wirklich her. Laute, laute Musik. Lauter als die Gedanken. Lauter und lauter
dröhnt der Bass, mein Körper vibriert zum Rythmus der Musik und der
Masse. Plötzlich seine Hand auf der Schulter. Sein Lächeln, seine Haare,
schon etwas durcheinander. Wir fangen an zu tanzen, wirbeln durch die
Menge, schneller, immer schneller. Schneller als die Gedanken, die Lichter greller, die Musik so laut, dass ich von den Erinnerungen nichts mehr
mitbekomme. Nur noch jetzt in diesem Moment zählt: Hände auf meinen Hüften, ein verschwörerisches Grinsen von den Freundinnen. „Ich
mag dein Kleid!" Danke, danke. Wir tanzen und tanzen und das Lied,
das gerade noch ein lautes Clublied war, ist plötzlich nicht mehr nur
eins, zu dem wir tanzen, plötzlich wird es unseres, als wir uns in die
Augen schauen. Nur für einen schüchternen Moment, aber er hat schöne
Augen. Will nicht aufhören zu tanzen, will nicht mehr nach Hause, will
für immer hier bleiben, zwischen den ganzen schwitzenden Menschen
mit ihren Glitzertops und leeren Gläsern, mit dem Jungen, der mit mir
tanzt. Bis die Freunde irgendwann gehen wollen, müssen früh aufstehen
morgen. Und plötzlich bin ich alleine an der Bushaltestelle, nicht das
beste Timing, Nachtbus kommt in 22 Minuten. Und obwohl alles still ist,
werden die alten Erinnerungen nicht lauter. Ab und zu ziehen die Lichter
eines Autos vorbei und ich frage mich, wohin sie wohl um die Uhrzeit
unterwegs sind. Entferntes Gelächter ist zu hören. Alles friedlich und still.
Alles wieder gut. Zu Hause sitze ich dann noch lange auf dem Boden. Ich
höre das Lied. Ganz leise, damit ich meine Familie nicht aufwecke. Das

Lied, zu dem wir getanzt haben, das Lied, das jetzt uns gehört, ein Lächeln auf den Lippen, aber sicher, irgendwann werde ich dazu weinen müssen.

Anissia Koller
Maria-Theresia-Gymnasium, Q12 (Schreibwerkstatt)

Laut für die Zukunft

Ich bin für mehr Klimaschutz, weil unsere Erde sonst irgendwann kaputt geht. Deswegen protestiere ich am Freitag, mit meinen Freunden bei „Fridays-for-Future" für eine bessere Welt. Doch letzte Woche trafen wir auf eine große Gruppe von Gegen-Demonstranten, die uns übertönen wollten. Wir versuchten immer ein bisschen lauter zu sein als sie. Aufmerksam geworden durch den vielen Lärm, schlossen sich auch immer mehr Anhänger bei uns an, sodass wir lauter waren als die Gegen-Demo. Die Gegner wollten sich mit einer Niederlage nicht abfinden und gingen auf mich und die anderen Demonstranten los. Zum Glück konnte sich die Polizei noch rechtzeitig einschalten; Glück auch deshalb, weil einige der Gegen-Demonstranten sogar Messer dabei hatten. Es gab auch Verletzte, glücklicherweise nicht so viele. Die Polizei hat insgesamt dreizehn Leute festgenommen. Da war sehr viel Aufregung. Meine Freunde und ich waren froh, dass sich keiner von uns verletzt hat. Aber ich möchte trotz dieses Vorfalls weiterhin LAUTSTARK für das Klima protestieren. Danach waren wir noch in der Stadt und aßen lecker Eis.

Ben Keller
Jakob-Fugger-Gymnasium, Klasse 6c

Lauter

Lauter Menschen gibt es auf der Welt,
ob jung oder alt,
ob groß oder klein.
Rassismus darf nicht sein.
Gegen Rassismus setzen wir uns ein
und legen den ersten Stein.
Gegen Rassismus werden wir lauter
und brechen das Schweigen.
Rassistisch sein ist keine Meinung,
es ist eine Straftat!

Kardelen Kübra Yakut
Berufsfachschule für Kinderpflege, Klasse Ki 10D

Der laute Streit

Es war einmal eine erwachsene Frau. Die Frau hieß Lena. Sie hatte zwei Kinder. Die Kinder waren Zwillinge. Sie hießen Marie und Moritz. Lena, Marie und Moritz waren gerade erst in ein neues Haus gezogen. Die Zwillinge fanden das gar nicht gut. Sie fingen an, miteinander zu streiten. Marie schimpfte: „Das ist alles deine Schuld, du wolltest unbedingt neue Freunde haben!" „Nein, das stimmt nicht! Du hast immer nur genörgelt!", verteidigte sich Moritz wütend. „Du wolltest auf eine andere Schule gehen!", brüllte Marie. Sie stritten und stritten immer weiter. Es wurde immer lauter und lauter. Da kam ihre Mama und rief: „Was ist denn hier los!?" In diesem Moment war von der Baustelle nebenan plötzlich ein erschreckend lautes Zusammenkrachen zu hören. Das war Lena zu viel. Sie schrie richtig laut: „STOP!" Nichts war mehr zu hören, alles war still. Das fühlte sich gut an und niemand wollte noch streiten.

Jule Wrobel
Franz-von-Assisi-Grundschule, Klasse 3a

Das Konzert

Zwei Mäuse wollten ein Konzert machen. Die Maus Leonard spielte Klavier und komponierte ein schönes Stück. Die Maus Jürgen jedoch strebte nach Ruhm und Ehre und spielte E-Gitarre. Am Abend des Konzertes waren zwei Bühnen aufgebaut. Auf seiner Bühne spielte Leonard Klavier. Aber auf der anderen drehte Jürgen die Verstärker auf, sodass man Leonard nicht mehr hören konnte. Es war so laut, dass die Waldbewohner aufwachten und sich lauthals beschwerten. Durch den Lärm angelockt, kam Wachtmeister Kater und sagte: „Spiel nicht so laut, sonst musst du eine Geldstrafe bezahlen!" Daraufhin schaltete Jürgen die Verstärker aus und hörte Leonard zu. Dank Leonards schöner Melodie schliefen die Waldbewohner schnell wieder ein. Jürgen sagte: „Lauter ist wohl doch nicht immer besser."

Jasper Hackanson
Jakob-Fugger-Gymnasium, Klasse 5a

Leiser

Die Musik aus der Stereoanlage dringt an meine Ohren, zwar leise, aber in der Stille, die mich seit einigen Tagen umgibt, trotzdem viel zu laut. Laut. So wie du es warst. Immer lief irgendeine Musik oder deine Stimme vertrieb die Stille. Dein helles Lachen, das in der ganzen Wohnung ertönte. Nur werde ich es wohl nie wieder hören. Wahrscheinlich warst du zu abgelenkt vom Summen einer Melodie. Mal wieder. Obwohl ich dir schon oft sagte, dass du dich auf die Straße konzentrieren sollst. Vielleicht war aber auch das Radio schuld. Zu laut, um das Hupen der anderen Autos zu hören, als du über die Kreuzung fuhrst. Zu schnell, als dass du noch bremsen konntest, krachte ein anderes Fahrzeug in dich hinein. Es stand am nächsten Tag in der Zeitung. Nun ging auch noch die Stereoanlage aus. Welche Ironie! So als hättest du jeden Ton aus meinem Leben mitgenommen. Mit ins Grab.

Isabell Birkmaier
Maria-Theresia-Gymnasium, Klasse 6c (Schreibwerkstatt)

Ein Schrei — liebevoll und heftig

Ein angenehmer Tag liegt hinter mir. Draußen regnet es und ich lausche, wie die Tropfen gegen die Fensterscheibe prasseln. Mich wärmt ein Holundertee aus meiner Lieblingstasse, da die Tassen aus dem Krankenhaus viel zu klein sind, dazu ein halbes Marmeladenbrötchen. Mein Arzt meinte bei der letzten Visite, dass ich abends ohnehin nichts Schweres essen solle.

Ansonsten war es das gängige Gebrabbel. Ich weiß schon längst, dass ich nicht mehr lange habe, dafür muss er mich nicht wöchentlich zur Visite hetzen.

Wie ich zum Thema Tod stehe? Ehrlich gesagt, hab ich selber keine Antwort darauf. Die Krebsdiagnose kam überraschend, nachdem ich im Restaurant zusammengebrochen war. Zuvor ging es mir schon nicht gut. Ich konnte nur schwer atmen und war schnell außer Puste, aber das schob ich auf mein Alter.

Rückblickend hatte ich ein echt schönes Leben. Meinen Kindheitstraum, Sängerin zu werden, habe ich mir erfüllen können, ich habe meine große Liebe gefunden, mit der ich zwei gesunde Kinder habe, die inzwischen eigene Familien gegründet haben. Mein Mann, mit dem ich 52 Jahre verheiratet war, der mich durch Höhen und Tiefen begleitet hat, ist vor drei Jahren schon gegangen.

Ich habe ihn damals beim Probesingen kennengelernt. Unsere Band war viel auf Tour, aber es reichte gerade so aus, unsere Kosten zu decken. Trotzdem war das eine wundervolle Zeit, die ich vermisse.

Doch trotz der schönen Erinnerung gibt es Dinge, wie in jedem Leben, die nicht so schön verliefen. Viele der geliebten Menschen leben schon nicht mehr oder weit entfernt von meinem Krankenbett.

Hätte ich noch einen Wunsch, würde ich mir für einen Tag die Kraft, die ich als Jugendliche für selbstverständlich ansah, wünschen, um ein letztes Lied zu singen, bevor ich den letzten Weg beschreite.

Es wäre ein Lied, um mich von meinen Kindern, Eltern, Mann und Freunden zu verabschieden, auch wenn einige nicht mehr sind. Ein Lied an jene, die ich verletzt habe, um sie um Vergebung zu bitten.

Ich würde alles hineinstecken, um nichts ungesagt zu lassen. Ein Lied, voll mit schiefen Tönen, Tränen und Liebe ... ein Schrei, liebevoll und heftig.

Ich bereue nichts, außer in schweren Situationen nicht ich selbst gewesen zu sein.

Es hat zu regnen aufgehört und aus den einst dunklen Wolken bricht die orange untergehende Abendsonne hinein. Es wird Zeit zu schlafen.

Darnell Makendi
Städtische Berufsoberschule, Klasse 11

Malias Gerechtigkeit

Ein kleines Mädchen namens Malia wurde geboren in Palaya. In der Zeit, als sie zur Welt kam, geschahen in ihrer Stadt schlimme Dinge wie Diebstahl und Morde. Die kleine Malia war zu jung, um das, was um sie geschah, zu verstehen. Ihre Eltern hatten nicht viel Geld, obwohl ihr Vater sehr hart schuftete. Leider reichte das Geld nicht, um die dreiköpfige Familie zu ernähren. Die Familie schlug sich mehr als sechs Jahre durch diese Qualen durch. Malia wurde sechs Jahre alt. Ein paar Tage nach ihrem Geburtstag ging ihr Vater wie gewohnt zur Arbeit. Was an diesem Tag passierte, konnte niemand ahnen! Er fuhr zur Arbeit, war aber ein wenig verspätet. Es bildete sich ein Stau, doch keiner wusste, warum. Eine Gruppe Menschen überfielen einzelne Autos. Manche Insassen kamen mit viel Glück durch, doch Malias Vater hatte leider kein Glück – er war zu einem der wenigen Todesopfer geworden. Malia und ihre Mutter wussten zunächst nichts von dem Geschehen. Malia ging in die Schule und ihre Mutter war zu Hause und kümmerte sich um die Wohnung, damit alles gut aussieht.

Mittags kam Malia von der Schule nach Hause. Es gab wie immer direkt das Mittagessen, dabei sah sie ein wenig fern. Dann liefen die Nachrichten über die zahlreichen Überfälle am Morgen. Es gab viele Verletzte und zahlreiche Todesopfer. Ein paar Minuten nach dem Essen erhielt die Mutter einen Anruf, doch sie war beschäftigt, also ging Malia ans Telefon. Ein fremder Mann mit dunkler Stimme ertönte und fragte: „Guten Mittag, wer ist denn dran?" Malia antwortete: „Ich bin Malia, was kann ich für Sie tun?" Der tieftönige Mann sprach weiter: „Hallo, Kleine, ich bin von der Polizei und heiße Kalani. Ist deine Mutter zu sprechen?" Sie antwortete: „Ich weiß nicht, aber ich frage sie gleich mal."

Malia stapfte mit ihren kleinen, süßen, ahnungslosen Füßen zu ihrer Mutter und sagte: „Hör mal, Mama, da ist ein Mann von der Polizei am Telefon, der heißt Kalani!" Ihre Mutter Amara ging verwundert hin. Als der Polizist anfing zu reden, lief Amara ein leichter Schauer über den Rücken. In ihrem Unterbewusstsein wusste sie, was Kalani zu ihr sagen würde. Er sagte: „Frau Meyetan, Sie sind Herr Meyetans Frau, nicht wahr?" Amara sprach: „Ja, was ist passiert?!" Kalani sprach: „Es tut mir leid, Ihnen mitteilen zu müssen, dass Ihr Mann bei dem heutigen Geschehen am Morgen umkam. Er wurde überfallen und angegriffen. Ärztliche Hilfe wurde angewendet, doch es war leider zu spät!" Amara wurde blass, sie fiel langsam zu Boden und weinte. Sie schrie: „Nein, warum er? Er hat nie etwas Böses getan, das ist nicht fair!" Malia hörte die Schreie ihrer Mutter. Sie lief direkt zu ihr. Das Mädchen sah, wie seine Mutter laut schreiend und weinend am Boden lag. Sie war zu jung, um zu verstehen, was in diesem Moment passierte, doch sie wusste, irgendetwas war nicht in Ordnung. Es waren ein paar Stunden vergangen. Malias Mutter Amara hatte sich etwas beruhigt. Dennoch sagte sie kein Wort. Sie saß auf dem Boden und starrte aus dem Fenster. Malia traute sich zu ihrer Mutter. Ihre Mutter reagierte zunächst nicht, erst nach ein paar Sekunden registrierte Amara ihre Tochter und nahm sie ganz fest in den Arm. „Mama, was hast du?", fragte Malia. Ihre Mutter antwortete: „Mein kleines Mädchen, wir müssen ab jetzt stark sein und vor allem zusammenhalten!" Die Kleine war verwirrt und fragte: „Wann kommt Papa heim?" Amara wusste nicht, was sie sagen sollte. Sie brauchte ein paar Momente, um zu sagen: „Er ist an einem anderen Ort, wo es ihm besser gehen wird."

Ein paar Wochen vergingen. Amara begann zu arbeiten, um Geld zu verdienen. Malia bemerkte, dass ihre Mutter sich veränderte. Amara sprach nicht viel, mied andere Menschen, doch eines blieb gleich: Jeden Abend streichelte sie ihre Tochter in den Schlaf. Die Kleine realisierte langsam, dass ihr Vater nicht mehr nach Hause kommen würde. Jeden Tag sagte Amara zu ihrer Tochter: „Dein Vater ist da, er liebt dich und lässt dich nie im Stich!" Malia verstand langsam, dass mit ihrem Vater irgendetwas passiert sein musste. Nach knapp einem Jahr konnte Amara mit Malia darüber sprechen, was passiert war. Malia verstand erst nicht, doch sie war sehr erschüttert und traurig. Nach ein paar Tagen kapierte sie, was mit ihrem Vater geschehen war. Sie dachte manchmal, dass er deshalb weggegangen sei, weil er sie nicht wollte, aber da lag sie falsch. Sie bat ihre Mutter, viel von ihm zu erzählen, damit sie ihn nicht vergisst. Malia wusste nicht, wie sie damit umgehen sollte, dass er weg war. Sie war sauer, wütend und vor allem sehr traurig! Ihre Mutter sprach sie darauf an, dass sie den Plan hat, in ein anderes Land zu ziehen, wo es friedlicher ist, nicht so gefährlich, sondern schön, nicht so trocken, und wo es sich besser leben lässt. Malia hat mit sehr vielem gerechnet, aber nicht damit! Sie weigerte sich, da sie hier Freunde hatte und die ganzen Erinnerungen an ihren Vater. Sie hatte ja nicht viel von ihm, aber daran wollte sie sich festhalten. Amara versuchte es erneut und erklärte ihr, dass sie ihre Tochter schützen wolle. Sie wolle, dass Malia in guten Verhältnissen aufwächst und gut ausgebildet wird, dass sie aus sich etwas machen kann. Malia wollte dennoch nicht verstehen, aber sie erinnerte sich an die Worte ihrer Mutter. „Wir müssen zusammenhalten!" Ihre Mutter arbeitete seit einigen Monaten sehr hart für diesen Umzug, obwohl Malia davon noch nichts Konkretes wusste. Amara war sich sicher, dass ihre Tochter mitziehen würde. Ihre Mutter machte sich auf die Suche nach einer Wohnung in Harlin. Harlin ist eine Stadt in einem friedlichen Land. Amara suchte jeden Abend mehrere Stunden nach einer Unterkunft dort. Zusammen mit Malia sah sie ein wunderschönes Haus mit mehreren Zimmern und Garten. Ihre Mutter überlegte, ob sie sich dies leisten könnten. Sie sagte: „Mein Schatz, ich weiß, du willst es unbedingt. Ich kann es nicht versprechen, doch ich werde mein Bestes geben."

Amara besorgte sich einen zweiten Job. Sie schuftete hart, um Malia dieses Haus möglich zu machen. Malia sah, wie kaputt ihre Mutter jeden Abend nach Hause kam. Nach ein paar Wochen ging Malia auf ihre Mutter zu und sagte: „Ich weiß, du arbeitest hart, Mama, aber das musst du nicht. Ich wäre glücklich, wenn wir in einer kleinen, schäbigen Wohnung leben würden, denn du bist bei mir!" Amara war zu Tränen gerührt. Sie sagte: „Ich weiß, meine Liebe, aber wir werden in diesem Haus leben!" Amara musste zwei Jahre sparen, um das Haus finanzieren zu können. Normalerweise hätte sie nach einer schönen Wohnung gesucht, aber sie wollte sich und ihrem verstorbenen Mann den Traum erfüllen, irgendwann in eine friedliche Stadt und in ein schönes Haus zu ziehen. Dies war ihr Herzenswunsch. Amara hat viel dafür getan und hat auch viel dafür geopfert. Nun war es soweit, es ging an den Umzug. Malia war noch nicht so begeistert, weil ihr bewusst wurde, dass sie langsam Abschied von ihren Freunden nehmen musste. Ihre Klasse veranstaltete eine kleine Feier für Malia. Sie bekam Geschenke und viele Glückwünsche. An ihrem letzten Tag in der Schule war sie sehr traurig, auch als sie nach Hause kam, ließ sie sich nichts davon anmerken. Malia half ihrer Mutter beim Zusammenpacken. Amara freute sich sehr darüber.

Malia gefiel ihr neues Zimmer sehr gut. Ein paar Tage nach dem Umzug ging sie auch schon wieder zur Schule. Die Mitschüler waren sehr nett. Malia fand schnell eine Freundin. Amara richtete das Haus ein und gab sich dabei sehr viel Mühe. Sie hängte viele Bilder ihres Mannes auf. Sie wollte, dass ihre Tochter nicht auf ihren Vater verzichten muss. Malia liebte ihren Vater sehr.

Malia ist mittlerweile zu einem 15-jährigen jungen Mädchen herangewachsen. In der Schule behandelten sie das Thema Gerechtigkeit. Sie und ihre Mutter sprachen oft über ihren Vater, sie fanden beide dieses Geschehen nicht fair. Es leiden noch Tausende weitere Menschen unter solchen Verlusten. Wie Malia im Unterricht lernte, sind solche Geschehnisse keine Gerechtigkeit. Sie möchte etwas tun, doch das scheint unerreichbar. Sie wollte es nicht länger hinnehmen, fast täglich solche Nachrichten zu sehen, auch aus ihrer ehemaligen Heimat. Ihr wurde so etwas wirklich bewusst, denn mit dem Heranwachsen kam auch das Verständnis. Sie interessierte sich sehr für das Thema Gerechtigkeit. Ihr wurde bewusst, dass das, was in ihrer alten Heimat passiert, alles andere als gerecht ist. In der Schule besprachen sie, was man für die Gerechtigkeit tun kann. Man kann sich Organisationen suchen, die einem zuhören und sich dafür interessieren, was man tun möchte. Malia sprach mit ihrer Mutter darüber. Amara war nicht so begeistert. Sie hatte Angst, dass ihrer Tochter etwas passieren könnte! Malia recherchierte nach solchen Organisationen. Sie überlegte, wie sie die Sache angehen sollte. Sie wollte etwas tun für ihren Vater und die vielen anderen Opfer! Sie erstellte mehrere Entwürfe von Präsentationen. Amara bekam mit, dass ihre Tochter an irgendetwas sehr intensiv arbeitete. Die Jugendliche sprach mit ihrer Mutter nochmals darüber und zeigte ihr die Präsentationen. Ihre Mutter schien überrascht und schließlich auch überzeugt. Amara hatte natürlich trotzdem Angst um ihre Tochter, denn wenn jemand etwas gegen Kriminalität tun will, wird man automatisch zum Hauptziel, doch ihr war bewusst, dass ihrer Tochter dies wichtig war! Amara entschied, ihrer Kleinen zu helfen. Jeden Nachmittag setzten sich die zwei zusammen und arbeiten an ihrem Projekt. Sie fanden eine Organisation, die Interesse an ihnen hatte und ihnen zuhören wollte. Bald hatten sie einen Termin in der Organisation Salandria. Dort trafen sie sich mit dem Chef und erzählten ihm von ihrer Idee: Sie wollen Menschen in Not helfen, denen es finanziell und auch rechtlich nicht so gut geht. Der Chef war begeistert von Amara und Malia. Was den Chef so begeisterte, war, wie leidenschaftlich das junge 16-jährige Mädchen von Gerechtigkeit und ihren Zielen sprach. Malia erzählte die Geschichte von ihrem Vater. Der Chef war gerührt und sprach sein Beileid aus. Die drei kamen zu dem Entschluss, dass Malia vor der Stadt und im Fernsehen sprechen und Interviews geben sollte. Sie hatte Angst davor, dennoch freute sie sich sehr, dass ihr Traum zur Wirklichkeit werden würde. In einem Monat war es soweit: ihre erste Ansprache vor der Stadt. Sie stellte sich eine Rede zusammen, doch sie schrieb sie täglich um, aus Angst, es könnte sie keiner verstehen. Nach Tagen stand sie endlich fest. Malia war so aufgeregt. Es war der Abend zuvor. Amara und Malia sprachen lange über den morgigen Tag. Sie hatten beide Bammel davor, doch sie wussten, dass es schon werden würde! Amara sagte: „Ich bin stolz auf dich und gebe alles, deine Träume zu verwirklichen." Es waren harte Jahre für die zwei. Doch jetzt war es ein wenig leichter, da sie wissen, dass etwas getan wird!

Es waren nur noch wenige Stunden, bis sie dort auf dieser Bühne stehen würde. Sie packten ihre Sachen, um sich auf den Weg zu machen. Die Aufregung stieg bei beiden immer mehr! Sie fuhren zweieinhalb Stunden; währenddessen sangen sie, lachten und redeten sehr viel! Malia ging auch noch mehrmals ihre Rede durch. Die hatte Angst davor, dass sie etwas falsch machen könnte. Nun waren sie angekommen. Abgeholt wurden sie von ihrem Manger. Er brachte sie hinter die Bühne, dass sie sich vorbereiten konnte.

Nun war es soweit. Wenige Minuten, bevor sie dort hinaus ging, gab Amara ihrer Tochter noch einen Kuss und sagte: „Viel Glück, meine Liebe!" Amara begann ihre Rede: „Guten Morgen, ich bedanke mich bei Ihnen, dass Sie alle gekommen sind! Dies ist eine große Chance für mich und meinen leider verstorbenen Vater. Mein Vater ist in Palaya verstorben, an diesem Ort bin ich auch geboren, ein paar Jahre vor seinem Schicksal! Ich habe an ihn fast keine Erinnerung mehr, weil ich zu klein war. Er ging eines Morgens wie gewohnt in die Arbeit, doch bis dorthin kam er nicht. Meine Mutter hatte täglich Angst, dass er einmal nicht mehr nach Hause kommen würde. Und siehe, es wurde wahr. Er starb durch einen Überfall!

Es war nicht der erste in diesem Land. So etwas ist dort alltäglich!", schrie Malia. „Jeden Tag sterben dort Menschen, werden misshandelt und missbraucht! Keiner von ihnen kann sich dagegen wehren, selbst wenn er wollte!", sprach sie. Die Menschen hörten sehr aufmerksam zu. „Das, was diese Menschen dort erleben, ist eine Zumutung. Keiner von ihnen hat das verdient! Sie wollen alle Frieden und Gerechtigkeit, doch alleine schaffen sie das nie! Helft uns, um diese Menschen zu unterstützen! Helft uns, den Kindern, Eltern und allen anderen, den Schutz zu bieten, den sie brauchen! Spendet ein wenig Geld, um ihnen ein schönes Zuhause zu erschaffen!" Die Menge klatschte, Malia war stolz und sah nach oben. Sie fühlte, wie stolz ihr Vater auf sie war! Sie hatte den Mut, laut zu werden für die Gerechtigkeit.

Vor der Bühne standen Menschen mit Kassen; Malia hörte sie rasseln. Ihr war bewusst, was sie in diesem Moment erreicht hatte. Sie verhalf den Menschen in ihrer alten Heimat, ihren Freunden ein wohliges Zuhause! Malia wurde älter und schuf immer mehr Projekte. Heute ist sie sehr erfolgreich und wird noch viel in ihrem Leben erreichen. Amara stand ihrer Tochter bei jedem Projekt zur Seite.

Josie Woitas
St. Georg Mittelschule, Klasse 9a

Lauter

Max sitzt wieder einmal in der Mathe-Stunde und hat Angst. Angst zu versagen. Wie schon in der letzten und vorletzten und vorvorletzten Stunde.

Lehrer: „Max, was ist minus dreiundsechzig plus vierundsechzig?"
Max, etwas schüchtern: „Eins."
Lehrer: „Sprich bitte etwas lauter!"
Max überlegt noch einmal: „Eins."
Lehrer: „Sprich lauter!"
Max: „Eins."
Lehrer: „Sprich lauter!"
Max hört die anderen tuscheln und sagt noch einmal: „Eins."
Lehrer: „LAUTER!"
Max: ... (traut sich nichts mehr zu sagen)
Normale Lautstärke gibt es scheinbar nicht mehr. Und leise Töne werden erst gar nicht gehört. Der Lautstärkepegel in der Klasse ist während der Abfrage weiter angeschwollen. Max ist sich plötzlich mit seiner richtigen

Beantwortung der Frage sicher, verspürt aber keine Lust, ebenfalls zu schreien oder seine Stimme noch lauter über die anderen zu erheben. Wird der Lehrer ihn bestrafen?

Moritz Sándor
Jakob-Fugger-Gymnasium, Klasse 5c

Mobbing ist nicht gut

Wie jeden Tag ging ich mit meinen Freundinnen auf den Pausenhof. Wir wollten gerade essen, als ein Brot an Tanyas Kopf vorbei flog. Wir schauten auf und sahen, wie ein Mädchen aus unserer Klasse von ein paar Jungs aus der Oberstufe geärgert und gehänselt wurde. Beim genauen Hinsehen bemerkte ich, dass es eine meiner Freundinnen war. „Leute, schnell, Sophia wird von irgendwelchen Jungs gehänselt!", erklärte ich und zeigte auf Sophia. Wir standen auf und gingen hin. Loren war die Mutigste von uns allen und bekam als Erste den Mund auf: „Lasst meine Freundin in Ruhe!" Einer der Jungs lachte nur. Sie beschimpften Sophia immer weiter. Loren rang um Fassung, während Tany und ich da standen und uns nicht trauten, etwas zu sagen. Sophia wollte gerade wegrennen, da packte einer der Jungen sie an ihrer Jacke und sie fiel mit einem dumpfen Schlag zu Boden. Die Jungs lachten, während sie neben ihrem vor Angst erstarrten Opfer standen.
Da wurde ich sehr wütend, denn niemand verletzt meine Freundin! Ich schrie so laut ich konnte um Hilfe.
Nach nur wenigen Sekunden stand eine riesige Schülerschar um Sophia herum. Die Minuten verstrichen und es kamen zwei Lehrer und eine Krankenschwester aus dem Krankenzimmer. Die Schüler, die Sophia zu Boden gerissen hatten, mussten zum Direktor und wir gingen mit der Schwester und der verletzten Sophia in das Krankenzimmer der Schule.

Mia Gröber
Maria-Ward-Gymnasium, Klasse 5a

Themen werden lauter und leiser

Jedes Thema – egal, ob es sich um Themen in den Nachrichten handelt oder um Themen in der Schule – kann wichtig und ernsthaft sein.
Ein wenig wichtiges Thema in der Schule wäre zum Beispiel ein neues Liebespaar in der Klasse. In der Klasse würde das kurzfristig für große Aufregung und viel Gerede sorgen, es wäre ein lautes Thema. Doch nach

einiger Zeit schwindet das Interesse an dem Paar und das Thema wird leiser.

Das wichtige Thema Klimawandel zum Beispiel wird immer lauter. Vor zehn Jahren hat man sich kaum um dieses Thema gekümmert.

Doch wie gesagt, Themen können auch wieder leiser werden und ganz verschwinden. Wer zum Beispiel spricht heute noch vom Thema „Fridays for future" oder von Greta Thunberg? Diese beiden Themen sind leise oder zumindest leiser geworden. Stattdessen erobern die Medien in letzter Zeit die Themen „Letzte Generation" und „Klima-Kleber", die sich auf Straßen kleben und sie damit blockieren.

Auch das Corona-Virus, mit dem sich ab 2020 viele Menschen infiziert haben, war das laute Thema schlechthin. Und heute? Heute schert es keinen mehr, ob man geimpft, genesen oder getestet ist. Maskenpflicht gibt es auch nicht mehr. Also ist auch dieses Thema leiser geworden.

Damals, als im März 2014 die ukrainische Halbinsel Krim von Russland erobert worden war, hat das für Aufsehen gesorgt. Dann ist das Thema wieder leise geworden. Und dann, als die gesamte Ukraine im Februar 2022 angegriffen worden war, wurde das Thema des Russland-Ukraine-Konflikts wieder sehr laut und es gab mit einem Mal Sondersendungen, Spendenhilfe an die Ukraine und Dokumentationen im Fernsehen. Auch dieses Thema ist momentan sehr laut.

Dass Themen lauter und leiser werden – so war es, so ist es und so wird es immer sein.

Frederik Weterings
Gymnasium bei St. Stephan, Klasse 7a

Gefangen im Lauten

Man ist in Ruhe, an einem ruhigen Ort, an einem ruhigen Platz, doch eine Sache ist nie leise: Angst, Gedanken, Leben, Schule und Hass. Alles ist dort drin im Kopf, ohne dass man es einmal leiser machen kann. Laut, sehr, sehr laut, wie auf einem Konzert, das dauerhaft am Laufen ist und nie stoppt, doch es macht keinen Spaß, es ist wie ein Horrorfilm in Dauerschleife, laut und nie leise.

Alena Krasniqi
Berufsschule V, Klasse MF11H

Ausflug nach Berlin

Spaß mit Freunden
Frei von Arbeit
Der Ausflug nach Berlin
Den ich kaum erwarten kann
ZUSAMMEN in der Menge stehen
Die Vorfreude steigt
40-tausend Menschen sind alle bereit
ZUSAMMEN zu singen
ZUSAMMEN zu tanzen
All den Krieg und die Sorgen
Verschwinden zu lassen
Musik, die vereint
Die keine Unterschiede
Zwischen den Menschen kennt
Das Konzert meines Lebens, das ich nie vergessen könnt

Pauline Slansky
Balthasar-Neumann-Berufsbildungszentrum, Klasse GVM12

Tierschutz

Tiere sind so wundervoll,
Ihr Anblick ist für uns ganz toll.
Schon die Römer opferten Stiere
Und auch andere liebe Tiere.
Doch heute sind wir noch sehr viel schlimmer,
Manche Art, die gibt es bald nimmer.
Elefant, Krokodil und Papagei.
Mit Artenvielfalt ist es dann vorbei.
Wenn wir stets so weitermachen,
Haben die Tiere nichts zu lachen.
Wir Menschen machen Tiere tot
Und bringen die Welt damit in Not.
Das ist doch wirklich gar nicht toll,
Denn Tiere sind so wundervoll.

Benedikt Fürst und Ferdinand Binder
Gymnasium bei St. Stephan, Klasse 5b

Auf dem Spielplatz

Ich war einmal laut, weil ich mit meinem Papa auf dem Spielplatz getobt habe. Wir haben Fangen gespielt. Papa hat immer gerufen: „Ich krieg dich!" Ich habe dann immer geschrien: „Nein, ich bin schneller!" Ich habe ihn öfter gefangen als er mich. Immer, wenn wir uns gefangen haben, haben wir ganz laut gelacht.

Leopold Jalil
Grundschule Centerville-Süd, Klasse 2c

Scream of ‚Souls note'

Es war ein regnerischer Samstag Abend, als ich einer seltsamen Person begegnete. Er hatte Heterochromie. Ein Auge gefärbt in klarem Meeresblau, das andere die Farbe von Bernstein, es war schon fast golden. Haare lang, schwarz und halb zurück gebunden, einige Strähnen hingen ihm in sein Gesicht.

Er lächelte und sprach mich an: „Hey, Mädchen! Meine Band sucht noch nach einem Sänger. Bisher aber leider erfolglos. Deswegen werbe ich jetzt Leute auf der Straße an . . . haha." Er lachte.

„Hey, willst du uns nicht als Sängerin beitreten, ich meine, das Aussehen haste ja, es fragt sich nur, ob du auch singen kannst!"

„Warum eigentlich nicht. Ich nehm ein dubioses Angebot eines Wildfremden an! Am Arsch!", entgegnete ich.

Er schaute mich verdutzt an und begann kurz darauf zu lachen, als hätte ich etwas Seltsames gesagt.

„Naja, kann ich verstehen, aber nimm zumindest den Flyer von uns mit. Meine Kontaktdaten gibt's oben drauf", sprach er mit selbstsicherem Unterton.

„Na meinetwegen!", schnalzte ich zurück.

Ich riss ihm den Zettel aus der Hand und stiefelte weg.

Von hinten schrie er hinterher: „Wir haben heute Abend einen Auftritt, natürlich nur ne Instrumental-Nummer . . . aber hör's dir wenigstens an, ja?! Ach ja, und mein Name ist Kuro, so nennen mich zumindest alle!"

Einige Stunden später.

An der Konzert-Location standen mehrere Music-Artists an einer extra Section des Eingangs und Gäste am offiziellen Einlass. Unter anderem auch der dubiose Bandleader Kuro.

Kaum als der Gedanke gefallen war und ich zur Seite blickte, stand er schon neben mir mit einem sanften und freudigen Gesichtsausdruck.

„Haha . . . bist ja doch hierher gekommen . . . ahh . . . wie heißt du eigentlich, hab völlig vergessen zu fragen?"

„Ja, sieht so aus, als wär ich doch hier", seufzte ich. „Mein Name ist übrigens Stella."

„Ein schöner Name. Naja, ich hoffe mal, dir gefällt, was du heute hören wirst!", lachte er mir entgegen.

„Werd ich ja sehen", sagte ich sarkastisch.

Ich sah nur noch, wie er kurz lächelte, bevor er sich wieder umdrehte und zum Rest seiner Band stieß. Kurz darauf begann der Einlass in die Halle.

Einige Zeit später.

Bis zu diesem Punkt sind bereits einige Artists aufgetreten. Alle hatten einen gewissen Charme. Einige spielten Abwandlungen von Pop, andere Rock und wieder andere Jazz. Ein ziemlich gemischter Haufen.

Die nächste Band ist die letzte des Abends.

Es war die Band von dem Typen, der mich hierher eingeladen hatte.

„Nun begrüßt die letzte Band des Abends: ‚Souls note'!", sagte der Stage-Mitarbeiter.

Die Band begann ihre Songs zu spielen. Sie hörte sich nicht schlecht an, selbst mit fehlendem Gesang. Sie kamen zu ihrem letzten Song. Es war eine sanfte, aber kraftvolle Melodie mit Betonung auf Bass und Keyboard. Es war eine nur allzu vertraute Melodie.

In Verblüffung schrie ich schon fast: „Ist nicht wahr! Lucien, du bist –!!!"

Ich hielt mir schnell den Mund zu, in Verlegenheit.

[Lucien]: „Blitzmerker . . .", flüsterte ich.

Das war wirklich eine Szene, die sie an diesem Abend hervorgebracht hat. Alle Gäste starrten mit komischen Blicken auf sie.

[Stella]: Nun wusste ich, weshalb mir der Bandname bekannt vorkam. Als wir den Song ‚Winter Delusion' komponierten, gaben wir uns ein Versprechen, später in der Highschool eine Band zu gründen mit mir als Sängerin. Wie konnte ich das nur vergessen?!

Der Auftritt endete, die Gäste verließen nach und nach die Stage-Räumlichkeiten. Lucien zog mich an meinem Arm in den Backstage-Bereich, dorthin, wo sich auch die Bands alle nach dem Auftritt aufhielten.

„Du hast doch echt einen Schuss! Meinen Namen einfach so rauszubrüllen!", fuhr er mich an und gab mir einen Schnipser gegen die Stirn.

„Autsch! Geht das auch sanfter?! . . . Tut mir ja leid . . . hmpf!", rief ich aufmüpfig.

„Es ist trotzdem verblüffend, dass du erst jetzt gemerkt hast, wer ich bin . . . hast ja echt 'ne lange Leitung, Stella", sagte er.

Seine Band, ,Souls note', stand direkt hinter uns mit schiefem Gesichts-
ausdruck. Sie starrten regelrecht in Unglauben.
„Ihr kennt euch?", fragten sie.
„Jup, 'ne alte Freundin und zufällig auch die Sängerin, die wir brauchen –
hehe."
„Bitte?! Ich hab nie eingewilligt!"
Er entgegnete mir: „Vergiss unser Versprechen nicht, Stella! „Du warst
schließlich diejenige, die unbedingt singen wollte."
Einige Wochen später auf der Stage.

Antonia Schmieder
Berufsschule V, Klasse MF11H

Wahrheit muss laut sein

Laut sein heißt:
Präsent sein, sich nicht verstecken.
Für seine Wahrheit einstehen.
Doch:
Man stört, geht anderen auf die Nerven.
Man macht sich Feinde.
Laut sein ist gefährlich –
Besonders im Krieg.
Wieso dann nicht gleich aufgeben?
Es heißt, die Wahrheit stirbt zuerst.
Ich denke, es ist nicht so.
Denn:
Panzer sind zwar sehr laut.
Doch viele Menschen, die sich für die Wahrheit
Und den Frieden einsetzen,
Sind lauter.

Luis Preuß
Gymnasium bei St. Stephan, Klasse 6d

Lauter!

Aber was ist ,lauter' überhaupt?
Wenn wir an ,lauter' denken, denken wir erst einmal an eine laute Situation, z.B. an Stadtmusikanten oder lauten Straßenverkehr. Aber ,lauter' ist
viel mehr: aufzustehen um Menschen zu helfen, Kriege zu beenden, der
Umwelt zu helfen, mehr auf das Wohlsein der Tiere zu achten, Rassismus

zu beenden und Feminismus aufzubauen. Alles ist so unfassbar wichtig. Aber jeder findet diese Themen unterschiedlich wichtig, z. B. setzt sich ein Teil der Menschen für die Umwelt ein, die anderen mehr für die LGBTQ-Community. Jeder versteht unter ‚lauter' etwas anderes, deswegen kann man die Frage: „Was ist ‚lauter'?" nicht beantworten. Mit was verbindest du ‚lauter'?

Lilly Reichart und Fiona Craney
Gymnasium bei St. Anna, Klasse 6d

Lauter Protest

Das Klima ist nicht prima.
Wir müssen etwas ändern,
und zwar in allen Ländern.
Wir müssen protestieren,
wir wollen ja nichts riskieren.
Laut ist der Protest,
hoffentlich wirkt er fest.

Felix Hoy, Manuel Hartmann, Lukas März und Augusto Bauer
Lichtenstein-Rother-Grundschule, Klasse 3

Kinder sind unsere Zukunft

Kinder sind unsere Zukunft, voller Hoffnung und Licht, doch viel zu oft sind sie diejenigen, die verletzt sind, ohne Schutz und ohne Stimme, in einer Welt voller Gewalt.

Doch wir können eine Veränderung bewirken, wenn wir zusammenstehen, indem wir für ihre Rechte kämpfen, bis sie gehört werden, damit jedes Kind auf dieser Welt in Freiheit und Sicherheit leben kann.

Lassen wir sie lernen, spielen und wachsen, ohne Angst und ohne Leid, mit Zugang zu Bildung und Gesundheit und dem Recht auf Beziehungen, denn nur so können sie ihr volles Potential entfalten und eine bessere Welt gestalten.

Kinderrechte sind Menschenrechte und sie müssen geachtet werden, denn wir tragen die Verantwortung für die Zukunft unserer Kinder und wir müssen handeln, jetzt und hier, für eine bessere Zukunft für alle Kinder.

Bruno Bieber und Benedikt Volkert
Maria-Theresia-Gymnasium, Klasse 7f

Lauter Jubel

„Tim . . . Tim!" – „Was ist, Lukas?" – „Du wirst eingewechselt gegen Markus, denn er hat sich verletzt, und was ist mit dir passiert? Ich habe dich mehrere Male gerufen."
Ich war in Gedanken, denn ich besuchte letztens in der Stadt ein Konzert, bei dem alle jubelten: Meine Ohren tun jetzt noch so weh davon."
Zwei Minuten später.
Alle haben jetzt gejubelt wie noch nie wegen Tim, denn er hat ein Tor geschossen. „Wow!", sagte ein Mann zu Tim. „Es war ein gutes Tor in diener zweiten Minute."
Tim sagte: „Kann ich eine Pause machen? Mir tut das Trommelfell so weh vom Jubel." – „Klar! Markus geht es schon besser."

Gabriel Eirich
Jakob-Fugger-Gymnasium, Klasse 5c

Stimmen im Kopf

Die Geschichte von Killian:
Liebes Tagebuch,
ich heiße Killian, was auch vorne auf dem Buch steht. Genau genommen steht da nicht nur „Killian", sondern „Killians Tagebuch".
Den Titel sollte ich vielleicht nochmals ändern, sonst kommt irgendwer daher, liest und sagt: „Killian, so fängt man doch kein Tagebuch an!", und dann habe ich den Salat. Ich wehre mich nämlich grundsätzlich nicht gegen solche Aussagen. Erstens, weil ich Gewalt ablehne, und zweitens, weil ich nie etwas sage. Ich bin stumm. Das stört die Leute aber nicht, weil sie mit mir immer jemanden haben, der ihnen zuhört, egal, welchen Mist sie erzählen. Jedenfalls, wenn ich dann per Zettel frage: „Wie fängt man denn ein Tagebuch an?", kommt bloß ein schnippisches „Hab ich doch keine Ahnung!" zurück – wenn ich Glück habe und die Leute friedlich gestimmt sind. Wenn sie einen schlechten Tag haben, schnauzen sie mich an: „Willst frech werden?" Ich glaube, diese Leute brauchen jemanden, bei dem sie ihren Dampf ablassen können, weil ihr Ventil kaputt ist. Jemand, der so auf eine Frage reagiert, muss einfach irgendwo kaputt sein. Aber dennoch ist es okay, weil . . . mir fällt gerade kein Grund ein, aber wenn ich einen finde, schreibe ich ihn auf. Manchmal glaube ich, dass ich platze – vor Wut, Angst, Eindrücken. Bei mir ist nirgendwo innen was kaputt, sondern außen. Ich bin stumm, weil ich Angst habe, dass ich das Falsche sage. Also ist eigentlich meine Umwelt daran schuld, dass

ich manchmal fast platze, aber so sage ich das nicht. Erstens, weil es unfair wäre. Es ist ja nicht so, als würden mich alle auslachen, wenn ich eine Frage falsch beantworte. Und zweitens, weil ich nicht spreche. Nur so als Wiederholung. Manchmal stelle ich mir vor, wie sich ein Dialog entwickeln würde, wenn ich sagen würde, was ich denke. Das geht nicht immer gut. Neulich habe ich gedankenverloren ein Gespräch geführt (im Kopf natürlich) und am Ende hat der Dialog mit dem Wort „Furzknoten" geendet. Den Rest des Tages war ich damit beschäftigt, das Gespräch zu rekonstruieren. Geht also, wie gesagt, nicht immer gut.

SONNTAG

Sowas! Da will man nur ins Freibad gehen und dann sowas! Aber von vorne: Mein Freund Tommi hat mich heute ins Freibad eingeladen. Wir unternehmen fast jeden Tag etwas zusammen, weil er nicht sehr „angaschiert" ist. Das Wort hat mir Mama beigebracht. (Die Schreibweise leider nicht.) Das heißt, er hat jeden Tag Zeit, um mit Freunden zu spielen, aber er hängt immer nur vor unserer Haustür rum, bis Mama ihn reinlässt. Sie sagt, er ist ein Halbstarker, was auch sie mir beigebracht hat (das Wort, nicht, dass ich ein Halbstarker wäre). Sie hat mir aber nicht gesagt, was das überhaupt heißt, halbstark. Da Tommi der Einzige ist, der mich besuchen kommt, ist er mein bester Freund. So spricht er zumindest von mir, wenn Leute in der Nähe sind. Ich habe ihm nicht gesagt, dass ich Angst vor ihm habe, weil er der Klassenschläger ist. Erstens, weil ich nicht zum Kollateralschaden werden wollte, und zweitens, weil . . . Du, Tagebuch, kannst es dir doch eigentlich denken. Aber zurück zur Geschichte: Wir waren also im Freibad. Es war auch alles gut soweit, Tommi verhielt sich ruhig und gelassen, sodass ich keine Angst vor ihm haben musste. Doch dann fing der blöde Teil des Tages an. Es war schon spät geworden, denn wir waren lange im Freibad gewesen. Also war es auch schon deutlich kühler geworden. Tommi sagte, er wolle nur noch einmal vom Fünfer springen und dann könnten wir gehen. Ich reckte den Daumen in die Luft und signalisierte, dass ich neben dem Sprungturm warten würde. Hinter Tommi und mir hatten sich schon einige Kinder angesammelt, die, genau wie Tommi, springen wollten. Wenn ich springe, dann nur vom Einser und auch nur mit Schwimmflügeln, Taucherbrille und allem Pipapo. Die Kinder standen also hinter uns und wollten rauf auf den Sprungturm, weshalb sie schoben und drückten. Leider sind so circa 20 Kinder stärker als die Arm- und Beinmuskulatur eines Jungen, der sich mit aller Kraft am Geländer der Treppe festhält und seine Füße in den Boden stemmt. Es half nichts, alles Dagegenstemmen war umsonst und einen Schritt zur Seite konnte ich auch nicht machen, weil überall Kinder standen. Blieb nur noch die Flucht nach oben. Ich konnte nur hoffen, dass die Schlange allen Kindern hinter mir zu lang war, sodass sie sich verdrückten und rutschen gingen. Aber: nitschewo. (Das ist Russisch.) Und auf einmal stand ich am Ende des Sprungdings, wo man Anlauf nehmen und springen kann. Das Teil befördert einen dann noch höher in den Himmel. Keine Ahnung, wer so lebensmüde ist, dass er das macht! Ich stand also da vorne und auf einmal war alles still. Tommi, der vor mir gestanden hatte, war schon gesprungen. Und dann wurde es richtig laut. Nicht nur ein bisschen, nein, richtig. Alle schrien im Rhythmus: „Spring! Spring! Spring!" Von unten sah Tommi, dass ich in Schwierigkeiten steckte, und signalisierte, weil es so laut war, dass Schreien nichts brachte, dass ich nicht springen müsste und dass er jeden, der mich „Weichei" nannte, windelweich klopfen würde. Aber das sah ich erst zu spät. Ich war schon gesprungen. Ich weiß nicht, wie ich aussah, ich weiß nicht, wie das Bad von oben aussah, nach Tommis Zeichen hatte ich die Augen geschlossen. Irgendwoher wusste mein Körper, wann er Luft holen musste, denn ich war überraschenderweise nicht tot, wie ich zuerst vermutete. Nein, das einzige Anzeichen, dass ich überhaupt etwas anderes gemacht hatte als zu schwimmen, war mein Bauch. Der war ziemlich rot. Nachdem ich triefend aus dem Wasser gestiegen war, bin ich sofort nach Hause gefahren, denn wir waren mit dem Rad da. Zehn Minuten, nachdem ich zu Hause angekommen war, klingelte Tommi. Er war gelassen und nicht außer Puste, weil er nicht so gerast war wie ich. Als er klingelte, machte ich nicht auf. Das wiederum rief einen Polizeigroßeinsatz auf den Plan und saumäßigen Ärger von Mama. Kann ich doch nichts dafür, dass die erst nach zwei Stunden darauf gekommen sind, das Haus zu durchsuchen! Und ich habe ihnen auch ganz höflich die Tür aufgemacht. Dann wurde ein Polizist noch fast wahnsinnig, weil ich bei der Befragung nichts sagte und es dauerte, bis er kapierte, dass ich Block und Stifte brauche, um etwas zu sagen. Was für ein Tag. Mann, Mann, Mann!

PS: Ich soll demnächst in den Chor, weil das laut Mama eine „super Möglichkeit ist, sich zu öffnen". Auf so etwas kommt auch nur Mama in Rücksprache mit meiner Musiklehrerin, na schönen Dank auch!

PPS: Eigentlich könnte ich auch zu Hause unterrichtet werden, von meiner Mutter. Aber die meinte, es sei besser, wenn ich in die Schule gehe, denn da könnte ich viele Freunde finden und anschließend mit nach Hause bringen. Na ja, sellawie (das ist Französisch und bedeutet: So ist das Leben).

MONTAG

Bäääääh! Montag. Wer hätte gedacht, dass das Wochenende so schnell vorbei sein würde? Ich nicht. Und morgen? Chor. Toll. Nicht sehr viel zu erzählen. Schule halt. Morgen mehr, bin hundemüde und habe Depressionen. In den Chor! Ich armes Würstchen. Was wohl die anderen Kinder zu einem stummen Jungen sagen, der im Chor ist?

DIENSTAG

Was soll ich sagen? Es war, wider Erwarten, toll. Nein, nicht nur toll, ich bin immer noch total glücklich. Aber: Es wird nicht gespoilert. Meine Mama sagt immer: „Killian, von vorn erzählen, sonst verstehe ich kein Wort", was natürlich Blödsinn ist, weil ich sowieso nicht spreche. Zumindest bisher! Also von vorne: Ich war ganz normal in der Schule. Mathe, Deutsch, Musik, Geschichte. In Musik hat meine Lehrerin gefragt, ob ich weiß, wo der Chor stattfindet. Ich wollte eigentlich sagen, dass ich lieber wüsste, wie man wieder aussteigen kann, aber ich habe mich zurückgehalten. Wäre zu umständlich gewesen und am Ende hätte es eh nur Zoff gegeben. Ich hab also nur genickt und sie war zufrieden. Nach der Mittagspause dann ging es los. Wir wärmten unsere Stimmbänder mit komischen Lauten auf und ich dachte mir schon: ,Na, das kann ja heiter werden!' Aber dann kam der große Knall: Wir hatten die Noten für das Lied bekommen, das wir singen würden: „Es führt über den Main". Sie ist mit uns den Text durchgegangen und hat dann die Melodie einmal vor dem Singen vorgespielt. Dann ging's los. Ich dachte, bringt ja eh nix, kann ich auch versuchen zu singen, aber – auf einmal kam da ein Laut aus meinem Mund! Ich dachte zuerst, Mann, da singt aber jemand eindringlich, bis ich merkte, dass ich das war! Ich! Alle haben mich angesehen und sogar meine Lehrerin hat aufgehört zu spielen und mich staunend angeschaut. Ich war auch total perplex, ich stand nur da und machte große Augen. Dann haben alle geklatscht und ich wurde rot. Sowas passiert schließlich auch nicht alle Tage! Als es dann wieder ruhig wurde, sagte die Chorleiterin, sie würde jetzt am allerliebsten einfach weitermachen und das Lied singen. Und das haben wir dann auch gemacht. Allen voran ich, Killian, der ex-stumme Junge. Das war einfach toll! Ich konnte alles rauslassen, alle Emotionen in das Lied einfließen lassen. Als ich nach Hause kam, stand meine Mutter freudestrahlend in der Tür. Und zum ersten Mal, seit ich stumm geworden war, hatten wir uns richtig viel zu erzählen. Sie kam aus dem Staunen nicht mehr heraus. Ich habe so viel geredet, dass sie keine Zeit hatte zu kochen, weil sie mir zuhören wollte. Also bestellten wir zur Feier des Tages Pizza. Lecker! Jetzt, liebes Tagebuch, werde ich dich wohl nicht mehr so richtig brauchen. Aber für die kurze Zeit warst du mir eine große Stütze. Also: Adieu!

Matilda Sturm
Peutinger-Gymnasium, Klasse 6b

Lauter!

Stadion,
Bus,
Schule,
Pause
und zu Hause –
überall dort ist es laut
und führt auch manchmal zum Burn-out.
Das Gegenteil von laut ist leise,
auf diese Weise
kann man gut entspannen.
Taube kennen nur die Stille,
sind aber voll von Lebenswille
und tragen im Sommer eine Sonnenbrille.
Im Sommer ist es oft sehr laut
und es wird die Haut
oft sehr rot,
deswegen sind wir bald tot.
Wir sterben also nicht an der Lautstärke,
sondern an der Sonnenstärke.
Dies ist sehr schlau,
deswegen sagen wir jetzt ciao
und trinken einen Kakao.

Luis Ramponi und Moritz Nusser
Gymnasium bei St. Stephan, Klasse 8a

Lauter!!!

Ein Passant unterhält sich mit einem Maschinenführer.
Passant: „Könnten Sie bitte den Lärm abstellen?"
Maschinenführer: „Wie bitte? Ich verstehe Sie nicht! Sie müssen lauter sprechen!"
Passant: „Könnten Sie bitte den Lärm abstellen!"

Maschinenführer: „Aber wieso? Der Lärm übertönt doch Ihr grässliches Geschrei! Das ist eine Wohltat!"

Passant: „WAS FÜR EINE FRECHHEIT! WAS ERLAUBEN SIE SICH EIGENT-LICH?!"

Maschinenführer: „LAUTER! ICH VERSTEHE SIE NICHT!"

Da ging der Passant von dannen und der Maschinenführer lächelte, denn er musste sich jetzt nie mehr das Geschrei des Passanten anhören.

Hendrik Pflaum
Jakob-Fugger-Gymnasium, Klasse 5a

Jeder Schultag eine Hölle

Heute wieder Schule – David seufzt.

Er wird seit Wochen in der Schule von seinen Kameraden gemobbt und das nur, weil er schwarze Haut hat. Er weiß, dass es fies ist, wehrt sich aber nicht, weil es ihm peinlich ist. Eigentlich weiß er, dass er zu seiner Lehrerin Frau Schmid gehen kann, und er weiß außerdem, dass sie ihm helfen würde. „Ich muss das einfach machen, sonst lassen die mich nie in Ruhe", dachte David laut. Es war die dritte Stunde, das heißt, bald war Pause und dann war es vorbei mit der Ruhe, dann würde wieder Paul mit seiner Bande kommen, um ihn zu mobben. Doch es passierte das Un-glaubliche: Paul hatte sich in der dritten Stunde so schlecht benommen, dass er am Ende einen Verweis bekam und die ganze Pause über im Sekretariat war.

Also ging David zu seiner Lehrerin, um ihr zu sagen, was Paul immer mit ihm machte. „Frau Schmid?", fragte er sie, als sie in der Pause aus dem Klassenzimmer kam. „Ja, was ist denn, David?", antwortete sie. „Ähm, ich will Ihnen was sagen", beschloss David schüchtern. „Ich werde fast jede Pause von Paul und seiner Bande gemobbt, nur weil ich schwarze Haut habe." – „Das geht gar nicht", sagte Frau Schmid wütend. „Und wie lange geht das schon?" – „Ähm, so etwa seit einem Jahr", sagte David schüch-tern. In diesem Moment wünschte er sich einfach nur nach Hause in sein warmes Bett. Es war ihm sehr peinlich, obwohl er wusste, dass seine Lehrerin ihm helfen würde.

Jasin Karsli und Ben Schuhbauer
Jakob-Fugger-Gymnasium, Klasse 6c

Lauter Krieg in Syrien

Laut ist es wie in einem Krieg in Syrien. Man hört einen lauten Knall und Menschen schreien und weinen. Die Menschen schreien nach Hilfe. Niemand hört sie, aber die Menschen hören das sehr laute Knallen von Waffen. Die Menschen weinen, weil sie ihr Haus verlieren und ihre Kinder sterben. Die Menschen schreien nach Essen und Trinken. Stoppt den Krieg!!! Hort auf zu kämpfen!!!

Zihni Sirin
Kapellen-Mittelschule, Klasse 6adl

Wie kann es sein?

Wie kann es sein, dass niemand etwas sagt? Wieso ist es so still um mich herum? Wie kann es sein, dass Menschen wie du und ich ausgegrenzt und runtergemacht werden, bloß weil sie anders aussehen oder eine andere Hautfarbe haben? Wieso sagt jeder, dass er gegen Mobbing oder Ausgrenzung ist, doch niemand handelt? Wie kann es sein, dass niemand seine Stimme erhebt für die Menschen, die keine haben? Die Welt würde so viel besser und bunter aussehen, wenn einfach jeder bei blöden Kommentaren einschreiten würde, WENN WIR ALLE LAUTER WÄREN! Wie kann es sein, dass unschuldige Menschen ihre Heimat, ihre Familie und ihr ganzes Hab und Gut zurücklassen müssen, bloß weil eine mächtige Person meint, die ganze Welt erobern zu müssen? Wieso müssen Menschen um ihr Leben bangen, nur weil sie an einen Gott glauben? Wie kann es sein, dass Frauen verhaftet werden, weil sie Fahrrad fahren oder sonstige, für uns normale Dinge tun? Wie kann es sein, dass Menschen ihr Leben für die Freiheit aufs Spiel setzen müssen? Ich verstehe das alles nicht mehr. Wie kann es sein, dass die Menschen so grausam sind?

Nayara Ferreira da Silva
Mädchenrealschule St. Ursula, Klasse 8a

Das lauteste Orchester

Am Schmuttertal-Gymnasium fand ein Projektorchester-Wochenende statt. Es gab eine kleine Gruppe mit zehn Kindern und eine große Gruppe mit zwanzig Erwachsenen und Jugendlichen. Jede Gruppe übte an diesem Wochenende drei Stücke. In der kleinen Gruppe spielten vier Geigen, eine Bratsche, fünf Celli und eine Trompete. Im großen Orchester spielten ungefähr sechs Geigen, fünf Bratschen, fünf Celli und zehn Trompeten. Beide Gruppen begannen damit, ihre Stücke zu proben. Dann passierte etwas fast Magisches! Das kleine Orchester spielte plötzlich lauter und immer lauter. Ihrer Musiklehrerin flogen bei der Lautstärke schon fast die Ohren ab. Obwohl die beiden Musikräume durch eine dicke Tür getrennt waren, konnte das große Orchester ihr eigenes Spielen nicht mehr hören. Manchen flogen sogar die Noten weg. Da nahte Rettung! Michael lief in den Musikraum des kleinen Orchesters und schrie: „Es gibt für alle lauten Spieler und Spielerinnen Pizza! Es gibt Margherita, Salami, Fungi und Schinkenpizza!" Das kleine Orchester verstummte und schließlich aßen sie alle gemeinsam Pizza. Es flogen keine Ohren oder Noten mehr weg. Beide Orchester hatten zusammen viel Spaß!

Mirjam Lika
Franz-von-Assisi-Grundschule, Klasse 3c

Laut!

I. Laut ist Musik
Laut ist der Klang
der seit aller Entstehung
durch Ohren drang

II. Laut ist das Wasser
Leise das All
Leise, bis es gab
einen lauten Knall

III. Klänge und Töne
schreckliche und schöne
äußerst bedacht
hat es gekracht

IV. LAUT! LAUT! LAUT!
Schrecklich LAUT!
Gemütlich LAUT!
Ton ist eine Tugend

Karl Merk und Vinzent Träger
Gymnasium bei St. Stephan, Klasse 8a

Nikola Jokic — das Basketballwunder

Eines wunderschönen Sommernachmittags wurde in Belgrad ein geheimnisvoller Junge geboren.

Seine Eltern nannten ihn Nikola.

Er interessierte sich sehr für Sport, im Besonderen für Basketball. Nikola wuchs über die Jahre hinweg zu einem kräftigen Jungen heran. An seinem zehnten Geburtstag besuchte ihn der Manager der serbischen Basketball-Liga bei ihm zu Hause. Nikola war sehr überrascht: „Oh, mein Gott, ist das wirklich der Manager der serbischen BBL oder träume ich?"

Der Manager meinte: „Nein, du träumst nicht! Ich habe dich beim Trainieren beobachtet und wollte dich fragen, ob du nicht mal zu mir und meinen Jungs zum Probetraining kommen möchtest."

Nikola antwortete begeistert: „Ja, auf jeden Fall gehe ich zum Probetraining!"

Er packte aufgeregt seine Sachen, doch er wusste nicht, dass er die ganzen Wochen dort sein würde.

Sie stiegen ins Auto und fuhren zur Arena, in der die begabtesten Basketballspieler trainierten.

Als sie an ihrem Ziel angekommen waren, holte Nikola sein Gepäck aus dem Auto. Da staunte er: „Was ist das denn nur für ein riesiger Campus!"

„Das ist der serbische BBL-Campus", verbesserte ihn der Manager. Sie gingen in den Campus und Nikola bekam sein Zimmer gezeigt.

Das erste Training begann schon eine Stunde später, also packte er seine Sachen aus und ging zur Mannschaft. Sie starteten zuerst mit Ballhandling, danach übten sie Korbleger und den Dreier.

Nikola Jokic stöhnte: „Puh, das ist aber anstrengend!"

Abschließend dehnten sie sich noch.

Nikola hatte nichts anderes zu tun, außer mit seinen neuen Kumpels abzuhängen. Über all diese Jahre wuchs und wuchs er.

An seinem sechzehnten Geburtstag kamen seine Eltern zu Besuch. Aber da war noch jemand dabei. Dieser Jemand hatte einen Aktenkoffer, auf dem ein NIKE-Logo abgebildet war. Tatsächlich war das der Mann mit dem NIKE-Vertrag.

Er kam zu Nikola und fragte: „Hättest du Lust, NIKE-Klamotten zu tragen?"

Kurz besprach Nikola das mit seinen Eltern, aber eigentlich war schnell klar: „Ja, das mache ich gerne!"

Am Abend lag er im Bett und dachte sich: ‚Ich würde gerne in die NBA (National Basketball Association)! Da kann ich gegen stärkere Teams spielen.'

Und tatsächlich! In der darauffolgenden Woche erfüllte sich sein Wunsch: Der Scout für die NBA kam und wollte sehen, wie Nikola trainiert und spielt.

Nikola gab alles und wurde vom Teamscout ausgewählt. Ihm gehörte das Team der „Denver Nuggets".

Der neue Trainer nahm Nikola mit in die USA. Das erste Spiel im neuen Team ging gegen die „Memphis Grizzlies". Diese waren stark, bei ihnen spielte McRant, der alle anderen schon hops genommen hatte.

Nikola kam ins Spiel. Er bekam den Ball, war komplett frei und warf einen Dreier. Der Ball rollte und rollte in der Luft und tatsächlich traf er!

Die Fans waren begeistert! Es gab großen Applaus für die „Denver Nuggets".

Nach diesem erfolgreichen Start ins Spiel gaben sie alles und gewannen haushoch.

Spieler, Trainer und Fans waren außer sich und feierten diesen Sieg überglücklich.

Nikola hatte alles erreicht, was er sich erträumt hatte: als Spieler in der NBA dabei sein zu dürfen und auch noch einen NIKE-Vertrag. Natürlich spielte er noch weiter in der serbischen Nationalliga und wurde der beste Center der ganzen Welt.

Und wenn er nicht gestorben ist, dann legt er noch heute Körbe.

Emil Bayer und Miloš Matic
Maria-Theresia-Gymnasium, Klasse 5e

Das Leben aus Sicht einer Milchkuh

Ich öffne die Augen, doch ich kann nicht viel sehen. Schlieren sind vor meinen Augen. Plötzlich kommt ein großes, rosa Etwas, das mir über das Gesicht fährt. Das Etwas ist nass und meine Sicht klärt sich. Ein großes schwarz-weißes Gesicht beugt sich über mich, stupst mich mit ihrem Maul liebevoll an. Ich öffne mein Maul und ein leises „Muuh" ertönt. Das Gesicht meiner Mutter stupst mich zärtlich an und leckt mir über das Fell. Ich sehe mich um. Um mich herum sind Wände, große Holzwände. Über einer sehe ich ein rosiges, rundes Gesicht. Dieses hat etwas Blaues auf dem Kopf und die Augen starren mich an. Das ist mein erster Eindruck. Ein paar Tage später habe ich gelernt, dass das rosige Ding der

Bauer und das blaue Ding seine Mütze ist. Ich habe die Holzwände erkundet und weiß, dass es eine Box ist. Die Box ist klein. Mama kann sich gerade so hinlegen. Am dritten Tag kommt der Bauer. Er bindet Mama mit einer Schnur fest und legt mir auch eine um. Er zieht an dem Seil. Es tut weh. Ich will nicht von Mama weg, doch das Seil tut weh. Ich werde aus der Box gezogen. Ich schreie und rufe nach meiner Mama. Ich wehre mich. Ich will zurück zu ihr. Doch es bringt nichts. Mamas Schreie nach mir werden immer leiser. Ich sah meine Mutter nie wieder. Ich werde in eine andere Box gebracht. Darin sind auch andere Kleinkühe, aber alle ein paar Tage älter als ich. Ich ziehe mich in eine Ecke zurück und rufe erneut nach Mama. Keine Antwort. Dumpf bemerke ich, wie ein paar meiner neuen Boxgefährten ebenfalls schreien. Doch keiner von uns bekommt eine Antwort. Ein großes Kälbchen, ein Junge, kommt auf mich zu. Er stößt mich. Ich fliehe stolpernd in eine andere Ecke. Meine Beine sind noch nicht stark. Es ist anstrengend. Die Tage ziehen dahin. Der Junge lässt mich inzwischen in Ruhe. Ab und zu spielen wir auch miteinander und mit den anderen Kälbchen, aber meistens stehen wir alle still da. Ich stehe oft in meiner Ecke und lasse die trostlosen Tage an mir vorbeiziehen. In der Box sind noch vier weitere Jungen und fünf Mädchen. Wir sind zu elft in einer nicht sonderlich großen Box. Zweimal am Tag werden Eimer mit Milch an die Holzwände gehängt. Die Milch schmeckt komisch. Nicht nach Mama. Eines Tages kommt der Bauer wieder. Er bindet uns fest und zieht die Jungen aus der Box. Wir Mädchen stehen alle still da. Die Rufe unserer Boxgefährten werden leise. Wir haben Angst. Große Angst. Der Bauer kommt wieder, bindet uns los und geht. Nun sind wir zu sechst. Unsere Freunde sind nie wieder aufgetaucht. Weitere Tage ziehen vorbei. Meine Freundinnen und ich werden größer. Wir fressen inzwischen Heu und trinken nur noch Wasser. Irgendwann kommt der Bauer wieder und wir werden erneut festgebunden. Er führt eine nach der anderen von uns raus. Ich bin die Letzte. Ich stehe stumm da, an die Mauer gedrückt, zitternd vor Angst. Der Bauer kommt wieder, nimmt das Seil und führt mich aus der Box. Wir gehen durch den Stall. Ich sehe viele Boxen. Boxen mit Kälbchen und Boxen mit werdenden Müttern. Ich rufe nach meiner Mutter. Niemand antwortet. Kaum treten wir ins Freie, muss ich blinzeln. Es ist sehr hell. Etwas grell Leuchtendes ist auf einem großen blauen Ding, das über uns ist. Ich habe beides noch nie gesehen. Die Lampen im Stall haben noch nie so stark geleuchtet. Wir gehen in einen anderen Stall. Ich bleibe erschrocken stehen. Der Stall ist riesig. Viele Kühe, extrem viele Kühe stehen in dem riesigen Stall.

Alle stehen an einem Gitter, in dem ihr Kopf steckt. Sie sind angebunden. Vor dem Gitter liegen Berge von Heu. Ich werde ganz nach hinten geführt. Hinten ist es dunkler. Das einzige Licht kommt von den Lampen an der Decke. Ich werde an meinen Platz geführt und angebunden. Plötzlich sticht mich etwas in die Seite. Ich versuche mich zu wehren, doch die Kette, durch die ich angebunden bin, lässt es nicht zu, dass ich mich umdrehe. Vor meinen Augen wird es schwarz und ich falle hin. Als ich wieder aufwache, fühle ich mich komisch. Irgendetwas Seltsames ist passiert. In den nächsten Tagen wird mein Bauch immer dicker. Ein Leben wächst in mir heran. Obwohl ich mich einerseits freue, wundere ich mich doch, woher das Kind kommt. Irgendwann werde ich zurück in den ersten Stall gebracht in eine kleine Box. Die Box ähnelt der, in der ich meine Mutter verloren habe. Nun ist es soweit. Ich bringe mein erstes Kind zur Welt. Ich liebe meinen Sohn von ganzem Herzen. Ich lecke mein Kind trocken und wache über ihn. Ich bin stolz. Furchtbar stolz. Ich habe einen Sohn. Am dritten Tag kommt der Bauer. Ich stehe wachsam über meinem Kind. Ich werde angebunden. Was passiert hier? Ich werde nervös. Der Bauer bindet meinem Kind ein Seil um und zieht es aus der Box. Ich schreie. Ich weine. Ich habe Angst. Mein Kind! Mein einziges Kind! Mein geliebtes Kind! Ich wehre mich, doch das Seil ist zu stark. Ein paar Stunden später kommt der Bauer wieder. Er führt mich aus dem Stall. Ich bin wie betäubt. Ich kann es noch immer nicht glauben. Ich werde zurück in den zweiten Stall geführt. Dumpfe, trübsinnige, hoffnungslose Augen folgen mir, als ich durch die Stallgasse geführt werde. Wir steuern auf meinen Platz zu. Ich stemme die Vorderhufe in den Boden und weigere mich weiterzugehen. Gleichzeitig schreie ich meine Verzweiflung heraus. Ein leises Sirren ertönt und ein Stock landet schmerzhaft auf meinem Hinterteil. Ich wehre mich nicht mehr. Ich werde auf meinen Platz geführt und angebunden. Ich lasse meinen Kopf hängen. Komische Geräte werden an meinem Euter angeschlossen. Es fühlt sich fast so an, als ob mein Sohn bei mir trinken würde. Aber es fühlt sich komisch an und alle vier Zitzen gleichzeitig werden abgesaugt. Ich schreie nach meinem Sohn. Keine Antwort. Ich weine. Rufe. Schreie. Niemand hört mich. So geht es zweimal am Tag. Jedes Mal erinnere ich mich an meinen Sohn. Ich weine jedes Mal. Mein Sohn. Wo ist er? Was ist mit ihm passiert? Ich schreie erneut. Nichts. Ich werde lauter. Immer noch nichts. Ich schreie noch lauter. Und noch lauter. Aber keiner hört mich. Warum werde ich ignoriert? Warum hört mir niemand zu? Warum will man mich nicht hören? Ich lege mich auf den Boden. Eine andere Kuh wird gerade hereingeführt.

Sie schreit. Sie schreit nach ihrer Tochter. Wie lang kann das so weiter-gehen? Ich schließe die Augen. Mein Herz ist gebrochen. Meine Seele weint. Die Trauer übermannt mich. Ich hebe ein letztes Mal den Kopf und schreie. Ich schreie nach meiner Mutter, nach meinen Boxgefährten und nach meinem Sohn. Keinen von ihnen habe ich wieder gesehen. Dann lasse ich den Kopf auf den Boden sinken und rühre mich nicht mehr.

Als der Bauer am nächsten Tag in den Stall kommt, sieht er ganz hinten eine tote Milchkuh hinter dem Gitter liegen. Er flucht, zieht sein Handy aus der Tasche und ruft jemanden an, der die Kuh abholt.

Die Kuh war jung. Hat erst vor kurzem gekalbt. Und starb an einem ge-brochenen Herzen.

Andrea Treffler
Fachakademie für Sozialpädagogik Maria Stern, Klasse FakS 1E

LAUTER Lieblingsalben

The Metal L ica Blacklist
        M A chine head
   Sehns U cht
Highway T o hell
    Dooki E
 Use you R illusion

Matthias Stöhr
Gymnasium bei St. Anna, Klasse 8c

Endlich Regen!

Kinder pflanzen Samen von Blümchen
in die Erde, in ein paar Grübchen.
Es wird Sommer, trocken und heiß.
Mittags ist der Himmel voll Sonne weiß.
Die Blümchen in den Grübchen lassen auf sich warten,
das Gras wird gelb und braun im Garten.
Kinder und Blümchen warten gespannt auf Regen,
doch der will nicht geben den nassen Segen.
„Der Wind", sagt ein Kind, „soll endlich singen
und uns viele Wolken bringen."
„Klimawandel?", fragen die einen lauter.
„Nein, nein", meinen die anderen leiser:

„Schaut in den Himmel, jetzt ergraut er."
Nichts geschieht.
Es ist Sommer, trocken und heiß.
Nachts horchen die Kinder in den Stübchen
und die Blümchen in den Grübchen,
ob sie ein Donnern und ein paar Tropfen hören.
„Ja, ein lauter Platzregen!", sie könnten es schwören.
Aber den gab es für alle nur im Traum.
Die Blätter hängen schlapp am Baum.
Nach vielen schwülen Tagen endlich,
mit Blitz und Donner fürchterlich,
erst hier und da ein Plitsch, ein Platsch,
einzelne Tropfen,
dann viele und immer mehr.
Leise beginnt er zu trommeln,
dann stärker und laut, sogar sehr.
Endlich, der Regen, lauter Regen!
Nun ist er ein Prasseln und Rauschen,
der Regen, dem alle dankbar lauschen.
Noch einmal ist es gut gegangen, jetzt ist es mit der Hitze aus.
Die Blümchen spitzeln fröhlich mit bunten Köpfen aus den Grübchen
heraus.
Sie blicken lachend den Wolken entgegen
und denken sich: Was für ein herrlicher Sommerregen!

Lucia Hanrieder
Maria-Ward-Gymnasium, Klasse 5a

Ein kleines Mädchen

Ein kleines Mädchen schreitet durch die Straßen.
Gelächter dort, Geflüster da, nirgends fühlt man sich sicher.
Selbst am Familientisch hört das Geläster nicht auf.
Rassismus, Homophobie und Sexismus dröhnen Tag für Tag in ihren
Ohren.
Jedes Mal, wenn das schwarze Mädchen in die Klasse eintritt, werden
Blicke auf sie gerichtet.
Die Schreie in ihrem Kopf werden lauter. Lauter. Lauter.
Ihre Welt bricht zusammen unter Druck, Erwartungen und Anforderungen.

Lauter wird das Gekreische, lauter wird das Lachen, lauter werden die Diskriminierungen.

Bis Musik, Musik in ihrem Herzen ertönt. In ihrem Gehirn, in ihrem Blut, bis unter ihre Haut.

Überall hallt Musik. Die Welt fällt, wie mit einem Schnipsen, weg.

Melodische Töne fließen von Knochen zu Knochen, von Muskel zu Muskel.

Es wird lauter. Lauter. Lauter.

Bis es endet.

Bis das Lied endet und man wieder in den täglichen Tod stürzt.

Katharine Okhrin
Gymnasium bei St. Stephan, Klasse 7c

Olympische Spiele

Am Montag, wie immer, fängt die Schule an.

Aber dieser Montag war nicht wie jeder andere Montag. Die Klasse 5c spielte gegen die 5b verschiedene Spiele. Wir waren in 5c. Jeder wollte natürlich gewinnen. Das erste Spiel war Fußball. Es war so laut, denn jede Klasse feuerte ihr Team an. Wir spielten noch ein paar Spiele, doch am Ende war es unentschieden. Das nächste Spiel war Basketball. Es dauerte sehr lang, aber bedauerlicherweise verloren wir. Das dritte Spiel war Handball. In diesem Spiel war jedes Kind sehr laut und meine Ohren sind geplatzt. Wir waren sehr glücklich, weil wir gewannen. Das letzte Spiel war entscheidend. Wir spielten Zauberball. Am Ende gewannen wir zum Glück. Das nächste Mal, wenn wir so ähnliche Spiele spielen, nehme ich mir Kopfhörer mit, weil es so laut wird. Aber das war der beste und schönste Montag und ich wünsche mir mehrere Montage wie diesen.

Andjela Jovanovic
Jakob-Fugger-Gymnasium, Klasse 5c

Meine Liebe, die immer lauter wird (Songtext)

Meine Liebe, die immer lauter wird
Was für ein Durcheinander
Das wird der Grund sein, wieso ich dich liebe
Es ist ein Gefühl
Das ganz langsam wächst, halt mich fest und bleib
Ganz nah bei mir
Wenn ich recht habe, wird das der Grund sein, wieso ich dich liebe
Ich sag im Rhythmus deines sanften Atems

Das muss der Frühling sein und wird auch der Grund sein,
wieso ich dich liebe
Eine Sternschnuppe fällt
Aber sag mir, wo wir stehen, dass es dich nicht schert
Das wird der Grund sein, wieso ich dich liebe
Und fliege, fliege drauf los
Es geht immer höher mit mir
Denn die Welt ist verrückt und wenn da keine Liebe ist
Genügt schon ein Lied, um in uns und um uns
Für Verwirrung zu sorgen
Aber nach all dem, was passiert ist, ist da ein Lied
Das wird der Grund sein, wieso ich dich liebe
Wenn der Himmel einstürzt, dann weichen wir aus
Das wird der Grund sein, wieso ich dich liebe
Halt mich fest und bleib ganz nah bei mir
Das ist zu schön, um wahr zu sein
Wenn die Welt verrückt ist –
Welche merkwürdige Sache –
Wenn die Welt verrückt ist
Verrückter als verrückt
wenigstens lieben wir uns dann noch

Fabienne Vogele
Heinrich-von-Buz-Realschule, Klasse 9c

Der plötzliche Krieg

Kapitel 1

„AAAAAH!", schrie Igor, während er zum Marktplatz rannte. Das war nicht sein erstes Mal, dass er fast von einer Kugel getroffen wurde. Auf einmal war ein Stein da. Nur ein großer Stein, über den er stolperte und hinfiel. Plötzlich hörte er ein Zischen und wusste, dass er sterben würde . . .

Drei . . . – zwei . . . – eins . . . – rrring. „Jaaaaaaa!", schrie die ganze Klasse, denn es waren jetzt Sommerferien. Igor freute sich am meisten, denn in den Sommerferien haben ihm seine Eltern versprochen, dass sie nach Afghanistan fliegen würden. Die Tickets für die Reise waren schon bereit; seine Eltern würden ihn direkt nach der Schule abholen und zum Flughafen bringen. Er verabschiedete sich von seinen Lehrern und Lehrerinnen und dann rannte er aus der Schule. Er war in der 3. Klasse an der Hans-Krötbein-Schenkelknatter-Grundschule. Er war zehn Jahre alt. Plötzlich hörte er seinen Namen: Igor. Ja, so hieß er. Er ging in die Richtung, von der er seinen Namen gehört hatte. Dann sah er seine Mutter, die vom Autofenster winkte. Er ging auf den schwarzen SUV zu, den seine Eltern für $ 39,999 gekauft hatten. Seine Eltern begrüßten ihn und er stieg dann ins Auto ein. Sie fuhren eine halbe Stunde, dann sah Igor den Flughafen. Er war riesengroß, so dass er nur die Hälfte des Flughafens erkannte. Sein Vater parkte an einem der Parkplätze. Dann stiegen sie aus dem Auto und liefen zum Check-in. Als sie in der Warteschlange standen, war Igor plötzlich schlecht, denn er hatte ein schlechtes Gewissen. Doch in diesem Moment hörte er eine Lautsprecherstimme sagen: „Türkish Airlines five three four six eight comes in five minutes!" „Das ist unser Flugzeug", sagte mein Vater plötzlich wie vom Blitz getroffen. Ich stand auf und nahm meinen Koffer, der in der Ecke lag. Wir gingen einen Gang entlang. Da stand ein Mann, der die Pässe kontrollierte. Er sah unsere Pässe, dann nickte er und zeigte auf einen Gang. Wir nahmen unsere Pässe und gingen auf den Gang zu. Die Flugbegleiterin gab uns eine Maske und dann stiegen wir ein. Das Flugzeug war teilweise voll. Igor hatte einen Fensterplatz. Er schaute aus dem Fenster, als das Flugzeug plötzlich laut wurde. Es wurde immer lauter und lauter, bis Igor fast glaubte, dass dieses Ding explodiere, aber es waren nur die Motoren, denn das Flugzeug rollte jetzt los. Er sah zu, wie das Flugzeug zur Startbahn rollte. An der Startbahn dröhnte die Maschine lauter. Plötzlich rollte sie los und wurde schnell und laut. Immer schneller und lauter, bis sich das Flugzeug nach oben beugte und losflog. Er schaute aus dem Fenster zur immer kleiner werdenden Stadt und schlief dann irgendwann ein. Als er aufwachte, hörte er eine Durchsage: „In einigen Minuten werden wir in der Türkei ankommen. Machen Sie sich bereit! In a few minutes we will arrive in Turkey. Please get ready!" Er stand auf und sah aus dem Fenster. Es war noch dunkel. Er schaute auf seine Uhr und stellte fest, dass es 4:26 Uhr war. Als er sich streckte, kippte das Flugzeug plötzlich nach hinten. Er hörte dann ein „Fschschschschsch" und das Flugzeug war gelandet. Sie stiegen aus und mussten zu der Wartehalle, denn das Flugzeug nach Afghanistan würde sechs Stunden später kommen; es war inzwischen schon 0:13 Uhr. Er holte sein Handy heraus und spielte dann Fortnite. Er merkte nicht, wie die Zeit verging, und schlief dann ein . . .

Kapitel 2

Ein Lautsprecher unterbrach Igors Schlaf und informierte: „Turkish Airlines five seven eight three comes in five minutes. Please get ready. Türk Hava Yollar? be?, yedi, sekiz, üç be? dakikada geliyor. Lütfen haz?rlan?n."

Er stand auf, steckte sein Handy in seine Tasche und ging zu seiner Mutter, die gerade zwei Koffer in die Hand nahm. Sie gingen dann zu dem Flugzeug und stiegen ein. Die Flugbegleiterin begrüßte sie auf Englisch. Igor hatte einen Fensterplatz und setzte sich hin. Dann begann das Flugzeug zu fahren und hob auf der Startbahn ab. Er nahm einen Kopfhörer und sah sich Tom & Jerry an. Als er müde war, hörte er Musik und schlief dann ein. Als er aufwachte, blendete ihn helles Sonnenlicht. Er sah aus dem Fenster und sah Berge, sehr viele hohe, unbewachsene Berge. Es sah sehr warm aus. Igor schätzte 32°C. Plötzlich hörte er ein lautes Knallen, dann noch eines, aber lauter. Dann hörte er nichts mehr. Wieder kippte das Flugzeug nach hinten und er hörte ein lautes „Fschschschschschsch" und das Flugzeug landete.

Drei Stunden später . . .

Igors Mutter sperrte die Tür des Hauses auf, das sie von seinem Großvater geerbt hatten. Sie gingen in das Haus hinein und ruhten sich aus. Dann packten sie ihre Sachen aus. Igor packte seinen Koffer aus, in den er seinen GAN-speedcube, der immer lauter wurde, wenn man ihn drehte, seine Kleidung, Zahnbürste und Zahnpasta und weitere nützliche Sachen gepackt hatte. Dann hörte er plötzlich wieder einen lauten Knall. Dann noch zwei andere, aber lauter. Danach war es wieder still. Auf einmal kamen Igors Eltern und sagten aufgeregt zu Igor, dass er das Haus UNTER KEINEN UMSTÄNDEN verlassen dürfe, denn es waren die Taliban gekommen. Wieder hörte er einen lauten Knall, aber lauter als die anderen zwei. Igor bekam allmählich Panik, aber seine Eltern beruhigten ihn wieder und sagten, er solle schlafen. Am Tag danach ging es wieder so. Lautes Knallen, überall hupten Autos: ein sehr starkes Durcheinander. So ging es jeden Tag weiter, bis seine Eltern beschlossen, dass er arbeiten musste. Er sollte Wasser verkaufen: eine Flasche für 10 Afghani. Als er bereit war, gaben ihm seine Eltern einen Eimer voll mit Wasserflaschen. Er nahm den Eimer und ging nach draußen. Er ging zu der Straße und schrie auf Persisch: „Wasser! Wasser, nur für 10 Afghani. Wasser! . . ." Als er nach Hause ging, gab er seinen Eltern stolze 230 Afghani. Seine Mutter klopfte ihm auf seine Schulter. Dann aßen sie und Igor schlief wieder ein.

Drei Jahre später . . .

Igor nahm seinen Eimer, als er bemerkte, dass kein Wasser mehr drin war. Seine Eltern sagten, er solle zum Markt gehen und Wasser holen. Er nahm ein bisschen Geld und ging dann los. „AAAAAH!", schrie Igor, während er zum Marktplatz rannte. Das war nicht sein erstes Mal, dass er fast von einer Kugel getroffen worden wäre. Auf einmal war ein Stein da, nur ein großer Stein, über den er stolperte und fiel. Plötzlich hörte er ein Zischen und wusste, dass er sterben würde. – PING. Die Kugel landete neben ihm. Er rappelte sich auf. Sein Bein schmerzte. Er schrie vor Angst aus Leibeskräften, Angst davor zu sterben. Er schleppte sich nach Hause und bemerkte, dass seine Eltern tot waren. Er knickte in sich zusammen und weinte. Er wollte einfach nur nach Deutschland zurück. Das war sein einziger Wunsch. Dann fiel er in Ohnmacht.

Kapitel 3

Als Igor aufwachte, lag er in einem Bett. Auf seinem Bein war ein Pflaster. Dann kam eine Krankenschwester, setzte sich neben das Bett und sagte, dass Igor in Sicherheit sei, dass sie im Flugzeug nach Deutschland seien und dass seine Eltern leider gestorben wären. Igor weinte. Die Krankenschwester holte ihm Essen und Trinken und sagte, dass er sich ausruhen müsse. Also schlief er ein. Am nächsten Tag, als Igor aufwachte, lag er wieder in einem Bett, diesmal im Krankenhaus. Dann stand Igor auf und ging zu einer Krankenschwester. Er fragte, wo er denn sei. Die Krankenschwester antwortete, dass er in Deutschland sei und sie ihn in ein Heim bringen werden. Dann wurde er von einem Mann zur Straßenbahn gebracht und fuhr mit ihm drei Haltestellen. Die Stadt war laut, aber Afghanistan war lauter. Dann stiegen sie aus. Er wurde zu einem großen Haus gebracht, wo er lautes Lachen hörte, das immer lauter wurde. Dann ging er hinein und sah Kinder, die wie er ihre Eltern verloren hatten. Dann wurde er wieder traurig. So ging sein Leben weiter.

Ich habe so eine ähnliche Geschichte selbst erlebt.

Mosawer Hoshmand
Maria-Theresia-Gymnasium, Klasse 5a

Im Krieg

Es ist Nacht. Max wacht, erschreckt von einem lauten Knall, auf. Schnell springt er aus dem Bett und sieht neugierig aus dem Fenster. Zuerst denkt er, es seien Knaller. Doch es sind Bomben! Kurz danach sieht er auch schon die ersten Bomber!

Ein fürchterlicher Lärm! Max hält sich mit beiden Händen die Ohren zu. Nun rennt der Junge ängstlich zu seinen Eltern ins Schlafzimmer. Vater beschließt: „Wir müssen alle schnellstens in einen Bunker!" „Ich nehme auf alle Fälle noch Oscar mit!", entscheidet Max. Den kleinen Hund hat er zum Geburtstag bekommen. „Ja, mach das!", erwidert Vater. Mutter fragt: „Wo finden wir denn einen nahen Bunker?" Vater schaut auf seinem Handy nach. „Ich finde leider keinen Schutzraum. Am besten gehen wir jetzt mit ein bisschen Essen in den Keller", schlägt Vater vor.

Schon fahren feindliche Panzer auf den Straßen. Bodentruppen brechen gewaltsam in Häuser ein und schießen auf wehrlose Menschen. Sofort flüchtet Max mit seiner Familie in den Keller. Zitternd vor Angst drückt sich der Junge an seine Mama.

Oscar versteckt sich unter einer Werkbank hinter der großen Werkzeugkiste. Er gibt keinen Laut von sich. Keiner sagt ein Wort. Alle sind froh, als die Soldaten das Haus verlassen.

Jetzt wird der Lärm noch größer. Raketen werden gezündet. Das Haus bebt. Glas und Holz splittern. Mauern stürzen ein. Max heult schrecklich vor lauter Entsetzen. Die Wohnungen über ihnen liegen in Schutt und Asche. Gott sei Dank bleibt der Keller unbeschädigt.

Dem Jungen geht es schlecht. Seine Gesichtsfarbe ist ganz grün. Plötzlich hört die Familie laute kratzende und schabende Geräusche. Nachbarn schaufeln und hacken den verschütteten Kellereingang frei. Der Elfjährige verlässt mit Oscar und seinen Eltern etwas beruhigter ihr Versteck. Doch die Kämpfe gehen weiter.

Panzer schießen, Granaten explodieren, Raketen schlagen ein und Bomben zerstören Gebäude. Viele Menschen müssen sterben. Alle wollen Frieden. Schließlich kann das eigene Militär die Angreifer zurückdrängen. Die Menschen freuen sich, dass der Krieg zu Ende ist. Nun kann das Land wieder in Frieden leben.

Fabian Schmölz
Grundschule Göggingen-West, Klasse 4a

Die Welt, das Gefühlschaos

Aus meinem Schlaf erwacht,
bin ich fast fertig gemacht.
Denk ich nochmal an sie,
noch niemals war ich so verliebt.
In der Schule war ich wieder dumm,
ab jetzt bleibe ich immer stumm.
Doch halt, dort seh' ich ein Licht,
es erhellt den Augenblick.
Es war dunkel an jenem Abend,
doch sie lächelte mich an, mein Leid untergrabend.
Unsinn! Dieses Leid habe ich verdient,

ich habe nicht gut genug gedient.
Ich will dies nicht, doch ich bin stumm,
Widersprechen wäre äußerst dumm.
Ich möchte hier raus!
Vorbei soll die Stille sein, alles aus.
Ein Traum, zu sehr verschönt,
Ein Schrei so hoch ertönt.
Lauter! Zur Welt muss ich schreien,
Und sie von ihrem Leid befreien.

Victoriano Losada Rivero
Heinrich-von-Buz-Realschule, Klasse 8b

Der Streit im Supermarkt

Am 26. Oktober ging Xaver einkaufen zum Kaufland. Er kaufte: Milch,
Eier, Zucker, Rosinen und zuletzt noch Äpfel. Xaver wollte nämlich einen
Apfelkuchen backen. An der Kasse musste er dann heftig verhandeln,
weil der Verkäufer die Milch falsch gescannt hatte. Während des Streits
wurden die beiden immer lauter. Plötzlich gingen die Rauchmelder an
und übertönten alles. Bald bog die Feuerwehr um die Ecke und schaute,
ob es brannte. Tatsächlich! Es gab wirklich ein Feuer und schon löschte
es die Feuerwehr. Einen großen Lärm gab es auch durch die Sirenen der
Feuerwehr. Als der Brand gelöscht war, fuhr die Feuerwehr wieder weg
und das Kaufland-Gebäude war kaputt. Jetzt ist es neu aufgebaut und
alles ist wieder normal. Xaver geht mal wieder einkaufen, aber er schreit
nicht mehr, sondern bleibt ruhig. Er freut sich, dort einzukaufen.

Samuel Keilhofer
Franz-von-Assisi-Grundschule, Klasse 4c

Lauter

Laut ist jedermann,
doch es geht noch lauter,
denn wenn man schön trommeln kann,
dann fängt man einfach sehr laut an.
Auch wenn beim Fußball alle schrein,
dann reicht einer ganz allein,
denn dieser stimmt die Menge an
und alle sind nun verbunden unter dem Lauter-Bann.
Und im Dschungel ebenso.

Holt man dazu noch einen Zoo,
ist alles sehr viel lauter,
dafür aber viel unvertrauter.
Und am lautesten ist man doch zusammen,
denn wenn alle sehr viel lärmen,
werden sie für das Laute schwärmen.

Felix Worthmann
Gymnasium bei St. Stephan, Klasse 6d

Lauter!

Der Klimaschutz ist dafür da, um die Welt zu beschützen, also Pflanzen und Tiere. Um laut gegen die Umweltverschmutzung zu werden, gibt es verschiedene Möglichkeiten: Wir könnten erneuerbare Energie verwenden, laute Wasserkraftwerke oder leise Solaranlagen statt Atomkraft, Erdgas oder Erdöl nutzen. Auch die lauten Müllautos müssten seltener fahren, wenn wir unseren Abfall mehr im Blick hätten. Man kann sich auch vegetarisch oder vegan ernähren, denn das Tierleid wird immer lauter. Autos stoßen viele Schadstoffe aus, deswegen machen Tempolimits, E-Autos und der Ausbau des ÖPNV sehr viel Sinn.

Mike Hassam Katcho
Pankratiusschule, Klasse 6b

Sei nicht leise!

Ich hatte vor wenigen Tagen eine zu große Jeans an. Die anderen aus der Klasse fanden das nicht cool. Mich hat die zu große Jeans aber nicht gestört. Seit diesem Tag wurde ich gemobbt. Das Gefühl war grausam. Ich fühlte mich hoffnungslos. Ich wollte es aber keinem sagen, weil ich dachte, dass ich dann noch mehr gemobbt werde. Es wurde aber nicht besser, sondern nur schlimmer. Ich habe es dann meinem besten Freund gesagt. Er sagte, ich müsse mit jemanden Erwachsenen darüber sprechen. Ich fasste meinen ganzen Mut zusammen und ging zur Vertrauenslehrerin. Wir sprachen darüber. Eigentlich war es gar nicht so schlimm. Sie ging in meine Klasse und sprach dieses Thema an, ohne meinen Namen zu nennen. Ich fühlte mich STARK! Und die anderen wurden bloßgestellt! Von diesem Zeitpunkt an hörten sie auf. Ich habe nur meinen ganzen Mut zusammengenommen, das war alles.

Seid LAUT, wenn andere über die Grenzen gehen! Sprecht mit Freunden, Eltern oder Lehrern darüber, wenn es nicht mehr normal ist! Seid nicht LEISE, seid LAUT!

Noah Bitzl und Noah Kublik
Jakob-Fugger-Gymnasium, Klasse 6c

Lauter schreien, lauter fühlen, lauter sein!

Unsere Gesellschaft: Wir werden überhört.
Warum? Die Jugend wird heruntergeredet.
Wir hätten keine Ahnung, wird gesagt.
Aber hat uns überhaupt mal jemand gefragt?
Wir sind am Handy, verbringen nur Zeit mit social media,
aber wann ist unser Leben wieder da?
Generation Z – so werden wir genannt.
Aber sind wir das?
Viele leise, manche zu laut.
Aber wie lange dauert das noch, bis endlich jemand auf den Tisch haut?
Uns sagt, was richtig ist und was falsch.
Jemand, der aufsteht und rausgeht.
Und es schafft, dass die Erde aufbebt.
Und jeder hier endlich wieder lebt.

Ronja Ruef, Noah Spindler und Giulia Stranieri
Berufsfachschule für Kinderpflege, Klasse Ki 10B

Es kommt auf den Ort an

Die Schule ist laut.
Die Pause ist viel lauter.
Zu Hause ist's ruhig.

Emil Weber
Grundschule Inningen, Klasse 4a

Lauter, aber mit Stil

„Es tut uns leid, aber wir können deine Idee nicht umsetzen", sagte der Gründer der Umweltorganisation, von der Marie immer geträumt hatte mitzuwirken. Die Worte trafen sie wie ein heftiger Schlag ins Gesicht und doch antwortete sie nur mit einem: „ Oh . . . schade." „Auf Wiedersehen!", sagte er schnell und legte auf. Doch sie war sich sicher, dass es kein

Wiedersehen geben würde. Wie oft schon hatte sie versucht, ihre Mitmenschen davon zu überzeugen, weniger Plastik zu konsumieren? Wie viele Male war sie schon auf Demonstrationen für die Abschaffung von Kreuzfahrtschiffen? Und das Schlimmste: Wie oft hatte sie schon Ablehnungen bekommen?

Sie wusste es nicht und sie wollte es auch nicht wissen. Seufzend legte sie sich auf ihr Bett. ‚Was kann ich noch tun?', fragte sie sich selbst, denn Aufgeben kam nicht in Frage, sie musste weiter kämpfen, für die Umwelt. Bin ich etwa nicht laut genug, so dass die Leute mich nicht ernst nehmen? Warum tut die Regierung nicht endlich etwas? Diese Fragen ließ sie sich im Kopf zergehen. Ihr Gehirn arbeitete auf Hochtouren und schließlich kam sie zu einem Entschluss: Es war falsch gewesen, sich ausschließlich an Erwachsene zu wenden, denn sie würden sie immer als ein kleines Kind sehen. Die Zukunft lag nicht in deren Händen, sondern in denen der Kinder. Sie muss bei Gleichaltrigen lauter werden und nicht bei Leuten, die denken, für sie sei das alles nur ein Trend. Und genau das wurde sie.

Sie blieb noch bis Mitternacht auf, um Plakate über alle möglichen Umwelt-Katastrophen anzufertigen und Listen mit Tipps, wie man helfen kann. Denn Marie war der Meinung, dass man Schlechtes nicht mit Schlechtem bekämpfen sollte. Den Verkehr zu blockieren und berühmte Gemälde zu beschmutzen, ist kein Weg, Menschen zum Umdenken zu bringen.

Schließlich tat sich etwas. Zwar hatte sie dafür, dass sie ohne großartig um Erlaubnis der Lehrer zu fragen, Plakate und Listen im Schulgebäude aufgehängt hatte, riesigen Ärger bekommen, doch es haben tatsächlich Mitschüler angefangen, sie darauf anzusprechen und ihr mitzuteilen, dass sie ihre Aktion toll finden.

Sogar Lehrer haben durch sie begonnen, anstatt ihres Unterrichts über das globale Problem zu reden und mit deren Schülern Projekte wie „Eine Woche Plastik-frei" zu starten.

Und so schön es klingt, die Geschichte ist noch lange nicht zu Ende, denn das Ziel ist noch lange nicht erreicht. Deshalb bitte ich dich, nicht mehr wegzuschauen und endlich lauter zu werden. Denn wie gesagt: Die Zukunft liegt in unseren kraftvollen Stimmen.

Nisa Nur Ilhan
Peutinger-Gymnasium, Klasse 7b

Elfchen

Geschrei
volle Lautstärke
Einige ärgert es
Das ist zu laut
lauter

Emma Wurzel
Gymnasium bei St. Stephan, Klasse 6d

Wir wollen Gleichberechtigung in unserer Welt

Die Frauen im Iran werden nicht respektiert. Viele Frauen protestieren ohne Kopftuch im Iran und werden deswegen schwer verletzt oder im schlimmsten Fall ermordet. Sie werden von den Männern überhört, egal, was sie machen oder tun.
Es wird grundlos gemordet, aufgrund des fehlenden Respekts und der Regeln, die nicht eingehalten werden.
Frauen protestieren jedoch schon seit Jahren für Gleichberechtigung.
Die Frauen werden minderwertig behandelt, deswegen protestieren sie für ihre Rechte.
Auch Prominente rasieren sich vor laufender Kamera die Haare ab und setzen somit ein Zeichen in die Welt.
Wir finden auch, dass das Thema Gleichberechtigung zu der LGBTQ-Community passt. In vielen Städten wird deswegen der CSD gefeiert. Dort ziehen sich alle so an, wie sie es wollen – unter dem Motto: Die Welt ist nicht schwarz-weiß, sondern bunt!
Menschen verdienen es, gehört zu werden. Wir leben in einer Zeit, in der die Menschen so sein können, wie sie sind. Ohne verurteilt zu werden.
Wir sind der festen Überzeugung, dass sich etwas ändern muss.
Wir sind in einer Zeit angekommen, in der unsere Generation etwas ändern muss.

Denise Thoma, Fiona Vetter und Alina Strunk
Berufsfachschule für Kinderpflege, Klasse Ki 10B

Lauter

Wenn man lauter ist, wird man wertgeschätzt.
Wenn man leise ist, wird man unterschätzt.
Die Menschen sehen nur das, was von außen kommt,

und nicht, was im Inneren ist.
Lauter sein ist nicht immer gut,
denn manchmal sagt man Dinge, die einem weh tun.
Leise Menschen werden unterschätzt,
doch im Inneren sind sie sehr verletzt.

Havin Imdat, Stephanie Kerst, Wafaa Khamo,
Denisa Serban und Nisa Kahraman
Berufsfachschule für Kinderpflege, Klasse Ki 10D

Ungehört!

Lauter! Immer lauter!
Aber wir werden nicht gehört.
Wir zerstören unseren eigenen Lebensraum,
das Zuhause so vieler Tiere.
Ein Müllteppich auf dem Meer, so groß wie Deutschland.
Und so viele Leute beachten das nicht,
unsere Zukunft und die Zukunft unserer Kinder.
Ob in zehn Jahren die Erde schon anders aussehen wird?
Jeder kann etwas bewirken, um unsere Erde zu schützen.
Es werden immer wieder tote Tiere an den Strand gespült,
den Bauch voller Müll.
Wir hoffen, man hört uns!
Wir werden lauter!
Immer lauter!

Samuel David Anijs und Juri David Nickles
Maria-Theresia-Gymnasium, Klasse 6b

Lauter

Lauter
Ich sage es immer lauter.
Was sage ich überhaupt lauter?
Man muss es hören,
deshalb immer:
Lauter.
Ich sage es immer lauter.

Nils Keller
Gymnasium bei St. Stephan, Klasse 8a

Der Krieg

In der Ukraine ist es heiß.
In den Herzen bleibt aber Eis.
Jeder Krieg ist nicht gut.
Das bringt nur Wut.
Die Kinder fliehen in den Wald,
Da ist es sehr kalt.
Sie schreien laut: „Das reicht!"
Und ihnen ist es nicht leicht.
Zerstören, hassen, schlagen . . .
Wie kann man so etwas wagen?
Jeder Krieg ist nicht gut.
Das bringt nur Wut.

Maria Ustinov
Grundschule Göggingen-West, Klasse 4e

Der Esel und die Maus

Am frühen Morgen in der Scheune wurde die Maus von einer lauten Stimme aufgeweckt. Es war der Esel, der gerade am Singen war. Die Maus war sehr verärgert, so kam sie aus ihrem Mauseloch heraus und versuchte dem Esel zu sagen, dass er zu laut sei. Jedoch hörte ihr dieser nicht zu. Die Maus rief dagegen die ganze Zeit: „Esel, du bist so laut! Sei doch etwas leiser!" Nach einer Weile hörte der Esel auf und sagte: „Ich möchte nicht aufhören, denn ich liebe es zu singen. Wenn es dich stört, dann geh einfach woanders hin." Die Maus war sauer und ging wieder in ihr Mauseloch zurück. Dort überlegte sie sich einen Plan, um den singenden Esel zu stoppen. Etwas später kam sie dann aus ihrem Mauseloch und sagte zu dem Esel: „Ach lieber Esel, deine Stimme klingt so wunderschön. Du musst am besten in die Welt hinaus gehen, damit auch andere deinen Gesang hören können." Der Esel war so stolz und wollte gleich losmarschieren, er meinte noch: „Komm mit, Maus, es wäre schön, wenn wir zusammen gehen!" Die Maus erwiderte: „Esel, geh du schon voraus. Ich werde dir folgen. Ich pack nur noch ein paar Sachen für uns ein." Als der Esel lostrabte, schlug die Maus direkt hinter ihm das Scheunentor zu. Da merkte der Esel, dass die Maus ihn ausgetrickst hatte. Denn nicht immer ist der Lauteste auch der Klügste.

Ayla Eren
Berufsfachschule für Kinderpflege, Klasse Ki 10C

Lauter

Mach die Tür nicht so laut zu!
Du kannst es auch ebenso leise tun.
Sprich nicht so laut!
Wenn du leise und deutlich sprichst,
verstehe ich dich, bevor es aus dir herausbricht.
Auf der Straße ist es meist sehr laut,
vor allem, wenn man ein Haus baut.
Autos, Motorräder und Maschinen
machen viel Lärm, wie im Sommer die Bienen.
Manchmal ist es wirklich zu laut,
wenn eine Sirene durch die Straße heult.
Im Wald ist es schön leise,
da erklingt manchmal der Laut einer Meise.
Du bist laut und ich bin leise.
Jeder lebt auf seine Weise.

Andreas Widmann
Berufsfachschule für Kinderpflege, Klasse Ki 10B

Wir können immer helfen

Plötzlich erklang das Klingeln und die Schülerinnen und Schüler strömten aus den Klassenräumen. Nora und ihre beste Freundin Claudia hatten vor, gemeinsam nach Hause zu gehen. Aber sie bemerkten, dass die Geräuschkulisse auf den Straßen immer lauter wurde. Claudia fragte sich, was für ein Lärm das sei, woraufhin Nora antwortete, dass die Menschen offensichtlich aus Protest schreien und sich für den Naturschutz einsetzen. Die beiden verlangsamten ihr Tempo, um die Demonstration genauer zu betrachten. „Denkst du, dass wir mitdemonstrieren sollten?" Es war ja klar, Nora wollte mitdemonstrieren. „Was? Nein, das ist doch völliger Unsinn. Die Menschen haben doch genug für die Natur gemacht! Was sollen wir denn noch tun, damit die Natur in bestem Zustand ist? Etwa alle Gebäude und die Häuser zerstören?" Claudia klang genervt. „Warum denn Unsinn? Ich hatte ja auch nichts von Gebäude-zerstören gesagt! Wir können immer weiterhelfen. Es gibt keine Grenz-..." Sie unterbrach, als Claudia fragte, wie man weiterhelfen könne. Nora stockte kurz, um eine Antwort zu finden, und sagte schließlich: „Man könnte mehr Bäume pflanzen oder keinen Müll ins Meer werfen. Ich versuche nur zu sagen, dass wir viel mehr für die Natur tun können, aber denken, es sei zu schwer und kompliziert, weshalb man es am Ende trotzdem nicht macht. Aber die Menschen versuchen zu helfen. Die meisten jedenfalls. Wir würden eine andere Welt für weitere Generationen schaffen: voll mit Pflanzen und sauberer Luft. Wir Menschen wären Vorbilder für alle! Verstehst du das nicht?" Sie blickte ihre Freundin an. Claudia antwortete mit einem „Warum verstehst Du das nicht? Menschen gehen die Ideen aus, wie sie weiter helfen können!" Nora wollte sich beschweren, dann stürmte sie in das Gewusel Hunderter von Menschen, die genauso wie Nora dachten. Nora protestierte mit und war dabei. Aber mit ihren Gedanken war sie ganz woanders. Die Worte ihrer Freundin umklammerten sie wie Dornen, die sie erwürgen könnten. Hatte sie doch Recht? Claudia stand dort, am Rande der Straße, und dachte dasselbe, nur umgekehrt. Hatte ihre Freundin Recht? Diese Frage kannst nur du für dich selbst beantworten.

Zeynab Hasanli
Jakob-Fugger-Gymnasium, Klasse 6c

Tagebucheintrag 350

Es war einmal vor genau 350 Jahren auf einer Insel, die Indus-Insel hieß, und sie war voller Menschen, die ihr Leben lebten. Diese Menschen waren besonders. Alle Indusia handelten mit verschiedenen Stoffen, z.B. Leder, selbstgemachten Körben, Palmenherzen und Fisch. Es gab auch keine Schule. Die Leute hatten ihre eigene Schrift und lernten sie mit der Zeit. Mathe kannten die Indusia dort gar nicht. Ihr Leben war ebenso wie meines einfach perfekt, bis ich hörte, dass dort ein besonderes Fest gefeiert wird und zwar nur einmal im Jahr. Seitdem wünsche ich mir nichts sehnlicher, als auch einmal an diesem Fest teilnehmen zu dürfen. Dazu habe ich euch eine kleine Geschichte mitgebracht. Sie spielt in einem Häuschen am Rande des Strands. Hier lag ein Mädchen auf dem Kinderzimmerboden und schrieb in ein Buch. Sie gehörte zur Familie Hukatu, die aus einem Vater, einer Mutter und einer Schwester mit einem kleinen Bruder bestand. Der Bruder hieß Bruno und die Schwester Amelia. Wie gesagt, schrieb Amelia gerade auf ihrem Zimmer in ein Buch. Das Buch war ihr Tagebuch. Lesen wir doch einfach mal rein:
~Montag~
Liebes Tagebuch! Morgen beginnt die tollste Woche im ganzen Jahr. Dann ist nämlich Lautwoche. In dieser Woche wird bis Samstagnacht richtig laut gefeiert: Man hört am Strand entweder Musik oder singt dazu. In der Lautwoche ist es sogar verboten, leise zu kauen oder zu gehen. Jedes

Mal, wenn man auf der Wiese läuft, kann irgendwer aus einem Gebüsch kommen und dann laute Musik anmachen. Normalerweise hätte einen das geärgert, aber nicht in der Lautwoche. Jetzt lacht und tanzt jeder, statt sich zu ärgern. Mann, freue ich mich!

~Dienstag~

Der Anfang der Lautwoche hat begonnen und man hört es überall. Alle trauen sich, alles frei zu sagen.

Bruno wollte einmal seine Kokosnuss nicht essen, da murmelte er nicht wütend, sondern sagte mit fester Stimme: „Ich will das nicht essen!" Siehst du, Tagebuch, die Lautwoche ist supercool, weil jeder seine eigene Meinung sagen darf. Nach dem Mittagessen mit meiner Familie holte ich meine Freundin Lucy zum Spielen ab und wir schossen mit unseren Steinschleudern Kokosnüsse ab, sodass ein Trommelton entstand. Einige Leute machten es uns nach. Dann wurde es uns langweilig und wir gingen zum Haus von Chen-Lu und ihrer Familie. Wir fragten, ob sie Zeit hätte. Sie kam und wir überlegten, was wir tun möchten. Dann hatte Chen-Lu die Idee, dass wir Musik zur lauten Woche machen könnten. Das fanden wir toll und fingen an, Instrumente zu basteln. Inning baute quasi eine kleine Gitarre, also eine größere Ukulele. Lucy hatte eine Trommel gebastelt und ich zwei Rasseln. Wir gingen zu den Händlerständen und so spielten wir Musik mit den anderen Leuten, die spontan mitmachten.

Es wurde sehr spät. Wir mussten uns beeilen, nach Hause zu kommen, weil nachts alle Rentner Party in der lauten Woche machten und die tanzten gruselig mit riesigen Masken. Das war schrecklich und furchtbar schaurig. Das kannst du dir gar nicht vorstellen, Tagebuch. „Aloi", sagte meine Mutter und ich schlief ein. Doch ich konnte nicht weiter dösen, weil es weiterhin richtig laut war und ich setzte mir meine Kopfhörer auf.

~Mittwoch~

Am Morgen machte ich mir einen Melonensmoothie und nahm dann meine selbstgemachten Rasseln. Damit ging ich in die Zimmer meiner Familie und schrie laut mit den Rasseln. Meine Eltern schreckten aus ihren Betten hoch, doch wir lachten alle zusammen. Danach schickte mich meine Mutter mit einem Korb los, um Obst zu holen. Ich fand zwei Melonen, fünf Orangen und vier Kokosnüsse. Der Korb wurde richtig schwer und ich wollte nach Hause gehen, aber plötzlich kam Elias und fragte, was ich tun würde. Also erklärte ich ihm, dass ich für meine Familie Obst sammelte. Er sagte, dass er mir beim Tragen des Korbes helfen wolle. Da war ich sehr froh, denn ich konnte einfach nicht mehr. Nach einer Weile waren wir bei mir zu Hause angekommen und ich brachte den Korb hinein. Ich verabschiedete und bedankte mich bei Elias. Als er weg war, fing ich an, auf dem Balkon zu singen. Anscheinend war ich ziemlich gut, denn die Vögel stimmten mit ein. Das ging so eine halbe Stunde lang, bis mein kleiner Bruder Bruno hereinkam und erzählte, dass er mit seinen Freunden bei den Palmwäldern auf die Bäume geklettert sei und Blätter abgepflückt habe. Ich fragte, wieso er das getan habe, und er erwiderte, dass er aus den Palmblättern Kostüme mit seinen Jungs basteln wolle. Ich meinte: „Hey, denkst du, ich und meine Freunde könnten auch mitmachen?" „Klar können sie", sagte er. Wir trommelten alle zusammen und machten uns an die Kostüme. Am Ende sahen wir richtig großartig aus und gingen zu einem Feierplatz. Dort tanzten wir mit den anderen Leuten bis spät in die Nacht hinein. Abends lag ich im Bett und redete mit meinem Kuscheltier, dann schlief ich ein. Plötzlich schreckte ich hoch. Ich hörte Menschen, die laut vorbei gingen und sah nach. Ich erkannte dieses Pärchen. Es waren die Cliotters, die nächste Woche heiraten wollten. Ich dachte mir, dass er ihr vielleicht den Ring, den ich glitzern sah, geben wollte, aber nicht jetzt, dachte ich mir. Als ich wieder im Bett war, konnte ich endlich in Ruhe einschlafen.

~Donnerstag~

Es ist einfach nicht zu fassen, dass die Lautwoche schon fast wieder vorbei ist. Egal, also heute Morgen kam Bruno in mein Zimmer gestürmt und weckte mich einfach auf. Ich verstand erst gar nicht, was das sollte. Darum wollte ich ihm erzählen, dass man das nicht mache und dass es ein Uhr morgens sei. Doch da berichtete er mir, dass er einen Albtraum gehabt habe, und ich drückte ihn fest. Danach schliefen wir zusammen in meinem Bett weiter. Am Morgen stand ich auf und Bruno war weg. Erst machte ich mir unten in der Küche Pfannkuchen und dann setzte ich mich zu den anderen an den Couchtisch. Als ich fertig mit Essen war, räumte ich ab, packte meine Sachen und ging an den Strand. Dort sah ich Chen-Lu und Lucy im Wasser planschen. Ich schlüpfte schnell in meinen Badeanzug und sprang ins Meer. Wir spielten, bis wir eine Qualle nach der anderen schmerzhaft spüren mussten. Schnell trockneten wir uns ab und bauten eine sehr große Sandburg. Die war mit Algen, Muscheln und Steinen besetzt und hatte einen Graben drumherum. Wir blieben bis zwei Uhr am Strand. Dann spielten wir in den Palmwäldern Forest-Monkey. In diesem Spiel klettert man auf Bäume und versucht, entweder die meisten Kokosnüsse von fünf Palmen herunterzuwerfen oder andere Bäume zu erobern. Das Spiel machte uns großen Spaß, aber dann war es vier Uhr und wir mussten zum Abendessen gehen. Jetzt fragst du dich bestimmt, wieso so früh. Das lag daran, dass wir später zur Party am Strand gehen wollten, bevor die Rentner kamen. Es gab Pfannengemüse mit Kartoffeln und zum Nachtisch Mangobeerenkompott. Nach dem Essen ging ich mit meinen Eltern zur Strandpromenade. Da war laute Musik, es gab viele Leute und Essen mit Drinks. Ich holte mir ein Stück Auflauf mit Paprika, eine Kürbis-Kartoffel-Suppe und zum Trinken eine Beerenlimonade. Dann tanzte ich mit meinen Freunden, bis es dunkel wurde. Zurück zu Hause putzte ich mir die Zähne und ging mit schmerzenden Beinen, die müde vom vielen Tanzen waren, ins Bett.

~Freitag~

Stell dir das vor, Tagebuch, die Hochzeit von den Cliotters wurde auf heute vorverlegt und Chen-Lu und ich durften Blumenmädchen sein. Ich freute mich so und sammelte gleich am Morgen eine Dreiviertelstunde lang Blumen. Jetzt hatte ich viele Rosen, weiße Lilien und andere schöne Blüten. Ich legte sie in einen geflochtenen Korb und machte mich auf den Weg zu Chen-Lus Haus. Als ich da war, klingelte ich an der Türe und Chen-Lu machte mir auf. Sie hatte auch schon Blüten im Wald gesammelt. Dann hatte ich die Idee, dass wir nochmal in den Wald zum Blumensuchen gehen und sie an die Körbe stecken könnten. Chen-Lu fand das auch einen sehr guten Einfall. Also machten wir uns in den Wald auf und pflückten Blumen. Plötzlich sahen wir eine große Gruppe Wanderbäume, die friedlich ihren Weg fortsetzen. Wir dachten uns: ‚Wow, wie cool diese Bäume sind!' Dann sammelten wir die Blumen fertig und gingen zum Strand. Dort befestigten wir die Blüten an den Körben und machten uns auf den Weg zur Muschel-Koralleninsel, denn dort fand die Hochzeit statt. Am Strand lag ein kleines Ruderboot. Dort eingestiegen, setzte ich mich ans Steuer. Ich ruderte Schlag um Schlag und langsam wurde es anstrengend, weiter zu paddeln. Doch endlich sahen wir in ungefähr 100 Meter Entfernung eine Insel. Chen-Lu rief: „Na endlich! Die Muschel-Koralleninsel!" So kamen wir also am Hochzeitsplatz an. Da waren auch schon Schildkröten, die Säfte verteilten, es lief Musik und alle waren am Tanzen. Eine halbe Stunde später wurden alle Leute zum ersten Mal in der Lautwoche leise, um dem Ehepaar zuhören zu können. Beide sagten „Ja" zueinander und küssten sich. Und passenderweise kam gerade eine der Schildkröten mit Getränken vorbei. Sie nahmen welche und stießen an. „Jetzt kommt das Ritual", sagte Chen-Lu zu mir und dann kam ein Mann. Er gab dem Pärchen eine Seerose. Sie gingen zum Wasser und ließen die Rose gemeinsam ins Meer gleiten. Jetzt warfen Chen-Lu und ich unsere Blumen aus den Körben. Es ist eine Tradition, dass die Blumen ganz bleiben und nicht nur die Blätter geworfen werden. Danach wurde die Obstplatte leer gegessen. So feierten alle weiter und die Schildkröten verteilten weiterhin Obst, Gemüse und Fruchtsaft an die Gäste. Wir tanzten, malten Bilder und planschten im Meer wie Kinder.

Urplötzlich aber wurde das Wasser eiskalt und Wind wehte über das Wasser. Jeder in der Versammlung wusste, was das zu bedeuten hatte. Alle stellten sich in einem Kreis auf, das Pärchen in der Mitte. Jetzt hielten alle einen besonderen Stein in der Hand. Dieser Stein wird jedem Baby der Inselbewohner bei der sogenannten Hironaka-Taufe geschenkt, als Zeichen der Ehre von den Hironaka. Die Leute drückten den Stein an ihre Brust, sodass das besondere Zeichen des Charakters der Person nach vorne zeigt. Ein Tornado erhob sich in der Mitte und jedes Zeichen fing nacheinander an, hellblau zu leuchten. Alle schlossen die Augen. Der Wind zog die Steine des Ehepaares in sich und kam als ein Stein wieder zurück. Noch aber war das Ritual nicht zu Ende. Gemeinsam gingen alle als Kreis ins Wasser. Dort riefen alle: „Haruna Mila lata Koso rabata" und sogleich kamen aus dem Tornado zwei blaue Hände und berührten die des Ehepaares. „Sumoviara", sprach das Paar während der Berührung. Danach verschwanden die beiden Hände wieder in dem Wirbelwind und er zog sich schließlich auch zurück. Die Sonne schien wieder hoch am Himmel und wärmte das Wasser erneut auf. Und dann sah ich meine Freunde etwas abseits stehen, die ich während des schönen Rituals fast schon vergessen hatte. Ich machte mich mit ihnen auf den Weg zu den Booten. Irgendwie wollten wir nicht noch einmal paddeln, also ging ich zum Meer und malte ein Zeichen hinein. Das hatte mir das Brautpaar als Dank für unseren Besuch verraten. Kaum hatte ich fertig gezeichnet, kamen ein Beluga-Wal, ein Delfin und ein Hai angeschwommen. Ilona stieg auf den Hai, Chen-Lu auf den Beluga und ich auf den Delfin. Zusammen ritten wir durch die Wellen und kehrten zur Indus-Insel zurück. Wir verabschiedeten uns von unseren Wasserfreunden und schauten beim „Insel-Apothek-Tischchen", also beim Insel-Medizinmann vorbei. Als wir hineinkamen, stellte ich mich zu dem Arzt und sagte: „Guten Tag, Terrano. Ich hätte gerne die Medikamente für meinen verletzten Krebs am Strand. Meine Mutter hat schon Bescheid gegeben." „Ah, ja", erwiderte Terrano. „Hier sind die Schlangenhäute, natürlich fein zermahlen", antwortete er und gab sie mir. Ich nahm meine Freunde mit nach Hause und holte noch ein Tuch. Danach verabschiedete ich mich von den zweien und ging zum Strand. Dort pfiff ich einmal und ein kleiner Meereskrebs kam unter einem Stein hervor. Das Tuch rieb ich mit dem Pulver ein und legte es ihm um den verletzten Panzer. „Jetzt kann es verheilen, mein kleiner Freund. Mach Dir keine Sorgen!", beruhigte ich ihn.

Es wurde langsam spät und ich ging nach Hause. Dort angekommen, gab es köstlichen Salat mit Tomaten zum Essen. Den Krebs nahm ich zur Genesung mit. Ich legte ihn auf meih Kopfkissen und mich gleich dazu. Schnell schliefen wir ein.

~Samstag~

Am Morgen nahm ich den kleinen Krebs mit zum Frühstück und gab ihm getrocknete Silien-Algen zum Fressen. Mama meinte, ich sollte auch mal etwas essen, aber ich war ja schon fast fertig mit dem Füttern. Also schnappte ich mir eine Schüssel Obstsalat und fing an zu essen. Dann war ich fertig und ging mit dem Krebs an den Strand. Dort ließ ich ihn mit den anderen Krebsen spielen. Die Zeit verging wie im Flug und es war schnell Abend geworden, also gingen wir nach Hause. Als es dunkel wurde, hörte meine Familie Schreie von vielen, vielen Menschen. Damit verabschieden wir die Lautwoche. Mein Bruder fing auch an loszukreischen und wir stimmten alle mit ein. Jetzt fehlte nur noch das Feuerwerk und kaum waren wir mit dem Brüllen fertig, knallten auch schon die ersten, fantastischen Raketen in der Luft. Das Feuerwerk hatte begonnen. Wow! Was für ein großartiger Abschied der Lautwoche.

Ich freue mich schon jetzt auf die nächste Lautwoche. Ihr euch auch?

~ ENDE ~

Emmylou Nier
Johann-Strauß-Grundschule, Klasse 4d

perspektivenwechsel

Partynacht
Lieder mitsingen
reden lachen tanzen
immer lauter und lauter
Ruhestörung

Rebekka Werle
Maria-Ward-Realschule, Klasse 10a

Hört hin!

Die Musik wird lauter. Die Welt wird lauter. Alle wollen es. Fast alle. Ein paar Menschen sagen: „Leiser, leiser!" Doch sie werden übertönt. Für Proteste werden sie weggesperrt und Meinung haben ist verboten. Sie sagen: „Leiser, leiser!" Doch sie werden übertönt. Denkt zum Beispiel an den Iran! Denkt an die Menschen, denn sie schreien laut – lauter – und werden dennoch überhört. Hört hin!

Johannes Wiedemann
Gymnasium bei St. Stephan, Klasse 6b

Was ist Rassismus?

Rassismus ist Vorurteil, Diskriminierung oder Feindseligkeit gegenüber anderen Menschen, weil sie einer anderen Rasse oder ethnischen Herkunft angehören. Dabei gibt es unter Menschen keine Rassen. Die Person, die rassistisches Verhalten an den Tag legt, wird als Rassist bezeichnet. Rassismus ist nicht gut. Es ist unfair, Menschen aufgrund ihrer Herkunft, Religion, Sexualität oder Hautfarbe zu diskriminieren. Wir müssen Menschen helfen, die rassistischer Rhetorik ausgesetzt sind.
Wer rassistische Dinge sagt, sollte bestraft und vor allem aufgeklärt werden. Beleidigungen verletzen mehr als Taten. Deswegen sprecht alle laut mit:
Ein blauer Fleck vergeht,
ein böses Wort bleibt
für immer
im Gedächtnis.

Kuzey Ilgen
Werner-von-Siemens-Mittelschule, Klasse DK79

Laut

Es ist so laut
in meinem Kopf,
dass ich manchmal glaube,
ich werde verrückt.
Die Stimmen schreien
und ziehen lachend über mich her.
Sie nennen mich einen Versager und einen Nichtsnutz.
Und was ich auch versuche, ich kann es nicht stoppen.
Doch ich möchte es nicht länger akzeptieren.
Viel zu lange habe ich gegen mich selbst gekämpft.
Ich habe es hingenommen, ignoriert.
Und ich wollte dieses Chaos in meinem Kopf unterdrücken
mit Musik und auch mit Lärm.
Doch nun breche ich aus

und werde laut!
Ich erhebe meine Stimme
gegen diese fiesen Gedanken.
Ich bin besser, stärker, kraftvoller!
Lauter!
Ich bin großherzig, liebenswert und wichtig!
Lauter!
Ich bin gut, so wie ich bin!
Lauter!
Auf Nimmerwiedersehen, ihr fiesen Gedanken!

Dana Mayer, Lisa Anjos, Roksana Kubiak und Martina Cardaropoli
Berufsfachschule für Kinderpflege, Klasse Ki 10A

Wir müssen wieder Konfrontationen aushalten können

Warum verlernen wir, die Dinge direkt anzusprechen? Stattdessen tendiert unsere Gesellschaft dazu, Konfrontationen aus dem Weg zu gehen und hinter dem Rücken des anderen über die unausgesprochenen Konfrontationen zu reden. Das ist sehr hinterlistig und in keinem Fall ok. Es ist ehrlos und paradox, da Menschen von Natur aus eigentlich schon immer kommunikativ waren und ihre Streitgespräche eher direkt ausgetragen hatten. Doch tatsächlich ist es immer weniger gern gesehen, wenn man Dinge direkt ausspricht und eine Person damit konfrontieren will. Es heißt immer: „Du störst den Frieden!" oder „Ach, das ist doch schon Vergangenheit." Eine prima Lösung für denjenigen, die Konfrontation von sich wegzuschieben und die andere Person auch ein bisschen zu manipulieren, um der anderen Person einzureden, das sei doch gar nicht so schlimm. Dabei ist der Streit vielleicht erst zwei Tage her. Und für die Person, die die Dinge direkt ansprechen will, ist die Sache noch lange nicht vom Tisch. Es stört dann, dass die andere beteiligte Person kein Zweiergespräch haben möchte, sondern es vielmehr in der Klasse austrägt, um sich zu profilieren, oder hinter dem Rücken. Ein Grund dafür ist: Die Menschen können wegen Instagram, WhatsApp, Facebook und Co. die Probleme nicht mehr direkt ansprechen. Es ist leider zu einer Normalität geworden, Streitgespräche über WhatsApp zu führen, wütende Sprachnachrichten zu schicken und Cybermobbing über das Internet zu betreiben. Dadurch ist man noch wütender und man fängt an, dass man Druck ablassen muss, und der leichteste Weg ist eben das Lästern. Eine Gegenmaßnahme wäre, dass man seinen Mut zusammennimmt und die

Person direkt anspricht. Das fördert auch enorm das Selbstbewusstsein und man lernt, Konfrontationen und Streitgespräche, die auch laut sein können, auszuhalten.

Ich wünsche mir, dass wir in Zukunft wieder fähig sind, Probleme direkt zu besprechen und nicht über die andere Person lästern zu müssen. Und dass wir wieder in der Lage sind, Konfrontationen auszuhalten. Lästern ist nämlich langwieriger, verletzender als direkte, laute und offene Worte. Nehmt euch das als junge Generation zu Herzen! Wir haben noch die Möglichkeit, etwas zu verändern.

Luisa Achter
Berufsfachschule für Kinderpflege, Klasse Ki 10C

Lauter

Denk immer daran, wenn du dich etwas nicht traust, dann mache es mit jemandem zusammen!

Es war einmal ein Mädchen und dieses Mädchen hieß Nina. Sie hatte eine wunderschöne Stimme, aber sie sang immer nur, wenn sie allein war oder in ihrem Zimmer, wo sie keiner hörte. Eines Tages sang sie in ihrem Zimmer. Da Nina heiß war, öffnete sie das Fenster und schaute, ob jemand draußen war. Als sie niemanden sah, sang sie weiter. Die Sonne schien durch ihr Fenster und Nina war sehr glücklich, sodass sie immer kraftvoller und lauter sang. Aber sie sah nicht, dass ihre Freundin vorbei kam, und sang deshalb weiter. Ihre Freundin hörte den wunderschönen Gesang und versteckte sich hinter einem Busch. Da wartete sie und lauschte der Musik. Sie hörte auch, dass Nina in diesem Lied darüber sang, einmal auf einer großen Bühne zu stehen und einfach nur zu singen. So klingelte sie an der Tür und Nina öffnete. Flora, Ninas Freundin, sagte, sie hätte eine Überraschung und sie solle mitkommen. Als sie ankamen, standen sie vor ihrer Schule und gingen in den Pausenhof. Da begriff Nina. Heute war die Schulaufführung! Jeder, der auf der Bühne auftreten wollte, durfte sich auf eine Liste schreiben lassen. Da Flora und Nina sehr früh da waren, waren sie die zweiten, die auf der Liste standen. Nun war Nina sehr aufgeregt und hatte Angst vor dem Auftritt. Doch als sie dran waren, sangen sie wie Engel und Nina war in ihrem Element. Am nächsten Tag in der Schule wurden die Sieger der Schulaufführung genannt und Nina und Flora hatten gewonnen.

Amelie Schmid und Aurelia Bulun
Maria-Theresia-Gymnasium, Klasse 5a

Der 100. Geburtstag

An einem kalten Wintertag, während alle Kinder in der Schule waren, freuten sich Max und Moritz auf Sylvester. Genau wie alle anderen. Dieser Schultag war besonders langweilig und zog sich endlos in die Länge. Kurz bevor die Schule aus war, gab die Schulleitung jedoch eine riesige Überraschung bekannt: „Ding, Dang, Dong! Liebe Schülerinnen und Schüler! Unsere Schule feiert dieses Jahr, wie ihr wisst, ihren 100. Geburtstag! Den wollen wir mit einer riesigen Sylvester-Party gebührend feiern!" Lauter Jubel erklang aus den Klassenzimmern. An Unterricht war jetzt gar nicht mehr zu denken. Alle waren furchtbar aufgeregt und fingen schon an zu planen. Wo wird die Party stattfinden? In der Aula oder in der Turnhalle? Was wird es zu essen geben? Sollen wir es selber machen oder wird es uns geliefert? Welche Musik soll gespielt werden? Kommt ein DJ oder eine Band? Fragen über Fragen . . . In den nächsten Tagen konnte sich jeder, der wollte, für eine bestimmte Aufgabe eintragen. Max und Moritz trugen sich zum Dekorieren ein. Alle fieberten der Party des Jahres entgegen. Die beiden Jungs schmiedeten aber nicht nur Pläne für die Deko, sondern auch für die Sylvesterknallerei! Das war zwar strengstens verboten, interessierte die zwei aber nicht im Geringsten. Die beiden fanden schnell heraus, dass das Material für das Mitternachtsfeuerwerk, das von der Stadt spendiert wurde, im alten Schuppen im Schulhof gelagert wurde. Und für die Böller würden sie schon sorgen. Gesagt, getan! Max stibitzte von seinem Onkel eine ganze Tüte „Superböller" und Moritz versteckte sie bei Gelegenheit im Schuppen beim Feuerwerk. Endlich war der Tag der Party gekommen. Alle machten sich chic und warfen sich in Schale. Die Party war in vollem Gange, da beschlossen Max und Moritz, wenigstens einen Böller sofort auszuprobieren. Sie schlichen sich heimlich in den Schuppen und beim Anzünden passierte es: Max ließ aus Versehen den Böller fallen. Geistesgegenwärtig rannten die beiden Jungs weg, so schnell sie konnten. BUMM! KRACH! Ein riesiger Knall unterbrach schlagartig die Party und alle rannten auf den Schulhof. „Was war das?", hörte man von allen Seiten. Plötzlich sauste eine Rakete nach der anderen in den Himmel: rote, grüne, goldene Sterne . . . immer mehr stiegen nach oben. Ab und zu hörte man auch Böller-Geknalle dazwischen, aber das mächtige Feuerwerk brachte alle zum Applaudieren. Lauter und lauter jubelte die Menge. Die ganze Schule feierte das schönste Feuerwerk der Stadt. Zum Glück war nichts Schlimmes passiert und Max und Moritz wurden nicht erwischt. Es wurde auch nie geklärt, warum das Feuerwerk von allein losgegangen war und der Schuppen in die Luft geflogen war, aber diesen 100. Geburtstag wird wohl so schnell niemand mehr vergessen.

Evelyn Schall und Jovana Bozic
Grundschule Bärenkeller, Klasse 4b

Meine Geschwister und ich

Ich möchte euch einweihen:
Ich bin das letzte Kind von dreien.
Doch ich sage es, wie's ist:
Das ist meistens Mist.
Oft hat man als drittes Kind
einen Haufen Nachteile, wie ich find!
Die beiden anderen sind immer schneller:
beim Rennen im Garten, auf einen Baum oder sogar in den Keller.
Sie sind beide viel länger,
kriegen mich immer bei ‚Gejagter und Fänger'.
Sie sind beide viel weiter
im Schulstoff und wirken dadurch gescheiter.
Im Lateinischen muss ich sie manchmal was fragen
und sie wissen's immer, können alles richtig sagen.
Und die große Schwester
spielt sogar schon im Orchester!
Der Große darf abends schon länger raus;
ich dagegen muss ins Bett – ein Graus!
Die Schwester malt mit Wimperntusche sich Farbe ins Gesicht.
Ich, die süße Kleine, darf das mal wieder nicht.
Will ich aus einem Regal was holen von weiter oben
und komm nicht ran – wird das von meinen Geschwistern   behoben.
Sie können von oben herab auf mich runter winken,
dürfen ab und an schon Cola trinken.
Neulich haben sie einen spannenden Film ab 12 gesehen –
ich nicht: Ich bin ja auch erst zehn!
Und bei so manchen Gesellschaftsspielen
können sie dank größerer Erfahrung den Sieg erzielen.
Obwohl ich mich schon oft beschwerte,
dürfen sie viel länger an elektronische Geräte.
Meine Geschwister sind größer, länger, schwerer,

die Schwester hat einen Verehrer.
Sie sind lustiger und wissender,
der Bruder sogar schon ein Küssender.
Mit der Welt sind sie eindeutig vertrauter.
Und ich? Ich bin zwar kleiner, aber LAUTER!

Vreni Schlosser
Gymnasium bei St. Stephan, Klasse 5c

Marta ist nicht piepsig

Marta, die kleine Schildkröte, ist letzte Woche umgezogen. Und zwar in die Normandie, das ist in Frankreich. Dort wird sie in eine neue Schule gehen.

Am nächsten Morgen ist Marta total aufgeregt. Heute ist der erste Schultag in der neuen Schule. Die Familie sitzt am Frühstückstisch. Alle essen ihr Frühstück, nur Marta kriegt nicht einmal ihren halben Teller leer. Ihre Eltern bitten sie die ganze Zeit: „Marta, iss doch ein bisschen Salat!" Aber Marta sagt: „Nein, danke, ich habe überhaupt keinen Hunger." Auf dem Schulweg wird ihr ganz flau im Magen. Langsam bekommt sie richtige Angst. Als sie nun vor der neuen Klasse steht, sagt ihre Lehrerin, die Möwe Frau Schnabelmann: „Hallo, Marta, willst du dich vielleicht selbst vorstellen?" Marta antwortet mit leiser, piepsiger Stimme: „Hallo, ich heiße Marta und komme aus Marokko. Das liegt in Afrika." „Was hast du bitte gesagt? Könntest du etwas lauter sprechen?", bittet Frau Schnabelmann. Ganz vorne sitzen zwei Krähenmädchen. Sie kichern. Das ist Marta peinlich. Sie zieht ihren Kopf in ihren Panzer ein. Zum Glück sagt die Lehrerin: „Komm, Marta, setz dich doch mal da neben Willi." Dabei zeigt sie mit dem Flügel auf einen Leguan. Marta setzt sich und sagt den ganzen Schultag lang nichts mehr.

Zwei Tage später hat Martas Klasse Musik. Marta freut sich schon, denn Musik ist ihr Lieblingsfach. Als es endlich soweit ist, kommt die Musiklehrerin Frau Lauter-Bach hereinspaziert. Sie ist ein Fischotter. Sie sagt: „Guten Morgen, liebe Kinder! Heute beschäftigen wir uns mit vielen verschiedenen Instrumenten." Dann beginnt sie, Instrumente auszuteilen. Acht Kinder bekommen einen Triangel. Zehn Kinder erhalten Klanghölzer. Fünf Kindern gibt Frau Lauter-Bach Glöckchen und vier Kindern Rasseln. Nur Marta bekommt eine Pauke. Das findet Marta sehr nett von der Lehrerin. Frau Lauter-Bach fordert die Klasse auf: „Spielt doch mal einen Rhythmus!" Die Kinder legen los. Marta ist total in ihrem Element. Sie trommelt immer lauter. Nach knapp 40 Sekunden sind alle Kinder verstummt und hören Marta zu. Marta spielt weiter. Sie trommelt ein Lied. Als sie fertig ist mit ihrem Solo, klatschen alle begeistert. Die Kinder fragen Marta: „Wie schaffst du das, so toll zu trommeln?" Nun antwortet Marta gar nicht mehr piepsig und aufgeregt, sondern mit lauter, deutlicher Stimme: „Keine Ahnung, ich spiele einfach." Ab jetzt ist sie nicht mehr leise und zieht auch ihren Kopf nicht mehr in den Panzer ein. Sie findet sogar Freunde und zwar Willi, den Leguan, und die Krähenmädchen Kati und Kira.

Isabelle Hanrieder
Fröbel-Grundschule, Klasse 3a

Seid nicht laut, seid LAUTER!

„Dazu fehlt dir einfach die Lebenserfahrung! In meiner Jugend hatten wir noch Anstand!", sind Sätze, die tagtäglich jungen, motivierten Menschen oder – wie die Boomer unseres Landes sagen würden – „linksgrün verseuchten Fratzen" um die Ohren fliegen.

Jegliche Argumentation ist sinnlos, die Bevölkerung besteht aus viel zu vielen Karens und Haralds, die in ihrer Jungend gänzlich unbeschwert die Sau rausgelassen haben und sich nun über die Folgegenerationen beschweren, weil sie für die Umwelt kämpfen.

Während die einstigen Opel Manta-, AUDI 80- und DeLorean- Liebhaber heute in Mercedes G-Klassen, AUDI RS7 und Porsche Cayennes mit 500 PS-Dieselmotoren durch die Straßen fahren und sich über skateboardende „Rotzlöffel" echauffieren, versuchen sich jene Skateboarder verzweifelt, Gehör zu verschaffen.

Nur wie? Wie soll man in einer solch eingefahrenen Sekte aus Bierbäuchen, Filetsteaks und Anzügen auch nur eine Sekunde Gehör erlangen? Jahrelang waren Jugendliche die dummen, faulen Nichtsnutze, welche sich unterzuordnen hatten. Als die liebevoll genannten „Klima-Vollidioten" dann schließlich Partei ergriffen, wurden sie mundtot gemacht.

Panisch-manisch-wutgetrieben stehen die AFD-Politiker, Stammtischtrinker und Dieselfetischisten dieses Landes einer ganzen Generation an „idiotischen Klimaklebern", die für eine sichere Zukunft sorgen möchten, entgegen. Die Jugend ist nicht mehr mit „Lass das mal den Papa machen" zufrieden, das Ziel ist es, sich Gehör zu verschaffen.

Seid lauter, seid nerviger, seid ignoranter! Während die Boulevard-Medien in einer akuten Klimakrise lieber minderbemittelte Brummifahrer eingeladen haben, stehen wir auf der Straße und zeigen der vermeintlichen Arbeiterklasse, was Courage ist.

Ihr macht Ausbildungen in der Pflege, um jene dieselfahrende Raucher dann auch noch zu versorgen, nachdem sie aus anscheinend heiterem Himmel Mitte 40 an COPD erkranken, und versucht gleichzeitig, euer eigenes Überleben sicherzustellen.

„Sei nicht so laut!" ist Geschichte! Seid laut, seid direkt und verschafft euch euren verdienten Platz in Politik und Gesellschaft!

Geht euch nicht auf die Straße kleben, sondern klebt euch mit einem Megafon auf die Straße!

Sagt AFD-Politikern nicht, dass sie scheiße sind, schreit es ihnen ins Gesicht!

Nutzt keine Kopfhörer, nutzt Lautsprecher!

Seid nicht laut, seid LAUTER!

Pascal Heinle
Städtische Berufsoberschule, Klasse 11

Lauter – eine menschliche Konsumsünde?

1. Lauter! Warum? Weil manch schwarzer Fleck auf der weißen Weste der westlichen Welt von manchem Bewohner der westlichen Welt als solcher geleugnet wird.

2. Wenn Jubelrufe von glücklichen Fußballfans die Stimmen unterdrückter Arbeiter übertönen, sind Freudentränen dann noch moralisch vertretbar oder sollte man als wohlhabender Bürger des Westens sich denn nicht seines angerichteten Schadens bewusst sein?

3. Ist die Niederlage der heimatlichen Mannschaft nicht das Harmloseste bei dieser Weltmeisterschaft? Müssen wir uns denn nicht sekündlich dafür schämen, wenn eine Träne anstatt zum Gedenken an die sterbenden Arbeiter bei der Niederlage des Heimvereins fließt?

4. Sollte man wirklich den reichen Scheichs noch mehr Geld in den Rachen werfen, anstatt etwas Geld für die arme Bevölkerung in Quatar zu spenden?

5. Können wir Freude am Spielgeschehen bei der Ermöglichung desselbigen mit Blut reinen Gewissens akzeptieren?

6. Ist es nicht erbärmlich, dass die deutsche Nationalmannschaft nicht Manns genug war, überhaupt Armbinden des Protests zu tragen?

7. Warum verhindern wir nicht eine Wiederholung jenes kapitalistischen Skandals, der damals die Fabrikarbeiter ihrer Rechte beraubt hat? Werden wir dieses Makel jemals los werden . . . . wollen?

8. Die schreckliche Tatsache ist jedoch, dass die meisten Menschen, die in der Lage wären, auf solch ein Event zu verzichten, um anderen Menschen zu helfen, lieber nicht darauf verzichten.

Was denkst du?

Sinan Baatz und Max Benthele
Gymnasium bei St. Stephan, Klasse 8ah

Lauter schreien!

Tina kommt wütend aus ihrem Zimmer. „Warum hast du dir meinen Fußball genommen, ohne mich vorher zu fragen?", fragt sie wütend ihren Bruder.

„Und warum hast du dir einfach meinen Tischtennisschläger genommen?", brüllt Tim zurück.

Die Mutter geht dazwischen: „Ist es bei euch so: Wer am lautesten schreit, gewinnt?"

„Ja!", schreien beide im Chor. „Warum machen wir es nicht mal so: Wer am leisesten FLÜSTERT, gewinnt?", schlägt die Mutter vor.

„Es tut mir leid, dass ich deinen Fußball genommen habe, ohne dich vorher zu fragen!", entschuldigt sich Tim. „Und mir tut es leid, dass ich deinen Tischtennisschläger genommen habe, ohne DICH zu fragen!", flüstert Tina ihrem Bruder zu.

„So ist es gut!", stellt die Mutter zufrieden fest.

Michael Brkic
Grundschule Göggingen-West, Klasse 4a

Laut!

Wir werden nicht leise sein! Hiermit möchten wir unsere Stimmen nutzen, im Namen aller Mitglieder der LGBTQ+ Community, die selbst nicht für sich sprechen können. Ihre Entscheidung zu schweigen ist keinesfalls freiwillig. In 69 Ländern werden homosexuelle Menschen verfolgt und in 11 Ländern droht ihnen sogar die Todesstrafe.

In vielen Ländern ist die staatliche Gewalt nicht nur an der Umsetzung der Unterdrückung beteiligt, auch wird diesen Menschen jeglicher Schutz verwehrt. Die eigentliche Schutzfunktion staatlicher Behörden wurde zweckentfremdet.

Für uns hier in Deutschland ist es trotz Diskriminierung unvorstellbar, um unser Leben fürchten zu müssen, nur weil wir die Hand der Person, die wir lieben, halten möchten. Menschen aus anderen Teilen dieser Welt müssen darauf nicht nur in der Öffentlichkeit verzichten, auch in ihren eigenen vier Wänden können sie nicht sicher sein, sie selbst zu sein.

Das Outing, also die Bekanntmachung der sexuellen Orientierung, bereitet so einigen Menschen Bauchschmerzen. Wir erwarten Akzeptanz und Unterstützung von unseren geliebten Mitmenschen. Oft stehen wir in jungen Jahren vor dieser Aufgabe und die Reaktion unseres Umfeldes ist bestenfalls einschätzbar, meist jedoch unvorhersehbar.

Sie können uns unsere Wahrheit absprechen, während sie diese erst gar nicht einmal verstehen möchten. Die eigene Weltanschauung ist einigen Menschen wichtiger als tiefste, persönliche Gefühle von anderen. Je nachdem, WO du geboren wurdest, würdest du es gar nicht erst versuchen, deiner Familie oder Freunden von deiner Sexualität zu berichten. Dabei wäre, in einer Welt voller Ablehnung gegen einen, dieses Verständnis deiner Liebsten genau das Richtige. Zu groß ist die Angst vor dem Verrat dieser Menschen. Immerhin könnte er zum Tod führen.

Um in Zukunft eine tolerantere Welt zu schaffen, in der wir die veralteten Weltanschauungen überwinden, wollen wir gemeinsam und füreinander laut sein.

Lena Wagner, Sarissa Kosik, Markus Frank und Julia Ticker
Berufsfachschule für Kinderpflege, Klasse Ki 10B

Stumm sein

Lauter, lauter klingen Stimmen,
in einer Welt, die niemals schläft.
Man hört sie Tag und Nacht erklingen,
die Worte, die man spricht und trägt.
Manchmal scheint es kaum zu schweigen,
kein Ort, an dem man Ruhe findet.
Doch in uns selbst, da liegt das Schweigen,
das uns von diesem Lärm befreit.

Leon Gjini
Reischlesche Wirtschaftsschule, Klasse 10ZA

Ich will nicht gehen

Hier ist nicht mehr mein Zuhause.
Wo ich einst lebte, sind jetzt schwere Maschinen.

Ich muss der Zukunft weichen.
Keiner hört mich, keiner bemerkt mich.
Ich bange um meine Zukunft.
Ich würde gern schreien.
Ich kann aber nicht.
Seid bitte laut für mich!
– Der Feldhase

Matthias Hagg und Lena Schmeikal
Städtische Berufsoberschule, Klasse 11

Das laute Haus

Es war einmal vor vielen Jahren, da lebte ein Mädchen namens Mia. Sie ging auf ihrem Schulweg immer an einem lauten Haus vorbei. Es klapperte mit den Türen, knarzte mit den Bodenbrettern und wackelte mit dem Dach. Das Haus wurde nur laut, wenn jemand vorbeiging. Dieses Mal brannte sogar Licht. Da bekam Mia solche Angst, dass sie deswegen vom lauten Haus wegrannte. Aber so konnte es ja nicht weitergehen. Am nächsten Tag beschloss Mia, ganz tapfer zu sein. Sie ging mutig auf das Haus zu. Das Haus bewegte sich leicht. Mia schreckte zurück und sagte mit zitternder Stimme: „Hallo, ich bin Mia." Sie fragte: „Wer bist du?" Das Haus antwortete mit dunkler, aber fröhlicher Stimme: „Hallo, Mia, ich bin Max!" Mia meinte: „Ich muss jetzt zur Schule, danach komme ich wieder vorbei." Am Nachmittag ging Mia dann wieder zum lauten Haus. Nun erzählte das Haus Mia, dass es sehr einsam sei, weil niemand in ihm wohne. Mia fragte: „Darf ich mir bei dir ein Geheimversteck machen?" „Ja, gerne!", antwortete das Haus freudig und Mia schlüpfte durch die klappernde Tür. Seit diesem Tag war das Haus nicht mehr laut, weil Mia das laute Haus oft besuchte und in ihr Geheimversteck schlüpfte.

Marie Hinterhuber
Franz-von-Assisi-Grundschule, Klasse 3c

Die Musiklehrlinge

Seht! Endlich ist der Lehrer fortgegangen.
Lasst uns nicht länger spielen, was wir sollen!
Denn wer soll es von uns verlangen?
Lasst uns spielen, was wir wollen!
Und nun kommt zusammen!
Nehmt eure Plätze ein!
Wir wollen nicht länger bangen,
sondern zusammen harmonisch sein.
Und jetzt spielen wir. Laut und lauter!
Schon könn´ wir uns selbst nicht mehr hören!
So spielen wir laut und lauter!
Wie schön! Wie schön! Wir wollen nicht aufhören.
Ach, da kommt der Lehrer wieder!
Und er sieht verärgert aus.
Schnell legen wir die Instrumente nieder.
Schon ist es nicht mehr laut im Haus.

Alice Iranzo Oliveira
Gymnasium bei St. Stephan, Klasse 5b

Lauter

Letztens war ich mit meiner Familie in der Fußballarena. Die Stimmung war bereits vor dem Spiel gigantisch laut. Als das Spiel begann, wurde es immer lauter. Bei jeder besonderen Aktion verstärkte sich der Lärmpegel. Bei Fouls an unserer Mannschaft wurde der Gegner lautstark ausgepfiffen. Während des ganzen Spiels wurde gebrüllt, gebuht und gepfiffen, besonders bei Schüssen auf die beiden Tore. Endlich fiel das erste Tor für unser Team! Die Stimmung erreichte ihren Höhepunkt. In der Schlussphase forderten die Zuschauer noch ein weiteres Tor, was aber leider nicht gelang. Trotzdem ging das hochspannende Spiel lautstark zu Ende.

Emil Süßmann
Jakob-Fugger-Gymnasium, Klasse 6c

Lauter

Laut sein, manchmal notwendig,
um sich Gehör zu verschaffen.
Doch zu oft übertrieben,
verliert es seinen Sinn.
Laut sein, manchmal wichtig,
um die Wahrheit zu verkünden.
Doch zu oft unbedacht,
stört es die Ruhe.
Laut sein, manchmal kraftvoll,
um etwas zu bewegen.
Doch zu oft unreflektiert,
verliert es seine Wirkung.
Laut sein, ja, aber mit Bedacht,
mit Respekt und Verständnis,
denn nur so kann es wirklich
etwas bewirken.

Tean Drlja
Städtische Berufsoberschule, Klasse 11

Die innere Stimme

Der Schulgong läutete. Alle stürmten aus dem Klassenzimmer, denn der Schultag war zu Ende. Auch ich beeilte mich, um möglichst schnell zu Hause anzukommen. Dort tat ich das Übliche wie sonst auch. Ich aß mein Mittagessen und erledigte anschließend die Hausaufgaben. Da ich nun etwas freie Zeit besaß, beschloss ich fernzusehen. Als ich den Fernseher jedoch einschaltete, erschien zuerst der Kanal mit den Nachrichten. Ich wollte gerade umschalten, als sie plötzlich eine Demonstration zeigten. Damit war meine Neugier geweckt worden. Die Menschen, die an der Demonstration teilnahmen, protestierten gegen Rassismus. Obwohl ich bereits wusste, was Rassismus war, konnte ich nie begreifen, weshalb es Menschen mit derartigen Vorurteilen überhaupt gibt. Diese Sendung gab mir viel zu bedenken. Am nächsten Tag schließlich entdeckte ich unsere Zeitung im Briefkasten. Sofort nahm ich sie heraus, denn ich löse gerne die Rätsel in den Zeitungen. Während ich folglich nach den Rätseln suchte, las ich auch ein paar Schlagzeilen. In einer stand, ein Passant sei gestern auf der Straße von einem Mann aufgrund seiner Hautfarbe beleidigt worden. Anschließend las ich mir den ganzen Artikel durch und zeigte zum Schluss ein bestürztes Gesicht. Mein Entsetzen konnte ich kaum in Worte fassen. Es fühlte sich so an, als verstünde ich die Welt nicht mehr. Doch ich ahnte nicht, dass es schlimmer werden würde. Als ich am darauffolgenden Tag zur Schule ging, verlief alles wie gewohnt. Da mein bester Freund krank war, aß ich mein Pausenbrot alleine. Ich ließ meinen Blick umherschweifen, als ich plötzlich zwei Schüler erblickte, die einen ihrer Mitschüler beschimpften, beleidigten und auf ihn einschlugen und das aus dem Grund, weil er aus einem anderen Land kam und eine andere Hautfarbe besaß. Es schockierte mich noch mehr, dass kein einziger der Schüler seine Stimme erhob und versuchte, den Konflikt zu regeln. Daher wollte ich gerade einschreiten, als ein Lehrer dies bereits tat und die Kinder ins Direktorat brachte. Ich hätte niemals gedacht, dass es solche Fälle an unserer Schule oder in meinem Alltag jemals geben würde, und begriff von da an, wie groß das Problem Rassismus inzwischen geworden ist.

Auf dem Weg nach Hause dachte ich sehr viel über dieses Problem nach und versuchte, eine Lösung zu finden, um Diskriminierungen und Rassismus im Alltag, aber vor allem auch in der Schule zu vermeiden, denn wenn es klein anfängt, hat dies große Auswirkungen auf die Zukunft. Da kam mir die Idee eines Clubs, in dem diese Probleme thematisiert werden sollen und auch Lösungen gefunden werden sollen. So wüsste jeder darüber Bescheid und könnte etwas bewirken. Fest von der Idee überzeugt, ging ich am nächsten Morgen ins Direktorat, wo ich meinen Club dem Direktor präsentierte und ihn um die Genehmigung dieses Clubs bat. Der Direktor antwortete freundlich: „Das ist eine sehr gute Idee, Jonathan. Auch ich bin der Meinung, dass die Schülerinnen und Schüler über Rassismus aufgeklärt werden sollen. Allerdings bräuchte dein Club genügend Teilnehmer, um stattfinden zu können. Wenn dies der Fall ist, so erteile ich dir auch die Genehmigung."

Über diese Worte freute ich mich sehr. Da begann ich im Schulgebäude mit Erlaubnis kleine Plakate aufzuhängen, um Teilnehmer für den Club zu werben. Jeder konnte sich im Foyer der Schule eintragen lassen. Doch als ich nach ein paar Tagen einen Blick auf den Zettel wagte, musste ich enttäuscht feststellen, dass sich keiner beworben hatte. Um die Nachfrage für den Club zu erhöhen, suchte ich nach weiteren Ideen. So beschloss ich, eine Rede in meiner Klasse zu halten, um sie über Rassismus zu informieren und sie zu überzeugen, dem Club beizutreten. Ich fragte meine Klassenleitung und ich durfte meine kurze Rede halten. Obwohl ich ein wenig nervös war, versuchte ich mir nichts anmerken zu lassen und trat vor die Klasse: „Wie ihr sicher wisst, ist Rassismus ..."

Das Flüstern der Klasse unterbrach mich. Dennoch setzte ich neu an: „Euch ist sicher bewusst . . ." Ich wurde erneut unterbrochen. Niemand hörte mir zu. Zuerst war ich etwas ratlos. Daher beschloss ich, meine innere Stimme sprechen zu lassen: „Menschen können manchmal wirklich merkwürdig sein." Sobald ich diese Worte ausgesprochen hatte, herrschte Stille und jeder hörte mir nun zu: „Einige denken, dass der Wert eines Menschen nur von der Herkunft, Hautfarbe oder der Religion abhängt. Ich begreife immer noch nicht, wie es diese Tatsache überhaupt geben kann. Jährlich sterben Menschen, weil sie anders sind. Das kann doch gar kein Verbrechen sein, denn alle Menschen sind verschieden und vielfältig, was zu einer immensen Bereicherung für die Umgebung führt. Dennoch gibt es deswegen so viel Leid auf dieser Welt. Dagegen müssen wir unsere Stimme erheben, wir müssen laut werden! Andernfalls werden wir übertönt. Deshalb habe ich einen Club gegründet, in dem diese Probleme besprochen und zumindest an unserer Schule gelöst werden sollen, denn der Erfolg steckt oft in den kleinen Dingen. So bitte ich euch, am Club teilzunehmen, damit wir zusammen gegen das Problem ankommen!" Schweigen herschte in der Klasse. Anschließend brach lauter Applaus aus, worüber ich mich sehr freute. In diesem Moment fand ich einen Namen für meinen Club. Ich nannte ihn TAR: „Together Against Racism" Tatsächlich meldeten sich in den nächsten Tagen viele Schülerinnen und Schüler für meinen Club. Meine Klassenkameraden hatten es wohl ihren Freunden auch erzählt, denn es waren mehr Schüler dabei, als es eigentlich in unserer Klasse gibt. Schon nach dem ersten Treffen hat unser Club sehr vieles bewirkt. So entschuldigten sich die zwei Schüler bei ihrem Klassenkameraden, den sie misshandelt hatten. Doch ich verfolge große Ziele. Mein Traum ist es, dass Rassismus in dieser Welt der Vergangenheit angehört, und ich werde ihn bis zu meinem Lebensende verfolgen.

Arnav Kachole
Gymnasium bei St. Stephan, Klasse 7c

Basketball

Ich spiele Basketball. Ich freue mich, wenn ich mit meiner Mannschaft einen Korb mache! Dann schreien wir alle ganz laut: „Yeah!"

Paul Lawson
Grundschule Centerville-Süd, Klasse 2c

Laut ist die Welt

Laut ist die Welt,
leise aber der Schnee,
ein Hund bellt,
der Schnee fällt.

Musik klingt,
ein Telephon ringt,
aber der Schnee,
der Schnee ist lautlos.
Mal klappert der Storch,
mal schnattern die Gänse,
ist der Schnee da,
sind sie alle weg.
Alles ist so laut,
überall Geräusche,
in der Stadt in jedem Haus,
kaum geht man in die Natur,
so ist es aus.
Und manchmal hallt die Stille lauter
als das Laute.

Felix Göttle
Gymnasium bei St. Stephan, Klasse 5c

Herr Mayer

Es war einmal ein Mann, der liebte es zu tanzen. Aber irgendetwas fehlte. Er wusste nicht, was, doch 1999 fiel es ihm ein. Ihm fehlten die Worte. Er erfand:

> Früher war alles so günstig, günstig, so günstig,
> doch jetzt ist es so teuer, teuer, alles so teuer.

Doch irgendetwas fehlte. Der richtige Name. Er wusste aber nicht, wie er es nennen sollte. 2001 fiel es ihm ein. Er nannte es: „Teuer, teuer, günstig!"
2022 brachte er seinen ersten eigenen Song raus. Über seinen neuen Song war Herr Mayer sehr aufgeregt:
Teuer, teuer, günstig!
Früher war alles so günstig, günstig, alles war so günstig.
Und jetzt ist alles so teuer, so teuer, alles ist so teuer.

Herr Mayer

Das war sein erster Song. Er freute sich sehr. Nach ein paar Tagen war sein Song sehr beliebt. Dann brachte er seinen zweiten Song raus. Dieser hieß: „Musik ist cool!"

Musik ist cool

Musik ist cool, cool, so cool.

Musik so cool, so cool, cool.

Musik ist so cooooool.

Leon Mayer
Grundschule Hammerschmiede, Klasse 4b

Die Zitronenlichtung

In einer virtuellen Welt, wo jeder sein kann, wer er will, lebe ich, Dark (eigentlich Darkness). Meine Fähigkeit ist es, dass ich in der Dunkelheit alles viel besser kann. Jeder in der Welt hat eine besondere Fähigkeit. In dieser Welt gibt es alles, was man braucht, Wasser und Essen.

Ich lebe in dem Dorf „Mädchen"; wir machen jeden Sonntag eine Demo gegen das Dorf „Jungs".

Ich erzähle euch nun von der Geschichte, in der zwei Völker gegeneinander kämpfen.

Aber erst, wie es überhaupt dazu gekommen ist. Also, ich war gerade dabei, mein Haustier – ein Tiger namens Vampires – zu füttern, doch plötzlich aus dem Nichts wurde die Alarmglocke des Dorfes geläutet. Wir kamen alle zusammen und fragten uns, warum sie geläutet worden war. Da flog ein Schwan zum Mikrofon, er verwandelte sich in die Königin des Dorfes.

„Ich habe etwas zu berichten! Das Dorf der Jungs will uns angreifen. Die Kriegerinnen und ihre Anführerin Dark sollen zu der Zitronenlichtung fliegen. Das könnt ihr ja. Sie wollen den Diamanten!", rief sie.

Ja, natürlich kann jeder von uns sich in ein fliegendes Tier verwandeln. Doch nur wir können das, denn Jungs können das nicht, sie verwandeln sich nur in laufende Tiere. Also zogen wir los, Gummy, Butterfly, Giraffe und ich.

Als wir bei der Zitronenlichtung ankamen, waren die Jungs schon da. Die Krieger des Jungs-Dorfes – der Anführer Light, Warrior, Fool und Brain – verlangten den Diamanten, doch wir lachten nur und ich sagte: „Den kriegt ihr nicht, denn ihr seid eh zu schlecht, um ihn euch zu holen." Nach diesem Satz rasteten sie aus, doch das störte uns nicht; dies hatten wir erwartet, es waren Jungs. So griffen sie uns an. Wir wehrten uns mit unseren Waffen.

Der Kampf begann. Er war wilder als alles, was ich je gesehen oder gespürt hatte. Mit meinem Pfeil verletzte ich aus Versehen Light am Arm, Butterfly verletzte Warrior aus Versehen am Bein und Gummy verletzte Brain aus Versehen ebenfalls am Bein. Giraffe verwandelte sich und flog schnell zurück zum Dorf mit den Jungs. Währenddessen warf ich auf Fool eine Rauchbombe; sie war gefüllt mit Betäubungsmittel.

Er fiel um, wir nahmen ihn ebenfalls mit ins Dorf. Als wir im Dorf ankamen, verarzteten wir sofort die Verletzten. Als sie wieder geheilt waren, verbrachten sie noch ein paar Wochen im Dorf der Mädchen und Fool wachte nach ein paar Tagen wieder auf. Unglaublich war: Warrior traf sich jeden Tag mit Butterfly, Gummy traf sich lieber mit Brain und ich traf mich mit Light. Zwei Wochen nach dem Kampf passierte etwas Seltsames: Gummy gestand Brain ihre Liebe, gleichzeitig gestand auch Butterfly Warrior ihre Liebe und ich tat es bei Light, alle drei gestanden sie ihre Liebe zurück. Gummy, Butterfly und ich heirateten Brain, Warrior und Light. Es gab ein großes Fest. Nachdem wir geheiratet hatten, ernannte uns die Königin des Mädchen-Dorfes zum three pair. Light und mich zum ersten, Gummy und Brain zum zweiten und Butterfly und Warrior zum dritten. Nun herrschten drei gute Königspaare mit einem Diamanten über eine Welt. Ihre erste Entscheidung war, dass sich das Jungs-Dorf mit dem Mädchen-Dorf zusammen tun solle.

Nun gab es nicht nur Wasser und Essen in dieser Welt, sondern auch Liebe. Ah, fast vergessen: Fool und Giraffe waren nun gute Freunde und kümmerten sich jeden Sonntag um Vampires .

Agnes Geyer
Elias-Holl-Grundschule, Klasse 4a

Deine Stimme

Mit deiner Stimme kannst du laut singen! Opernsänger singen sehr laut. Meine Klavierlehrerin ist Opernsängerin. Meine Lehrerin sagt zur mir, ich solle meine Stimme oft trainieren, damit ich dann später mal ihren Job übernehmen könne. Eigentlich spreche ich am liebsten leise und möchte nicht auffallen. Aber ich werde oft üben! Denn mit einer lauten Stimme können mich die Menschen besser hören und verstehen. Ich habe schon viele Auftritte von meiner Lehrerin gesehen und denke mir immer: So laut möchte ich auch singen können.

Lilli Martha Zarling
Westpark-Grundschule, Klasse 2c

Das vorlaute Ohr

Eines Tages trafen sich ein Ohr und ein Mund.
Das Ohr schrie: „Ich kann reden!"
„Das will ich hören!", lachte der Mund.

Nayla Altintop
Grundschule Göggingen-West, Klasse 4a

Eine laute Band

Im Proberaum ging es drunter und drüber. Ein Saxophonist, ein Schlagzeuger und ein Klavierspieler probten für eine Aufführung. Sie wollten alle etwas Besonderes spielen. Jeder spielte etwas Tolles! Doch als sie gemeinsam spielten, hörte es sich überhaupt nicht mehr toll an. Der Klavierspieler protestierte: „Man hört mein Klavier nicht mehr!" Der Schlagzeuger fragte: „Was hast du gesagt?" Keiner verstand, was der andere sagte. Da hörten sie auf zu spielen und überlegten, was sie für ihren Auftritt besser machen könnten. Am nächsten Tag war ihr Auftritt, aber ihnen war nichts mehr eingefallen. Als sie anfingen zu spielen, rannte das Publikum mit zugehaltenen Ohren aus dem Raum. Da rief der Saxophonist: „Ich möchte kein Saxophon mehr spielen! Ich singe lieber im Chor!" Der Schlagzeuger und der Klavierspieler stimmten ihm zu: „Wir auch! Wir möchten unsere Instrumente nicht mehr spielen." Also verkauften sie ihre Instrumente, mit denen jeder für sich so toll gespielt hatte. Sie sangen nur noch im Chor.

Ella Herpichböhm
Franz-von-Assisi-Grundschule, Klasse 3c

Wehre dich! Werde LAUTER!

Tagein, tagaus – immer wieder denke ich mir: Wann entkomme ich dieser Hölle?
Jeden Tag hoffe ich, dass es endlich vorbei ist. Das Gelächter, die Beleidigungen und die unzähligen Sprüche. Ich rede mir jeden Tag ein, dass es morgen vorbei ist, doch ich weiß ganz genau, dass dies nicht passieren wird. Zur Außenwelt hin wirke ich wie ein Wurm, doch im Inneren werde ich immer LAUTER, woran ich langsam aber sicher kaputt gehe . . .
Viele Menschen kenne ich nicht, doch die paar, die ich kenne, interessieren sich nicht wirklich für mich. Sie fragen zwar wie's mir geht, jedoch

nicht aus Interesse, sondern aus Höflichkeit. Belügen tue ich sie immer, denn sie können mir sowieso nicht helfen.

Das dachte ich mir zumindest bis zu diesem Zeitpunkt.

Der Zeitpunkt, an dem SIE in mein Leben trat. SIE zählte meine Probleme auf und sagte mir, ich solle LAUTER sein. Ich soll mich wehren! Auf meine Schule ging sie nicht, weshalb ich diese Aufgabe alleine bewältigen musste. Eine gewisse Angst hatte ich trotzdem, doch SIE hat mir die Kraft gegeben, diese zu überwinden. Ich habe es endlich geschafft, ich wurde LAUT. Um mich herum haben sich immer mehr Menschen versammelt, die LAUTER wurden, allerdings mit dem Unterschied, dass sie diesmal hinter mir standen. Ich habe es geschafft. Ich wurde LAUTER! Ich bin endlich dieser Hölle entkommen.

Max Moor
Städtische Berufsoberschule, Klasse 11

Lauter und lauter

Lauter!

An einem Tag in Weit-weit-weg ist Samiha wie auch jeden Tag zuvor zur Schule gegangen, doch irgendetwas stimmte nicht. Es war der letzte Tag der 6. Klasse, das hieß für sie und auch die anderen Mädchen ihrer Klasse, dass sie jetzt nur noch zu Hause kochen, putzen und dergleichen machen musste. Sie verließ das Haus mit einem verzweifelten Gefühl, da es Samihas Wunsch war, Ärztin zu werden, doch keine Frau in Afghanistan hat es je geschafft. Wie sollte es dann Samiha schaffen?

Der Schultag war vorbei und Samiha ging trübsinnig nach Hause, um dort ihre Mutter leidend auf dem Bett aufzufinden. Samihas Herz war wie in kleine Stückchen gerissen, da ihre Mutter die Einzige war, die Samiha trotz dieser Umstände Mut gab und Motivation. Wenn sie jetzt nicht mehr da wäre, hätte Samiha wahrscheinlich mit ihr die Welt verlassen, wie sie es immer sagte. Samiha verließ das Haus, um Tabletten zu kaufen, doch der Pharmazeut gab ihr keine, da sie ja ein Mädchen ist und sich damit nicht auskennt. Egal – Samihas Wille, ihrer Mutter zu helfen, war enorm und sie schrie immer lauter und lauter und diskutierte weiter und weiter, bis in den Laden vier große Männer hereinkamen. Sie fragten den Apotheker, was los sei, und nachdem er die Geschichte erzählte, fingen die Männer an zu lachen wie verrückt. „Ein Mädchen soll also ein Arzt sein, ja?" Das Lächeln verformte sich zu einem ernsten Gesicht. „Das ist doch nicht dein Ernst?! Kleine Mädchen wie du gehören in die Küche oder noch besser zu einem Mann, der auf dich aufpasst!" Samiha schrie und weinte wie noch nie und drehte sich um, um das Geschäft zu verlassen. Einige Minuten später, als Samiha wieder zu Hause ankam, eilte sie zu ihrer Mutter. Was sie sah, brachte ihre Welt zum Einsturz: ihre Mutter mit einem Schuss in der Brust und daneben ihr Vater mit einer noch gezogenen Waffe, da es anscheinend erst vor Kurzem passiert war. Samiha rannte zu ihrer Mutter, legte ihre Hand unter ihren Kopf und weinte, als gäbe es kein Morgen mehr. „Samiha, egal was oder wo, ob tot oder lebendig, ich werde immer an dich glauben und auf dich warten. Enttäusche mich nicht! Ich weiß, du wirst das Richtige tun. Falls etwas nicht passt, dann schrei lauter und lauter, bis es passt. Ich liebe dich, mein Kind . . ." war der letzte Satz, bevor ihr Herz, das so groß wie ein Meer ist, stoppte und sogleich auch Samihas. Sie war so gebrochen und gedemütigt, dass sie hinaus ging und anfing, immer lauter und lauter ihre Geschichte zu erzählen. Doch irgendetwas passte nicht. Samiha hatte vergessen, ihren Hijab anzuziehen, bevor sie hinaus ging. Genau in dem Moment kamen die vier Männer von der Apotheke und richteten ihre Waffen auf sie. Kurz bevor die Kugel sie traf, murmelte sie: „Mama, ich bin gleich bei dir, warte ab!" Die Kugel traf sie genau an der gleichen Stelle wie bei ihrer Mutter. „Ich schrie immer lauter und lauter für uns, Mama!"

Fariza Karimi
Jakob-Fugger-Gymnasium, Klasse 6c

Lauter! — Für ein gutes Leben

In diesem Text möchte ich einige Gedanken loswerden. Ich war immer ein stilles Kind. Bei den früheren Bänden des Augsburger Lesebuchs habe ich mich oftmals gefragt, wie es wäre, wenn hier mal ein Text drin stehen würde, der von mir verfasst wurde. Deswegen erfülle ich mir nun den Traum. Ich bin eine gebürtige Augsburgerin, so wie auch meine Mutter es ist. Wir haben einen türkischen Migrationshintergrund und versuchen, den Islam zu praktizieren, so gut es geht. Natürlich akzeptieren wir jede Religion, vor allem in Deutschland ist der Zusammenhalt meiner Meinung nach sehr wichtig. Dies hängt weder von der Religion noch von der Herkunft ab.
In der Schule merke ich oft, dass Lehrer bereits Schüler in ihren Köpfen eingestuft haben und eine feste Vorstellung von der Benotung der Schüler/innen haben, was nicht immer einfach ist. Doch es ist überhaupt nicht banal, bereits bestehende Vorurteile zu durchbrechen.

Ich werde oft gefragt, seit wie vielen Jahren ich in Deutschland bin oder ob ich überhaupt Deutsch verstehe, da ich ein Kopftuch trage. Hier habe ich explizit darauf verzichtet, ‚wegen meines Glaubens‘ zu schreiben, weil ich inzwischen Angst habe, dass der Islam falsch angesehen wird. Viele Menschen haben Angst, ihre Religion schlecht darzustellen oder durch ihre Religion schlecht dazustehen. Wenn ich Fehler gemacht haben sollte, bitte verzeiht mir. Der Islam ist perfekt, doch ich bin es nicht. Viele Menschen haben auch Angst, sich für ihre Rechte einzusetzen, wenn ihnen etwas nicht passt.

Meine kroatische Klassenkameradin wird oft wegen ihrer Betonung einzelner Wörter schief angesehen und meine, zur Hälfte, ägyptische Freundin hat es auch nicht gerade einfach mit den Fragen, ob sie sich für Kamele und Pyramiden interessiere, obwohl sie mit der deutschen Kultur aufgewachsen ist. Der Pole aus meinem Grundkurs begeht in seiner Freizeit keinen Diebstahl, sondern ist der liebenswürdigste Mensch, den ich kenne, und der Inder aus meiner alten Schule riecht nicht nach Gewürzen. Die Menschen haben unglaubliche Vorurteile und glauben an Klischees. Und wenn wir möchten, dass sich etwas an der jetzigen Generation verändert, sodass unsere Standards wie Religionen, Herkünfte, Sexualitäten, . . . akzeptiert werden, dann müssen wir uns erst einmal selber zusammenreißen. Denn Veränderung fängt bei jeder Person selber an. Wenn wir erwarten, dass sich etwas verändert, sollten wir bei unseren eigenen Handlungen beginnen. Denn leere Entschuldigungen ohne Veränderungen sind nur Manipulation. Wie lange wollen wir noch warten, nichts zu tun? Das Leben ist gut. Das Leben kann so einfach sein. Wir sollten uns stärker für Akzeptanz und Zusammenhalt einsetzen. Stärker und lauter.

Zehra Hilal Bayrak
Peutinger-Gymnasium, Q11

Keinen Krieg!

Putin soll aufhören, mit den Bomben zu knallen!
Putin soll aufhören, die Ukraine anzugreifen!
Putin soll mal daran denken, wieviele Kinder ihr Zuhause verlieren und auch die Erwachsenen!
Putin soll aufhören, die Wälder, Städte und Felder zu bombardieren!
Deutschland soll der Ukraine helfen!

Dominik Ebner
Hans-Adlhoch-Grundschule, Klasse 2a

Gemeinsam lauter

Laura war ein Mädchen, das es liebte zu singen. Sie sang immer – egal wo und wann. Sie ging glücklich durchs Leben, bis eines Tages ihre geliebte Mutter bei einem Autounfall ums Leben kam. Ab dem Moment brach für sie eine Welt zusammen und sie verlor die Lust am Singen. Sie zog zu ihren Großeltern in eine unbekannte Stadt. Sie besuchte eine neue Schule. Am ersten Schultag passierte etwas, womit keiner rechnen konnte. Sie war auf dem Weg zu ihrem Spind, um ihre Unterlagen für die erste Stunde zu holen. Sie ging mit nach unten geneigtem Kopf, da sie noch sehr unsicher war, es war ja schließlich ihr erster Schultag. Kurz bevor sie an ihrem Spind ankam, stieß sie mit jemandem zusammen. Es war ein schüchterner Junge. Sie fielen beide hin und als sie die Augen nach dem Sturz aufmachten, blickten sie sich ganz tief in die Augen und Lauras Herz fing schneller an zu pochen, so dass sie nervös wurde und ihren Blick von ihm abwendete. Sie ging weiter. Nachdem sie ihre Sachen geholt hatte, ging sie in die Klasse. Sie suchte sich einen Platz und setzte sich hin. Kurz darauf kam der Junge von vorhin in die Klasse und setzte sich zwei Reihen vor sie. Nach zwei Schulstunden hatten sie Pause und sie verließ das Klassenzimmer. Auf dem Gang fiel ihr auf, wie der schüchterne Junge sich in einen Nebenraum am Ende des Flurs schlich. Sie wurde neugierig und folgte ihm. Sie blieb vor der Tür stehen. Sie lauschte an der Tür und hörte eine schöne Stimme, bei der ihr warm ums Herz wurde. Sie öffnete aus Neugier die Tür und sah den Jungen von vorhin singen. Sie fand es so schön, dass es sie wie in einen Bann zog. Sie verlor das Gleichgewicht und stolperte in den Raum hinein. Er hörte schlagartig auf zu singen und sie schauten sich gegenseitig an. Nach kurzer Stille sprach der Junge mit schüchterner Stimme zu ihr: „Du bist doch die Neue, oder? Also ich bin Fridolin und du?" Sie antwortete: „Ich bin Laura. Schön, dich kennenzulernen. Ich wollte dich nicht stören. Bin auch sofort wieder weg." Er aber hielt sie auf und bat sie zu bleiben. Sie fingen an, sich zu unterhalten. Anfangs verlief die Unterhaltung holprig, da beide sehr schüchtern waren, aber sie bekam immer mehr Vertrauen zu ihrem Gegenüber. Es kam so weit, dass sie ihm sagte, dass er sehr gut singen könne. Daraufhin fragte er sie, ob sie auch gerne singe. Sie fing an zu erzählen, dass sie früher sehr gerne gesungen habe, aber seit dem Tod ihrer Mutter die Lust und die Emotionen für das Singen verloren habe, da sie früher immer mit ihrer Mutter gesungen hatte, die ihr die Musik nähergebracht hatte. Dies fand Fridolin so traurig, dass er den Entschluss fasste, ihre Liebe zum Singen wieder zurückzuholen. Auch wenn er noch nie vor jemandem gesungen hatte, wagte er es, vor ihr zu singen. Sie fing an, laut zu strahlen, und er forderte sie auf mitzusingen. Sie aber sagte, sie könne es nicht. Er sprach daraufhin zu ihr: „Doch, du kannst das. Ich bin ja bei dir und gemeinsam ist man immer lauter." Sie fing an, leise mitzusingen. Doch sie wurden vom Pausengong unterbrochen. Sie mussten wieder in den Unterricht, aber sie machten unter sich aus, dass sie sich von nun an jede Pause dort treffen und gemeinsam singen würden. Von da an trafen sie sich Tag für Tag in der Pause zum Singen und auch außerhalb der Schule. Sie wurde immer sicherer und konnte endlich wieder singen, da Fridolin sie wieder zurück ins Licht geholt hatte.

Nach ein paar Monaten gab es in der Schule einen Aushang für einen Musikwettbewerb für Duette. Sie überlegten, ob sie daran teilnehmen sollten. Er schaffte es schließlich, sie zu überreden. Von nun an übten sie sehr viel. Es war der Tag des Wettbewerbs gekommen und sie freuten sich sehr, waren aber dennoch sehr nervös. Der Moment war gekommen und sie mussten auf die Bühne. Es ging los. Fridolin fing an zu singen, doch als Laura an der Reihe war, kam kein Ton aus ihrem Mund und sie standen in voller Stille auf der Bühne. Fridolin erkannte, dass sie sich unwohl fühlte und kam auf eine Idee. Er ging zu ihr und flüsterte ihr ins Ohr: „Gemeinsam ist man lauter!" Sie erinnerte sich an den Tag zurück, an dem sie sich kennenlernten. Nun kam ihre Stimme wieder und die beiden sangen gemeinsam so gut, dass sie den Wettbewerb gewannen. Und noch viele weitere . . .

Jason Schlegel
Berufsfachschule für Kinderpflege, Klasse Ki 10D

Lauter!

Heute wage ich ein Experiment. Mein bester Freund hat mir besondere Konzertkarten geschenkt, denn sie führen mich zu einem Überraschungskonzert, bei dem die gespielten Werke zuvor noch nicht bekannt sind.

Ich hoffe beim Betreten des Konzertsaals, dass ich Glück bei der Musikrichtung habe. Eigentlich bin ich sehr flexibel und vertraue darauf, denn die Musik passt sich wie geführt an die etlichen Stimmungen des Gemüts an. Die Spannung steigt! Es sind bunt gemischte Konzertgäste, die mit mir diesen Zeitraum nun teilen werden. Sie sind alle genauso gespannt darauf, was der Dirigent heute mit seinem Orchester spielen wird. Die Freude zur Musik ist uns allen gemeinsam. Das Schöne an Musik ist, dass sie alle verstehen und empfinden können, egal welche Sprache man spricht. Diese „Sprache" ist universell. Und sie übermittelt viele Emotionen, die tief berühren können.

Nun betritt das Orchester den Saal und der Dirigent folgt. Das Publikum applaudiert und ist in voller Vorfreude auf die gemeinsame, kreative Zeit im Saal.

Es erklingen die ersten Melodien. Es ist ein klassisches Stück. Man sieht an manchen Gesichtern die Überraschung. Und je länger ich alles beobachte, umso mehr kommt in mir das Gefühl hoch, dass sie sich einfach einlassen, ohne Vorurteile gegen die Musik, und so werden sie immer offener für diese Stimmung.

Das Tempo und die Lautstärke variieren sehr schön. Es wäre wahrlich langweilig, wenn immer alles in der gleichen Dynamik wäre. Die leisen Töne sind genauso wichtig wie die lauten, genauso wie die Pausen zwischen den Noten. Auch die Stimmung des Stücks ändert sich im Laufe der Zeit. Von hoch feierlich zu sehr betrübt ist alles mit dabei. Denn alle Seiten gehören dazu, die tiefen und hohen Töne, die dunklen und hellen Töne. Das Stück reift damit und bringt immer mehr Emotionen in den Gästen zum Vorschein. Es ist ein Prozess des Empfindens und Lernens. Auch ein Sich-selbst-kennenlernen. Die Besucher klären viele innerliche Fragen mit sich selbst.

Und dann passiert die größte Überraschung, denn der Dirigent übergibt nun an die Konzertbesucher. Jeder darf die Rolle des Dirigenten eine gewisse Zeit übernehmen, seinen Ausdruck mit in das gespielte Stück einbringen und das Orchester anleiten, zu einem harmonischen Gesamtwerk zu werden. Jeder Dirigent kann sich frei entfalten und sich öffnen im Geschehen. Manche dirigieren leise und sanft und die anderen wieder lauter und bewegt.

Als ich über dieses Erlebnis noch länger nachdenke, kommt mir Folgendes in den Sinn:

Es heißt doch immer, das Leben sei kein Wunschkonzert. Und was wäre, wenn das Leben ein Überraschungskonzert wäre und wir die eigenen Dirigenten unseres Lebens? Es gibt darin Höhen und Tiefen, Dur und Moll, piano und forte. Nehmen wir es in Vorfreude an, so wie es kommt. Nehmen wir die Schwingungen der Musik auf und bringen wir diese ein zum besten Ziel und dem Wohle aller in Verbundenheit über alle Grenzen hinweg. Voll präsent sein und sich dennoch darin komplett verlieren können. Das Wechselspiel von Bekanntem und Neuem ergibt ein Sammelsurium von Eindrücken, die uns wachsen lassen. Es ist alles miteinander verbunden und die fließenden Töne machen die Musik.

Es ist oft das LEISE, das als zündende Kraft hoffnungsvoll in die Zukunft schaut, und dennoch muss es beizeiten auch einmal LAUTER sein im Lauf des Lebens – dann ist es ein harmonisches Leben und Zusammenleben.

Juliane Lucia Singer
Gymnasium bei St. Stephan, Klasse 7b

Lauter Stimmen

Stimmen werden laut,
fordern Frieden, Rechte.
„Bevor ihr uns die Freiheit klaut!
Gegen alles Schlechte!
Die Atmosphäre ist verschmutzt!
Autos sollen nicht mehr stören!
Die vielen Tiere brauchen Schutz!
Das sollen alle hören!
Wir sind alle gleich,
jung oder alt,
ob arm oder reich.
Seid nicht kalt!"

Hannah Zickler, Mina Altunisik, Hannah Jekeli,
Johanna Kern und Johanna Paul
Gymnasium bei St. Anna, Klasse 7c

Eine schwierige Entscheidung

Ein rotblauer Wecker fing auf einmal an zu klingeln. Es war 7 Uhr morgens und ein 12-jähriger Jugendlicher schlug verschlafen seine hellblau schimmernden Augen auf. Er war nicht besonders groß, circa 155 cm, völlig normal für sein Alter. Sein schlankes Aussehen und seine braunen, wuscheligen Haare verliehen dem Jungen noch eine Brise von Normalität. Es war noch relativ früh und die Sonne ging gerade erst am Horizont auf. Jedoch musste Leonard spätestens jetzt schon aufstehen, schließlich musste er noch zur Schule. Er war ein sehr musikinteressierter Schüler, denn obwohl er relativ durchschnittlich in der Schule war, hatte er in Musik einen 1,0-Schnitt. Eigentlich war es ein normaler Schultag, aber nicht für Leonard. Davon wusste er jedoch noch nichts.

Er stand wie an jedem Montag etwas genervt auf und zog sich an. So ging er wie immer seine Morgenroutine durch, packte seinen Schulranzen und trat aus dem Haus. Um seine Laune zu verbessern, pfiff er leise seine Lieblingslieder.

Am Ende der 4. Stunde war Leonard etwas aufgeregt, denn er hatte die letzten beiden Stunden Musik, sein Lieblingsfach. Außerdem schrieb er noch eine Probe, auf die er sich mehrere Stunden vorbereitet hatte. Als Leonard den Test überstanden hatte, war er guter Dinge. Plötzlich ertönte eine laute Melodie aus den Lautsprechern, die in der ganzen Schule verteilt waren, und eine junge Damenstimme ertönte: „Achtung – eine Durchsage! Falls eure Lehrer euch noch nicht davon erzählt haben: Übernächsten Montag um 18:30 Uhr findet ein freiwilliger Auftritt in Form eines Wettbewerbs unter dem Motto „Lauter sein" aller musikinteressierten Schüler statt. Jeder und jede darf singen, tanzen oder ein Musikinstrument seiner Wahl spielen. Hauptsache, es passt zum Motto. Alle weiteren Informationen findet ihr auf der Homepage der Schule. Ende der Durchsage." Die gleiche Melodie ertönte noch einmal und dann wurde es still. „Gut . . .", meinte die Lehrerin Frau Bach und sie machten weiter mit dem Unterricht. Sie hatte blonde, zerzauste Haare, woran man sie sehr einfach erkennen konnte. Doch Leonard konnte sich nahezu nicht mehr konzentrieren. Er war superaufgeregt wegen dieses Auftritts, obwohl er eigentlich keine Lust hatte. Frau Bach ist sogar nach dem Unterricht extra noch zu ihm hingegangen und hat ihn gebeten aufzutreten. Außerdem meinte sie noch, es sei nicht nur ein Schulwettbewerb, sondern einer, der von der Stadt Augsburg organisiert war. Es sei sogar Preisgeld vorhanden.

Kurz nach Unterrichtsschluss kam einer seiner Mitschüler, Thomas, zu ihm. Thomas war ein absoluter Musterschüler, er hatte in jedem Fach die bestmöglichen Noten und war ein großer Lehrerliebling. Er trug eine dunkelblaue, dicke Brille und hatte blonde, nach hinten gegelte Haare. Sein Hemd flatterte leicht im Wind. „Hallo, Leonard Lichtenstein!", sagte er in einem freundlichen, aber leicht herablassenden Ton. Leonard war verwirrt, schließlich hatte er von dem Tag an, an dem er in diese Klasse kam, noch nie wirklich etwas mit Thomas zu tun gehabt. Ein trockenes „Hi" von Leonard folgte. Er war immer noch in Gedanken versunken und überlegte, ob er an diesem Wettbewerb teilnehmen sollte, schließlich war es das erste Mal, dass er eine so große Chance hatte. Insgeheim hatte er jedoch keine richtige Lust auf diesen Auftritt, da er auch im Unterricht ein ziemlich ruhiger Schüler war. Er meldete sich sehr selten, obwohl er die Antwort wusste, und bevorzugte es allgemein, allein, im Stillen zu sein. Er hasste es, wenn es laut wurde, deswegen ging er auch nie auf Partys seiner wenigen Freunde. Er wollte und schaffte es nicht, lauter zu werden und der Welt seine eigenen Meinungen zu präsentieren. So war es schon immer und so wird es auch immer bleiben, so dachte er. „Lass mich raten", sagte Thomas relativ scherzhaft, „du hast wohl zu viel Angst, um teilzunehmen?" Leonard antwortete: „Na, und wenn schon. Dieses ganze Getue mit lauter sein und was-weiß-ich ist einfach nicht so mein Ding." Leonard wollte eigentlich gar nicht in ein Gespräch verwickelt werden und einfach nach Hause gehen und seine Freizeit genießen. Doch dieser Satz änderte etwas: „Hat da jemand Angst? Das ist wohl der Beweis, dass ich viel besser in Musik bin als . . .", er zögerte kurz und sagte hochnäsig: „deine Wenigkeit." Thomas grinste. Bevor Leonard auch nur irgendetwas erwidern konnte, verschwand Thomas auf die andere Straßenseite. Es war nicht unbedingt so, dass Leonard nicht auftreten wollte. Er hatte einfach nicht den Mut dazu. Dass er es nicht möchte, war eigentlich nur eine offensichtliche, faule Ausrede seinerseits. So machte er sich etwas zögernd wieder auf den Heimweg. ‚Tse . . . Frau Bach meinte ein einziges Mal, dass ich der Beste sei, aber Thomas mit seinem Stolz kann das ja nicht vergessen . . .', dachte er sich.

Zu Hause angekommen, begrüßte ihn direkt eine kleine, zarte Jungenstimme. „Leooooooooooooooo, du bist wieder daaaaaaa!", quietschte sie, während ein kleiner Junge ein bisschen Schokopudding aus seinem Gesicht wischte. Leonard erwiderte amüsiert: „Hi, aber ich heiße immer noch Leonard, Lexo." Lexo war sein kleiner Bruder; der war gerade mal sechs Jahre alt und noch nicht einmal in der Grundschule, aber er war erstaunlich intelligent für sein Alter. Er versuchte, vieles von Leonard nachzumachen und Leonard hatte manchmal das Gefühl, dass Lexo sich auch wie ein 12-Jähriger fühlte. Lexo war relativ rundlich, zumindest für sein Alter, und trug ein hellblaues T-Shirt, worauf eine knallgelbe Ente gedruckt war mit der Aufschrift „ENTASTISCH". Lexo kicherte wegen Leonards Reaktion.

„Da bist du ja wieder!", meinte eine Frau in ihren 40ern. Sie war schlank und hatte dieselben braunen Haare wie ihre Kinder. Ihre waren jedoch zu einem Pferdeschwanz zusammengebunden. Außerdem trug Frau Lichtenstein ein dunkles oversized T-Shirt mit schönen rosa Blumen. Sie lächelte ebenfalls, als sie ihren Sohn wieder sah. „Hallo, Mama!", rief Leonard erfreut. Sie gingen gemeinsam hinein und aßen zu Mittag, während Lexo seinen Mittagsschlaf hielt. „Sag mal, Leonard, du gehst doch sicherlich zu diesem Wettbewerb, nicht? Das tust du doch?" ,Mist', dachte er sich, ,sie hat diesen verdammten Elternbrief gelesen!' Leonard zögerte: „Ja, also eigentlich habe ich schon was anderes vor . . . also . . . ähm . . . ich kann auf jeden Fall leider nicht teilnehmen." Das war ein großer Fehler, denn so erhielt er erst einmal eine große Standpauke seiner Mutter. Er könne nicht immer so eingestellt sein und er müsse auch mal mutiger werden, das Übliche. Doch so etwas musste er sich schon tausende Male anhören, also war es ihm egal. Er würde sich nie ändern. So machte er sich schnell aus dem Staub und spielte allein im Dunkeln seine Videospiele.

Am nächsten Tag ging er wieder seine gewohnte Morgenroutine durch und ging entspannt zur Schule. Doch auf dem Weg dahin tauchte Thomas plötzlich wieder auf. „Ich hoffe, der Herr hat sich umentschieden?" „Nicht wirklich!", erwiderte Leonard ein klein wenig gereizt: „Und überhaupt, was kümmert dich das eigentlich?" Thomas meinte: „Was mich das kümmert? Du bist in Musik mein größter Rivale, da ist es doch zu erwarten, dass du gefälligst zum Wettbewerb gehst, damit ich dich besiegen kann!" Er setzte wieder sein typisches breites Grinsen auf. „Erstens, seit wann sind wir RIVALEN? Und außerdem, nein, ich gehe nicht zu diesem bekloppten und lauten Wettbewerb." Thomas war etwas enttäuscht, er hatte gehofft, dass er endlich ein für alle Mal Leonard besiegen könne. „Raff dich endlich mal zusammen, verdammt", rief er halblaut, noch bevor er wieder ging. ,Tse . . . was kümmerst du dich um meine Angelegenheiten! Ich werde nicht zu diesem seltsamen Auftritt gehen', dachte Leonard.

In der Schule angekommen, meinte Frau Bach: „Nochmals eine Erinnerung: Alle, die interessiert an dem Wettbewerb sind, sollen bitte morgen den entsprechenden Zettel im Sekretariat abgeben. Und jetzt schlagt eure Bücher auf Seite 39 auf. Wer möchte lesen?" Natürlich hatte sich Thomas wieder als erstes gemeldet. ,Urgs . . .', dachten sich viele Schüler in der Klasse. ,Natürlich meldet er sich direkt, wer hätte das gedacht?' Thomas meldete sich immer, egal bei was. Er dachte immer schon, dass er der Größte mit der wichtigsten Meinung sei und dass er die einzig richtige vertrat. Thomas prahlte immer damit, dass er am besten sei. Egal, was passiert, er konnte sich nicht zurückhalten. Immer noch leicht in Gedanken, verbrachten Leonard und Thomas den Schultag. Zwar versuchte Thomas noch mehrmals, Leonard von dem Wettbewerb zu überzeugen, das aber auch nur, weil er ihn fertigmachen wollte. Als der Schultag vorbei war, ging Leonard wieder schlendernd nach Hause.

Daheim angekommen, begrüßte ihn wieder Lexo, doch was dieser beim Essen sagte, schockte ihn etwas. „Du, Leo", sagte der Kleine mit vollem Mund: „Ich kann es gar nicht erwarten, dich bei dem Auftritt zu sehen, du wirst sicherlich soooooooooooo cool sein. Irgendwann werde ich auch so toll wie du!" Ein Schock überfuhr Leonard. ‚Das kann jetzt nicht wahr sein! Woher weiß er davon, wieso sagt er das so? Ich will doch gar nicht hin, ich will zu Hause allein im Stillen bleiben.' Jedoch war dies der Moment, in dem er wusste, dass er geliefert war. Leonard dachte für den Bruchteil einer Sekunde angestrengt nach. Unschuldig tun, das war sein erster Gedanke. „W-Was meinst du denn?", versuchte er die Situation noch zu retten. „Mama hat gesagt, dass du bei so einem Wettbewerb oder so mitmachst. Du bekommst bestimmt den 1. Platz!" Eine leichte Wut kam in Leonard auf, obwohl er wusste, dass es vielleicht besser für ihn wäre, dort hin zu gehen, wollte er nicht. Dieses ganze Gerede von „lauter sein" nervte ihn zwar, aber sein Bruder machte süße Kulleraugen und schaute ihn voller Hoffnung und erwartungsvoll an. Also erwiderte er in einem etwas unnatürlichen Ton und einem zögernden Gesichtsausdruck: „Ach das, diesen Auftritt meinst du, wie konnte ich das nur vergessen? Klar gehe ich dort hin und bestimmt werde ich auch mein Bestes geben!" „Echt?", fragte Lexo in einem kindlichen Kleiner-Bruder-Ton: „Das ist ja toll. Versprichst du mir auch, dass du da hingehst?" Leonard nickte: „Klaro." Leonard wusste selber nicht, wieso er das gesagt hatte. Er wollte nicht, dass Lexo denkt, er sei nicht mutig, denn schließlich ist Leonard der große Bruder. Doch als er diesen Satz gesagt hatte, fühlte er sich viel weniger bedrängt. Er fühlte sich viel entspannter, denn er hatte eine Entscheidung getroffen und war auch entschlossen, dieser nachzukommen.

Plötzlich sah er seine Mutter grinsend an der Türschwelle stehen. Ihr Gesicht strahlte vor Freude, während Leonards Gesichtsausdruck unbezahlbar war. Jedoch machte es ihm nicht mehr viel aus; er hatte sich entschlossen, zum Auftritt hinzugehen, und würde dies auch sicherlich tun.

Also zog er durch. Er gab den Zettel noch in letzter Sekunde ab und fasste sich ein Herz. Thomas sah dies auch und war sehr überrascht, Leonard hier anzutreffen. Er sah ihn ungläubig an. „Du hier?", fragte er fassungslos. „Ja, ich bin hier. Hast etwa ein Problem damit?", antwortete Leonard scherzhaft. „Ich hätte nicht gedacht, dass ich dich hier noch treffe. Meintest du nicht, dass du keine Lust hättest? Also hast du doch deine Meinung geändert, hm?" Leonard erwiderte: „Ich habe eine Entscheidung getroffen und ich werde mich daran halten und am Wettbewerb teilnehmen." Er sah Thomas fest in die Augen. Es waren immer noch dieselben, hellblau schimmernden Augen, aber diesmal wirkten sie entschlossener als sonst. So vergingen zwei Sekunden, ohne dass auch nur einer etwas sagte. Thomas setzte nun wieder sein typisches Grinsen auf, doch diesmal war es nicht abfällig, sondern eher freundlich. Ohne ein Wort zu sagen, ging Thomas an Leonard vorbei. Sie schauten sich noch einmal tief in die Augen und Thomas klopfte Leonard beim Vorbeigehen leicht auf die Schulter.

Was weiter geschah, weiß ich nicht. Ich kenne die Geschichte nur bis hier. Das Einzige, was ich noch erzählen kann, ist, dass Leonard und Thomas gemeinsam zum Wettbewerb gingen und dass Leonard von dem Zeitpunkt an mutiger und lauter geworden ist.

Rudi Ren
Jakob-Fugger-Gymnasium, Klasse 7e

Nicht so laut

Ich sage ganz laut: „Silvester soll leise sein!"
Für den Klimaschutz.
Für die Natur.
Für die Tiere.
Für die Menschen.
Und für mich.

Luisa Grabmann
Grundschule Göggingen-West, Klasse 4a

Mal so, mal so

Mal bin ich zu leise und
Mal bin ich zu laut.
Warum kann ich nicht einfach beides sein?

Mal ist das Meer still und spiegelt sich.
Mal ist das Meer laut und die Wellen rauschen.
Mal ist die Sonne warm und strahlend.
Mal ist die Sonne von Wolken bedeckt.
Mal ist der Regen sanft und nieselt leise.
Mal ist der Regen kräftig und prasselt laut.
Mal ist der Wind eine angenehme leichte Brise.
Mal ist der Wind ein stürmisches Unwetter.
Mal ist die Luft leicht und unsichtbar.

Mal ist die Luft eine dicke Nebelwand.
Mal ist die Nacht sternenklar und hell erleuchtet.
Mal ist die Nacht ohne Mondschein und finster.
Mal ist die Natur so und
Mal bin ich eben so.
Also bin ich mal leise und
Mal bin ich laut

Auf meine ganz eigene Art und Weise!

Veronika Meier
Berufsschule II, Klasse DMG 12C

Hört uns!

Ich finde, dass es gemein ist, wenn alles nur die Eltern bestimmen und die Kinder nicht mitbestimmen dürfen. Bei manchen Familien dürfen die Kinder überhaupt nicht mitbestimmen und das macht die Kinder wütend und dann werden die Kinder laut! Sie wünschen sich ein normales und demokratisches Leben mit ihren Eltern und Freunden. Sie wünschen sich auch, ein bisschen mitzubestimmen. Sie sind sauer auf ihre Eltern und traurig. Und wenn die Wut und die Traurigkeit zusammentreffen, dann haben die Kinder das Gefühl, dass sie ganz laut schreien müssen.
Bei mir und meiner Familie, da ist es ein bisschen anders. Da ist es so, dass wir Kinder auch mitbestimmen dürfen. Aber manchmal ist jeder anderer Meinung und dann ist es so, dass der eine oder der andere laut wird!

Filiz Dzukowski
Johann-Strauß-Grundschule, Klasse 3b

Zusammen für die Umwelt

An einem schönen Sommertag spazierte Familie Pustekuchen durch den großen und schönen Stadtpark, als Frieda plötzlich feststellte, dass viele Plastiktüten auf dem Rasen lagen. Das vierjährige Mädchen fragte: „Mama, wieso liegt hier so viel Müll?" „Nun ja", antwortete Mama, „viele Leute schmeißen ihren Abfall in die Natur, weil ihnen die Umwelt egal ist." Paul rief erschrocken: „Das ist ja schrecklich! Stellt euch mal vor, die Tiere essen irgendetwas von dem Plastikmüll!" Luisa erwiderte: „Ich weiß, das ist wirklich sehr schlimm, aber heutzutage werfen alle Menschen ihre Abfälle in die Natur. Wenn wir der Umwelt und den Tieren helfen wollen, könnten wir zum Beispiel den Müll aufsammeln." „Oder Strom sparen", findet Papa. Sobald die Familie zu Hause angekommen war, schnappten sie sich sowohl Mülltüten als auch Plastikhandschuhe und legten los.

Nach einer guten Stunde waren ihre Mülltüten randvoll und sie schwitzten, als hätten sie einen Tausendmeter-Marathon gemeistert. Da sie so hart gearbeitet hatten, stellten sie die Arbeit ein und schlenderten langsam nach Hause. Plötzlich ertönte eine hohe Stimme:

„Was macht ihr denn hier? Mein Hund Tippsie braucht Ruhe. Seid nicht so laut!" Mutig entgegnete Frieda. „Wir räumen den Müll von hier weg, damit die Tiere nicht aus Versehen den Abfall essen." „Genau, und oft hilft es mehr, etwas Müll zu sammeln, als zu protestieren. Denn wenn wir die Welt retten wollen, muss jeder etwas dazu beitragen", erwiderte Luisa mit fester Stimme. Die ältere Dame errötete leicht und entschuldigte sich mit leiser Stimme: „Oh, Entschuldigung! Das wusste ich nicht. Dann lasse ich euch mal wieder in Ruhe."

Die Familie verabschiedete sich bei der Frau und endlich konnte sie sich auf den Heimweg machen. Hier und da blieben sie noch stehen, um etwas Müll einzusammeln, und schnell waren sie zu Hause angekommen.

Am nächsten Tag ging Paul beschwingt in die Schule, denn heute hatte er Doppelstunde Heimat- und Sachunterricht, sein Lieblingsfach. Pünktlich zum Gongschlag setzte er sich auf seinen Platz und wartete auf seinen Lehrer. Als Herr Müller das Klassenzimmer betrat, standen die Schüler auf und begrüßten ihn. Als die Kinder sich wieder setzten, erhob der Lehrer seine Stimme: „Heute geht es in der Stunde um Umweltschutz. Vielleicht habt ihr schon gehört, dass die Erde sich erwärmt. Deshalb wollen wir der Erde als Klasse helfen. Hätte da jemand eine Idee, wie wir die Welt schützen könnten?" Sofort meldete sich Paul und der Lehrer rief ihn auf. „Am Wochenende haben ich und meine Familie Abfall im Park aufgesammelt. Außerdem haben wir beschlossen, nicht mehr so viel Auto zu fahren, und ich spende manchmal für ein Umweltprojekt, um die Tiere in den Meeren zu schützen", erzählt der neunjährige Junge. „Das ist wirklich toll, Paul. Wir als Klasse können zwar nicht aufs Autofahren verzichten, aber die Idee mit dem Spenden und Abfallsammeln ist sehr gut. Unseren Müll finden wir ja leider nicht nur im Park, sondern auch in den Meeren wieder. Ich würde sagen, dass wir abstimmen, welches Projekt wir ausführen wollen", fand Herr Müller. Nach etwa zehn Minuten stand fest, dass die Klasse Spenden für eine Organisation sammeln wollte, die den Plastikmüll aus den Meeren entsorgt.

Plötzlich war die ganze Klasse mit großer Begeisterung dabei und gestaltete interessante Plakate mit Bildern von verschmutzten Meeren. In der nächsten Stunde hatten sie Kunst und erzählten auch hier ihrer Lehrerin von ihrer Aktion. Frau Hoffmann war sofort einverstanden und hatte eine super Idee, wie man eine schöne und vor allem große Spendendose gestalten konnte. Außerdem übten sie noch ein kleines Theaterstück zum Thema „Rettet die Meere" ein.

Eine Woche später war es endlich soweit. Die Klasse traf sich am Rathausplatz und sobald alle Schüler gekommen waren, legten sie los. Gemeinsam bauten sie ihren Stand auf und gestalteten diesen mit den selbstgebastelten Plakaten. Allen Kindern machte das Projekt einen riesigen Spaß und als sie nach vier Stunden das Geld zählten, bemerkten sie, dass sie schon 230 € gesammelt hatten. Zufrieden beschlossen sie, nach Hause zu gehen.

Ihr Klassenlehrer Herr Müller hatte in der Zwischenzeit Kontakt zu der Hilfsorganisation aufgenommen und so konnte die Klasse ihren Gewinn persönlich übergeben, worüber sich alle sehr freuten. Und mit großer Zufriedenheit stellten alle fest, dass es Spaß macht, gemeinsam etwas Gutes für unsere Erde zu unternehmen.

Marie Thuma, Rosalie Taylor und Eva-Maria Bohle
Gymnasium bei St. Stephan, Klasse 6c

Alles nur Fassade

Das Feuer brennt, weiß ist die Glut.
Wie lange noch, wann kommt die Flut?
Die entfacht endlose Wut,
Zerstörung ist dann absolut.
Wieder kommt der große Krieg,
Diesmal gibt es keinen Sieg,
Jeder weiß, doch jeder schwieg,
Die Bombe ist es jetzt, die fliegt.
Die Bombe fällt, die Welt hält still.
Jeder weiß, doch keiner will.
Man hört nur den Alarm ganz schrill,
Menschheit vor dem Overkill.
Wie kommt es, dass ein kleiner Streit
Bringt so vielen Menschen Leid?
Kommt das alles nur vom Neid?
Zum Denken bleibt jetzt keine Zeit.
Dummheit nennt man das Syndrom,

Man ist's gewohnt, man kennt es schon,
Die Menschheit ist nur das Symptom
Und der Tod heißt jetzt Atom.
Die ganze Welt ist ein Zynismus,
Egoismus, Euphemismus.
Am Ende war's nicht Kommunismus,
Der Mensch vergeht am Fanatismus.
Zuletzt kommt dann der Feuerball,
Gefolgt von einem großen Knall.
Hochmut kommt kurz vor dem Fall,
Das ist der Menschheit letzter Hall.
Und das ist unendlich schade.
Standen wir zu lang am Grade?
Am Schluss, da gibt es keine Gnade.
War auch alles nur Fassade.

Marius Wiedemann
Städtische Berufsoberschule, Klasse 11

Kein Krieg!

Auch kleine Kriege sind doof. Sie sind so etwas wie Streit. Es gibt für alles auf der Welt eine Lösung. Jeder kann Streit klären, nur manche trauen sich nicht. Etwas zu sagen, ist stark. Alle Menschen haben etwas gemeinsam. Jeder kann sich ändern. Man muss ihm nur Zeit geben. Meistens gewinnt eh das Gute. Es ist doch zu schade um die vielen Leben! Manchmal muss man einfach nur nachdenken. Nicht einfach zuschlagen! Es ist nicht immer die Zeit zum Quatschmachen. Es gibt auch ernste Dinge.
Klärt auch ihr mal Streitereien oder Krieg! Mal sehen, was ihr so macht.

Vincent Strenger
Hans-Adlhoch-Grundschule, Klasse 2a

Der lauteste und verrückteste Faschingsball der Welt

Hallo, ich heiße Tom Kehlhart, bin 16 Jahre alt und gehe in die 10. Klasse des Schwarzblock-Gymnasiums. Als ich nach Hause kam, hat meine Mutter Sarah Essen gekocht; es gab Spaghetti Bolognese. Natürlich schlief mein Vater, wie immer, weil er sehr gestresst von der Arbeit kam. Sein Bauch knurrte schon sehr laut, aber als er das Essen roch, stand er auf und rannte ins Esszimmer. Meine Mutter sagte zu uns: „Ich hoffe, ihr

beide habt Hunger." Mein Vater Otto sagte: „Ja, und wie ich Hunger habe!"
Als wir fertig gegessen hatten, ist mir etwas eingefallen: „Oh, nein! Ich
habe die Ideen für den Faschingsball nächste Woche vergessen!" Ich
musste mit meinem Freund Kaan Ideen für den Ball sammeln und dann
der Lehrerin schicken. Ich rief Kaan an; wir hatten dann viele Ideen. Ich
schrieb sie auf und schickte sie der Lehrerin. „Uff, endlich fertig!", seufzte
ich. Auf einmal bekam ich eine Nachricht von der Lehrerin: „Gute Arbeit,
Tom und Kaan!", schrieb sie.
Am nächsten Tag stand ich um 6 Uhr auf, putzte mir die Zähne, aß meine
Semmel mit Butter und ging zur Schule. Als ich ankam, begrüßten mich
meine Freunde Kaan, Paul, Lorenz und Jonas, danach gingen wir ins Klassenzimmer, um die Organisation des Balls zu besprechen. Meine Freunde
und ich durften alles organisieren, weil der Rest der Klasse sowieso nur
singen und Auftritte machen wird. Also sind wir zum Laden gegangen,
haben Essen, Getränke und Dekoration gekauft. Am nächsten Tag haben
wir angefangen zu dekorieren und sind fertig geworden. Wir sind zu unserer Lehrerin gegangen und haben es ihr gezeigt. Sie lobte uns: „Wow!
Echt cool dekoriert!" Dann sind wir nach Hause gegangen.
Vier Tage später um 15:00 Uhr in der Schule: Wir haben noch schnell eine
Liste aufgestellt, wer sich Tickets gekauft hat. Es waren schon viele Leute
auf der Liste. Ich fragte: „Paul, hakst du die Leute von der Liste, die kommen werden, ab?" Paul nickte. Wir besprachen den Ablauf. Jonas fragte:
„Tom, gehst du auf die Bühne?" Ich antwortete: „Ja, werde ich." Jonas
sagte: „Also zuerst wird alles vorgeführt, dann machen wir Pause, dann
werden wir Lieder abspielen lassen und spielen auch das Spiel ‚Die Reise
nach Jerusalem'." „Und werden wir auch noch eine Kostümbewertung
machen?", fragte Kaan. Lorenz antwortete: „Ja, werden wir." Nach weniger als zehn Minuten kamen schon die ersten Kinder. Wir warteten, bis
alle da waren, dann ging ich auf die Bühne und sagte durch das Mikrofon: „Hallo, Kinder! Willkommen zu unserem Schulkonzert! Wir starten
jetzt mit dem Vorsingen der Lieder. Einmal Lisa Hauser auf die Bühne,
bitte!" Sie sang ihr Lied. Es klang schön. Danach haben alle anderen ihr
Lied vorgespielt oder gesungen. Als alle fertig waren, sagte ich: „Okay,
jetzt machen wir Pause. Geht etwas essen oder trinken oder noch schnell
auf die Toilette, es geht in 15 Minuten weiter!" 15 Minuten später sagte
ich: „So, Leute, jetzt spielen wir ‚Die Reise nach Jerusalem'!" Alle jubelten. „Okay, wer mitspielen will, der meldet sich jetzt!", sagte ich. „Ja, ich
nehme dich, dich, dich, dich, dich, dich, dich, dich, dich, dich, dich und
dich. Übrigens gibt es etwas Cooles zu gewinnen – viel Glück!" Fünf

Minuten später blieben noch drei Leute übrig. Alle jubelten so laut, dass sogar ein paar Gläser kaputt gegangen sind, aber das war nicht wichtig. Ich sagte: „Okay, es sind noch zwei Leute übrig: einmal der Joker und die Prinzessin. Mal sehen, wer gewinnen wird." Es gewann der Joker. Alle Kinder brüllten: „Yeaaaaaaaaaaaaaaaah!" Ich sagte: „So, der Gewinn sind vier Slimes in einer Box. Herzlichen Glückwunsch! Und jetzt wird gefeiert!" Alle schrien noch lauter als davor. Meine Freunde und ich gingen kurz in unser Klassenzimmer und holten einen Sound-Verstärker. Wir schlossen ihn an und es wurde noch lauter. Zwei Stunden später ging ich auf die Bühne und sagte: „So, Leute, das Konzert ist fast zu Ende, aber zum krönenden Abschluss tanzen wir alle zum Lied ‚Oh Macarena'!" Das war sehr lustig! Danach sagte ich: „Okay, Kinder, das war's mit dem Konzert, ihr könnt jetzt nach Hause gehen. Schönen Abend euch!"

Jonathan Saliba
Jakob-Fugger-Gymnasium, Klasse 5c

Retter müssen gerettet werden

Retter müssen gerettet werden.
Das Jahr ging los mit Ach und Krach,
in unserer Silvesternacht.
Straßen sperren, Autos brennen,
die Menschen sind verrückt am Rennen.
Das ist ihre Masche.
Alles liegt in Schutt und Asche.
Rettungskräfte kommen schnell mit Blaulicht,
doch das interessiert die auch nicht.
Retter werden brutal beschmissen.
Unsere Gesellschaft ist echt beschissen.
Das klingt alles sehr vergoren,
der Respekt komplett verloren.
Es ist die Minderheit, keine Frage,
trotzdem ist es unsere Lage.
Nun muss die Politik agieren,
dafür kann man nur plädieren.
LAUTER sein funktioniert.
Doch das wird leider kompliziert.

Leon Hillebrand
Städtische Berufsoberschule, Klasse 11

Die Welt ist leise

Vor langer Zeit lebte eine Frau in einer Stadt. Alles war leise, da sagte jemand: „Alles soll lauter sein!" Alles war bisher immer leise, nun nicht mehr. Jeder fing an, lauter zu reden, es war nicht normal so, aber die Bewohner hatten beschlossen, dass die Welt lauter sein soll. Jeder fand es toll, so laut zu reden. Es war toll, wo es laut war, aber es gab einen Mann, dem das nicht gefiel, und er sagte: „Alles soll wieder leise sein!" Aber jeder fand es toll, laut zu sein. Der Mann wurde sauer und hat nur noch leise gesprochen. Dann kam ein Kind und sagte: „Wir sollten reden, wie wir wollen." „Das ist eine richtig tolle Idee!", sagte der Mann. Jeder hat mit einer ganz normalen Stimme geredet. Jeder war zufrieden mit der Idee des Kindes. So lebte jeder fröhlich und zufrieden.

Antonia Rusu
Luitpold-Grundschule, Klasse 4b

Lauter Streit

Immer wenn mich mein Bruder ärgert, kreische ich ganz laut und knalle meine Türe zu. Wenn er mein Spielzeug wegnimmt, mir die Zunge raussteckt oder Schimpfwörter zu mir sagt, werde ich aggressiv und es wird laut. Mein Bruder ist zehn Jahre alt und müsste es eigentlich besser wissen, denn ich bin erst sieben Jahre alt.

Ariana Zabek
Grundschule Centerville-Süd, Klasse 2c

Zusammen lauter

Stimmen erheben
wir lassen es beben
zusammen Hand in Hand
ziehen wir uns ans Land
blicken in die Wahrheit hinein
doch alles trügt wie ein Schein
der uns die Sicht zum Guten verdeckt
und gegen uns die Zähne bleckt.
Doch jeder kann etwas machen
und nicht einfach mal so lachen
über die, die richtige Probleme haben
und über körperliche Schmerzen klagen

und bitten, dass es ein Ende nimmt
ein anderes Denken jetzt beginnt
dass alle respektiert werden und nicht verbannt
das schaffen wir, jeder mit seiner Hand!
Zusammen schaffen wir alles, was wir wollen
auch wenn manche gegen uns grollen
denn unsere Stimmen werden lauter und lauter
und immer immer noch vertrauter
bis wir die Aufmerksamkeit aller haben
und endlich mal wagen, NEIN zu sagen.

Emma Fiehl
Mädchenrealschule St. Ursula, Klasse 8b

Das Dorf, das immer leise war

Irgendwo im Nirgendwo gab es ein kleines Dorf. In diesem Dorf waren die Menschen sehr leise. Genauer gesagt, es war alles leise:
Die Türen quietschten leise,
die Kühe muhten leise,
die Menschen sprachen leise,
die Maschinen waren leise.
Kurzum, alle waren hier leise.
Nun ja, nur fast alle. Denn ein kleines Mädchen mit dem Namen Katrin war nicht leise. Sobald Katrin kam, hielten sich die Leute die Ohren zu. Denn für sie hörte es sich an, als würde Katrin schreien. Das machte Katrin sehr traurig.
Also erfand sie eine Maschine, mit deren Hilfe die anderen sie leiser hörten. Außerdem erfand sie noch eine Maschine, mit deren Hilfe sie die anderen besser hörte.
Und so waren alle glücklich.

Amy Mascha
Luitpold-Grundschule, Klasse 4b

Laut und leise zugleich

Theo war ein Mitglied der Band „Laute Jungs". Das war eine sehr berühmte Band in den USA. Eine Kinderband! Sehr cool, wie alle fanden, aber jeder, der mitmachte, hatte einen eigenen Musikernamen, der von allen Bandmitgliedern zusammen bestimmt wurde. Theos Name war „Leise Maus" und überall nannte man ihn „das leise Mäuschen der lauten Jungs". Dabei war er doch nur etwas schüchtern und vorsichtig.

Sein Spitzname machte ihm so zu schaffen, dass er kurz davor war, aus der Band auszutreten. Aber da, eines Nachts kam ihm die rettende Idee. Er würde eine neue Band gründen und trotzdem in der alten weiterspielen. Die neue Band würde den Namen „Leise und cool" tragen. Und es würden nur noch Vorsichtigere oder Schüchternere wie er zugelassen. Dann war er zwar immer noch der Leiseste der Lauten, aber zugleich der Lauteste der Leisen.

Toni Klement
Jakob-Fugger-Gymnasium, Klasse 6c

So laut, wie es geht!

Für den Klimawandel
Der Klimawandel hat sich auf der ganzen Welt verbreitet. Wenn wir ihn nicht stoppen, wird es so warm, dass wir auf diesem Planeten nicht mehr leben können. Also müssen wir die Erde vor dem Klimawandel bewahren. Wir müssen weniger Auto und Motorrad fahren. Natürlich gehören auch Flugzeuge dazu. Selbst Elektro- und Wasserstoff-Autos sind nicht wirklich umweltgerecht. Außerdem ist die Abholzung auch sehr schädlich für die Umwelt. Also müssen wir Bäume einpflanzen. Es gibt Firmen, die die Luft reinigen.

Berkin Doa Erden
Friedrich-Ebert-Grundschule, Klasse 3bgt

Leise laut sein

Jack wachte durch laute Musik auf. Immer dieser Nachbar! Jeden Morgen dasselbe – und das auch noch in den Ferien! „Geht's noch lauter?", gähnte Jack und schlüpfte verschlafen aus dem Bett. Kurze Zeit später trat er aus dem Haus. Jack wollte in die Stadt gehen. Doch kaum bog er auf die Hauptstraße ein, kam ein Polizeiauto mit Blaulicht und Martinshorn angebraust. Mensch, das war ja noch lauter als der Nachbar. „Geht's noch lauter?", seufzte Jack genervt und sah dem Auto nach.

Als Jack bald darauf die Straße zur Buchhandlung überqueren wollte, sah er, wo die Polizei hingefahren war. Eine ohrenbetäubend laute Demo aus unendlich vielen Menschen mit Trillerpfeifen, Trommeln und Plakaten wälzte sich durch die Straße. „Oh, Mann!", stöhnte Jack, „Geht's noch lauter?" Lange musste er warten und sich die Ohren zuhalten, bis er endlich über die Straße zu Buchhandlung gehen konnte.

Drinnen empfing ihn eine angenehme Stille. Zielstrebig lief Jack zum Regal mit den Büchern über berühmte Rennfahrer und zog das Buch über Niki Lauda heraus. Endlich hatte er genug Taschengeld gespart – heute würde er es sich endlich kaufen!

Zu Hause angekommen, verzog sich Jack sofort in sein Zimmer und las das Buch in einem Hui durch. Mensch, dieser Niki Lauda war nicht nur ein ganz toller Rennfahrer gewesen, sondern er hatte sich auch für die Sicherheit in der Formel 1 eingesetzt. Nicht dröhnend laut, sondern leise und hartnäckig hatte er mit den Chefs der Rennserie verhandelt. „Also, geht doch!", lächelte Jack, „man kann auch leise ganz schön laut sein!"

Salvo-Leon Kobor
Grundschule Vor dem Roten Tor, Klasse 4b

Wie lange muss man noch atmen, bis man die Freiheit erlebt?

Wir sind einzigartig so wie jedes Wesen
nur weil wir Frauen sind, heißt das nicht, dass wir nicht leben.
Egal, was eure Augen euch sagen –
wir werden jeden Tag missbraucht, egal, was wir taten.
Tausende von uns erheben ihre Stimme.
Tausende von uns erheben ihre Hand.
Egal, was wir sagen, es wird immer gelacht.

Selma Aljic und Marie Kalus
Jakob-Fugger-Gymnasium, Klasse 5b

Du kannst der Anfang sein

Lauter! Erhebe deine Stimme, um zu sagen, was gesagt werden muss!
Sprech für die, die nicht für sich sprechen können!
Lauter! Sprech für Frieden und Hoffnung, gegen Gewalt und Krieg!
LAUTER! Nutze die Chance, das Wort zu ergreifen, damit jeder dich hört.
Du kannst der Anfang von etwas Großem sein!
Es bedarf nur eines Steins, um eine Lawine ins Rollen zu bringen.

Paula Uhrmacher
Gymnasium bei St. Stephan, Klasse 7a

LAUT gegen Krieg

Die MENSCHEN müssen ihre Stimmen erheben,
Ihr müsst das echte LEBEN seh'n.
Eine Chance müsst ihr ihnen geben,
sonst können sie nichts tun außer geh'n.
Wir wollen eine bessere Welt OHNE KRIEG!
Wäre das nicht für uns alle ein großer Sieg?

Felix Oehme
Jakob-Fugger-Gymnasium, Klasse 6e

Laut sein

Demonstration
Mut haben
für Frieden demonstrieren
die Stimme erheben
LAUTER

Magdalena Dietmayer
Gymnasium bei St. Anna, Klasse 6d

Über die Wahrheit

Wahrheit ist laut! Wahrheit macht Lärm! Wahrheit tut gut! Wahrheit tut weh! Und Wahrheit hat einen Preis, den man zu zahlen bereit sein muss! Wie oft wird Menschen vorgeschrieben, was sie sagen oder schreiben dürfen, ihnen verboten, die Wahrheit zu sagen? Schauen wir nach Russland, wo man einen Krieg nicht Krieg nennen darf. Oder schauen wir in die Türkei, wo Menschen wegen angeblicher Terrorunterstützung inhaftiert werden, wenn sie die Wahrheit sagen. In Ländern, in denen Pressefreiheit nur noch ein Wort ohne Bedeutung ist, wird die Wahrheit gehasst und führt nur zu oft zum Tod.
Doch überall kann die Wahrheit unangenehm sein. Menschen verletzen und sie spalten. Auch bei uns! Doch Menschen verdienen es, die Wahrheit zu wissen! Egal, ob es darum geht, dass wir Fehler gemacht haben, oder darum, dass uns jemand verbietet, die Wahrheit zu sagen, oder darum, dass ein ganzes Land ein anderes auslöschen möchte und dabei seine eigene Bevölkerung anlügt. Es liegt an uns, mutig zu sein und die Wahrheit herauszuschreien, zu ihr zu stehen, sie zu verbreiten und nicht zu verstecken. Denn Wahrheit ist wichtig! Sie ist das, worauf unser Mit-

einander aufbaut, worauf wir uns verlassen. Was passiert ohne die Wahrheit? Wem können wir noch vertrauen, wenn auch Wahrheit zu einem leeren Wort wird? Was wollen wir mit einem Leben, das nur aus Lügen, Ausflüchten oder Ausreden besteht? Was wollen wir mit einem Leben, das von Angst geprägt ist, wenn man die Wahrheit verstecken muss, oder wo Menschen versuchen, mit Lügen Geschehnisse oder gar die Geschichte umzuschreiben?

Um die Wahrheit zu verteidigen, müssen wir Lärm machen, müssen wir LAUTER sein, um dafür zu sorgen, dass die Wahrheit immer ans Licht kommt! Wir müssen die Wahrheit laut herausschreien, so dass jeder sie hören kann und das ganz ohne Angst!

Franziska Lenja Wagner
Gymnasium Maria Stern, Klasse 9b

Alien Ali

Alien Ali lebt auf dem Planeten A-FHVIEN (24525423). Er liebt die Sportart Weltall-Tischtennis. Er mag mal so gut wie Timo Wolls werden. Als sein Trainer ihm erzählte, dass es bald ein Turnier mit ganz vielen Zuschauern geben werde, trainierte er doppelt so gut wie vorher. Als er dann beim Turnier gegen Alo spielte, verlor er den ersten Satz. Dann riefen alle Zuschauer laut: „Ali, du schaffst das!" Das half ihm und er gewann den nächsten Satz. Der letzte Satz wurde für ihn besonders knapp, aber er gewann trotzdem. Alle Zuschauer jubelten so laut, wie sie konnten. Doch jetzt kam das Beste für Ali, denn Timo Wolls hat ihm seinen Pokal übergeben. Bei der Preisverleihung war die Lautstärke des Beifalls genauso hoch wie seine Freude.

Felix Appel
Jakob-Fugger-Gymnasium, Klasse 5a

Dich beweisen

Werd lauter, um dich zu beweisen, denn je leiser du wirst, um so weniger wirst du respektiert!

In dieser Welt muss man laut sein, um stark zu sein, denn man wird mehr beachtet, wenn man lauter ist, stärker ist, mehr Kraft hat, denn es geht immer um die Stärkeren. Deswegen: Werd lauter, beweis dich, denn du kannst es auch! Es kann jeder einfach lauter werden und sich zeigen.

Efe Selmanoglu
Kapellen-Mittelschule, Klasse 8b

Fenster auf!

Ich sitze zu Haus
und ess einen Gaumenschmaus,
bin allein wie der Graus
und schrei es zum Fenster raus:
Das ist ein Gaumenschmaus!

Romina Bär
Gymnasium bei St. Stephan, Klasse 6b

Laut, Lauter, Lauterbacher

In meinem Nachnamen ist auch das Wort „lauter" drinnen. Mein Nachname ist „Lauterbacher". Ich bin immer laut, wenn ich etwas will. Meine Familie ist laut beim Feiern. Im Fußballstadion ist es auch laut, weil die Fans anfeuern und jubeln. Dort bin ich auch immer laut. Ich glaube, der Nachname „Lauterbacher" passt zu mir.

Lukas Lauterbacher
Grundschule Centerville-Süd, Klasse 2c

Musik verbindet

Es ist Lisas erster Schultag an der weiterführenden Schule. Hier kennt sie niemanden. Sie ist traurig, weil sie ihre damaligen Mitschüler aus der Grundschule sehr vermisst. Dort hat sie sich immer so wohl gefühlt, war fröhlich, aufgeweckt und lebhaft. Nun fühlt sie sich ungewohnt fremd und zieht sich still zurück. In der großen Pause meidet sie andere Kinder und geht stattdessen schüchtern zu einer abgelegeneren Bank, um alleine zu sein, bis der Unterricht wieder weiter geht. Doch bereits nach kurzer Zeit nähert sich ihr eine ihrer neuen Klassenkameradinnen und lächelt freundlich. „Hallo, Lisa! Ich heiße Lina. Geht's dir gut?", beginnt die Besucherin das Gespräch. Lisa antwortet leise und zögernd: „Hallo. Nun ja . . . ich vermisse meine alte Schule." Sobald sie diesen Satz ausgesprochen hat, senkt sie ihren Kopf und blickt traurig zu Boden. „Hmm . . . das verstehe ich . . . mir geht's genauso", meint Lina betroffen. „Was fehlt dir denn am meisten?", wollte sie anschließend wissen. Lisa überlegt nicht lange und antwortet: „Der Chor. Jeden Mittwoch habe ich mit meinen Freunden zusammen gesungen." Nun leuchten Linas Augen auf: „Ich singe auch sehr gerne!", ruft sie erfreut. „Mein Papa besitzt ein kleines Tonstudio." Nun staunt das Mädchen, das sich vor einem Moment noch so schlecht gefühlt hatte: „Wow! Wie toll!!!" „Du kannst gerne mal zu Besuch kommen", lud Lina sie ein. Am Wochenende treffen sich die beiden Mädels und machen zum ersten Mal zusammen Musik. Sie verstehen sich super und unternehmen viel miteinander. Nach kurzer Zeit werden sie sehr gute Freundinnen. Und mit der Freundschaft wächst auch Lisas Selbstbewusstsein. Sie hat nun keinen Grund mehr, traurig zu sein, und die neue Schule erscheint ihr nun gar nicht mehr so schlecht. Sie kann wieder laut lachen und ungehemmt mit anderen sprechen. Aber auch wenn sie etwas ruhiger ist, weiß sie, dass auch das okay ist . . . , denn es muss nicht heißen, dass die anderen dich wegen deiner Unsicherheit meiden werden. Lina hatte Verständnis für ihre Schüchternheit und es war ihr sogar sympathisch.

Anita Derzapf
Luitpold-Grundschule, Klasse 3b

Olivia und Lea in der Innenstadt

Olivia ist Leas Cousine. Sie ist mit ihrer Familie nach Augsburg gezogen. Vorher haben sie in Erfurt gewohnt. Als Lea ihre Cousine in ihrem neuen Haus besuchte, kam Olivia auf die Idee, dass Lea ihr doch die Augsburger Innenstadt zeigen könnte. Lea war einverstanden und so machten sie sich auf den Weg.

Sie fuhren mit der Straßenbahn in die Stadt. In der Bahn erzählte Olivia Lea, dass es an ihrer alten Schule einen coolen Musikworkshop gegeben habe und sie dort manchmal einen Song aus verschiedenen Geräuschen gemacht hätten. Lea konnte sich nicht vorstellen, wie das gehen und klingen sollte. Da schlug Olivia Lea vor, es ihr zu zeigen und mit ihr einen Augsburger Alltags-Geräusche-Song aufzunehmen. Doch Lea blieb skeptisch.

Nach einer Weile in der Bahn fragte Olivia Lea, ob sie das Surren der Straßenbahn mit ihrem Handy aufnehmen könnte. Lea murmelte: „Ich kann's ja versuchen."

Plötzlich sagte Lea: „Hier ist der Königsplatz" und war froh, nicht mehr die Geräusche der Straßenbahn aufnehmen zu müssen.

Als sie ausgestiegen waren, hörten sie einen Mann rufen. „Hört mir zu, denn nur das ist die Wahrheit." Er schrie so laut, dass sich Olivia erst einmal erschreckte. Lea sah dies und erklärte, dass er das oft tue. Olivia nahm seine Worte einfach mal auf mit dem Hintergedanken an den Augsburger Alltags-Geräusche-Song. Als sie weitergingen, machte Lea Musik auf ihrem Handy an. Sie wollte Olivia ihr neues Lieblingslied vorspielen. Weil sie so konzentriert auf die laute Musik waren, liefen sie geradewegs gegen einen Laternenpfahl. Deswegen machten sie die Musik wieder aus. Unbeabsichtigterweise nahm Olivia immer noch auf. Deshalb hatte sie nun ein Stück der Musik und des Zusammenpralls mit dem Laternenpfahl auf ihrem Handy.

Als sich noch jeder etwas zu essen geholt hatte, gingen sie in Leas Lieblingsladen. Man konnte dort Kleidung kaufen. Nachdem sich jeder etwas gekauft hatte, gingen sie lauthals singend zur Haltestelle und fuhren nach Hause. Olivia hatte nun das Schmatzen beim Essen, die Geräusche im Laden, das Klingeln der Kasse und das gemeinsame Singen als weitere Geräusche mit ihrem Handy aufgenommen.

Als sie dann wieder bei Olivia zu Hause waren, wollten sie schauen, wie viele Geräusche sie schon gesammelt hatten. Auf einmal kam Leon, Olivias kleiner vierjähriger Bruder, ins Zimmer hereingestürmt. Wutentbrannt schrie Olivia: „Wieso um Himmels Willen kommst du einfach in mein Zimmer gestürmt?" Leon antwortete: „Mama und Papa gehen allein zum Essen. Das heißt, ihr müsst auf mich aufpassen!" Olivia starrte ihren Bruder total wütend und ungläubig an. Daraufhin streckte ihr Bruder ihr die Zunge raus. Olivia wollte umgehend mit ihren Eltern reden. Sie sollten Leon mitnehmen und ihn nicht bei Olivia und Lea lassen. Doch als sie die Treppe hinunter rannte, um mit ihnen zu reden, sah sie gerade noch, wie die Tür ins Schloss fiel. Zu spät. Sie waren schon losgegangen.

Also ging sie mit viel Wut wieder hinauf in ihr Zimmer. Sie wurde noch wütender, als sie sah, dass Lea und ihr Bruder eine riesige Drachenwelt aufgebaut hatten und gemeinsam spielten. Aber sie musste sich wohl damit abfinden, dass Lea tatsächlich den Babysitter spielen wollte.

Erst nach einer ganzen Weile wurde ihr Bruder müde und schlief endlich ein.

Jetzt hatten sie Zeit, ihren Song zu schreiben. Olivia befürchtete, sie hätte vielleicht nicht genug Geräusche draußen gesammelt. Zu ihrer großen Überraschung hatte Lea die Geräusche in der Wohnung aufgenommen: den Streit, das wütende Getrappel die Treppe hinunter, das Klicken der Haustüre ins Schloss, das gemeinsame Spielen mit der Drachenwelt und das Gähnen von Leon, als er müde wurde.

Zum Schluss schafften sie es, einen typischen Augsburger Alltags-Geräusche-Song zu schreiben, so wie Olivia es in ihrem Workshop in der alten Heimat gelernt hatte.

Als Olivias Eltern zurückkamen, waren Lea und Olivia mit ihrem Song fertig und spielten ihn Olivias Eltern vor. Sie fanden ihn so gut, dass sie nichts mehr ändern wollten.

Maya Gahlan und Tilda Stapelfeld
Maria-Theresia-Gymnasium, Klasse 5e

Laute Welt

Manchmal ist mir die Welt zu laut.
Dann werde ich leise. Die Stille genießen. Doch nicht für lange. Denn laut bedeutet auch Lachen, lustig sein und Spaß haben. Dann bin auch ich wieder laut.

Lilliana Weber
Maria-Theresia-Gymnasium, Klasse 6b

Wir müssen handeln!

Kinder sind unser Augenstern, voller Hoffnung und Licht,
Doch viel zu oft sind sie diejenigen, die verletzt sind,
Opfer von Diskriminierung wegen Hautfarbe, Geschlecht oder Klasse, und ihnen wird ihr Recht verweigert.
Kindern sollte es gestattet sein, ohne Angst zu lernen und zu wachsen,
Ohne dass sie zur Arbeit gezwungen werden und ohne dass ihnen Rechte verwehrt werden,
Denn jedes Kind verdient eine Chance und das Recht, sein volles Potential zu entfalten.
Wir müssen handeln, gegen Diskriminierung und Kinderarbeit,
Indem wir uns für Kinderrechte einsetzen und eine Welt schaffen, in der jeder gesehen wird,
Ohne Diskriminierung aufgrund von Hautfarbe, Geschlecht, Klasse oder sonstigen Merkmalen.
Lassen wir uns vereinen, gegen Diskriminierung und Kinderarbeit,
Mit Taten, die einen Unterschied machen, und Visionen, die inspirieren,
Denn nur so können wir eine bessere Welt erschaffen für uns und für zukünftige Generationen.

Halil Varolgil
Maria-Theresia-Gymnasium, Klasse 7f

Ein Flüstern

Ein Flüstern,
wo alle schweigen.
Ein Seufzen,
wo es alle meiden.
Ein Räuspern,
wo niemand auf dich hört.
Ein Schrei,
wo die Welt vor Ungerechtigkeit erbebt.

Sophia Karg
Peutinger-Gymnasium, Klasse 9a

Echo

um sie herum ist „ist die Welt
nicht zu laut?!", das in
einer Dauerschleife mit Drehwurm
läuft wie ein Mantra.
beschallt. es muss geschrien werden, um gehört zu werden.
resultativ,
sie wird taub, dann allein, still.

wenn es zu laut ist, muss sie
dann nicht leise sein für die Welt?
„Die Welt ist zu laut", lauert ihr
der Satz entgegen. ein Klischee
eines Radioslogans für noise canceling, macht dich schwerhörig für Geld,
dann
wirst du nicht mehr so belästigt sein,
von all dem, das um dich ist.
schweigen ist schmallippig, schweigen
ist standhaft, denn ihr Schweigen
wird von einer Ernsthaftigkeit gemästet, die zwar keine Lippen fett
macht, aber
das Alleinsein schwer.

Helena Engel
Gymnasium bei St. Stephan, Klasse 10d

Wenn das Schweigen laut wird

Wir Menschen haben die Angewohnheit, über alles zu schweigen. Wir schweigen über unsere Probleme, über schlechte Noten, darüber, was wir wirklich wollen. Wir sagen, uns gehe es gut, obwohl wir uns alleine, einsam, überfordert oder einfach nur müde und krank fühlen. Und wofür das alles?

Um keine Schwäche zu zeigen. Um keinem erklären zu müssen, warum es uns nicht gut geht. Um keinen Ärger für die schlechte Note zu bekommen. Um niemandem sein wahres Ich zeigen zu müssen.

Aber was, wenn das Schweigen schlimmer ist, als darüber zu sprechen? Was, wenn das Schweigen zu laut wird? Nicht hörbar, aber in uns drin.

Was, wenn dieses Schweigen uns kaputt macht, weil es in uns drin laut schreit, weil es gehört werden will, geteilt werden will, verarbeitet werden will, einfach raus aus uns will, weil es schon viel zu lange in uns drin ist?

Was, wenn wir irgendwann bereit sind, mit jemandem darüber zu sprechen, aber niemanden haben, dem wir das alles auflasten wollen?

Je länger wir dieses Schweigen für uns behalten, desto mehr kann es einen kaputt machen. Vielleicht nicht gleich, aber je mehr Zeit vergeht, in der dieses Schweigen nicht gehört wird, keine Aufmerksamkeit bekommt, desto schlimmer wird es. Es wird immer wieder kommen, immer wieder laut werden.

Deshalb sollten wir aufhören, über alles zu schweigen, sollten dieses laute Schweigen in uns ernst nehmen und es laut herausschreien.

Laut herausschreien, wie es uns wirklich geht.

Laut herausschreien, dass wir Probleme haben und Unterstützung und Hilfe beim Bewältigen dieser Probleme brauchen, denn das ist vollkommen in Ordnung, da jeder von uns mal Hilfe benötigt.

Laut herausschreien, dass wir eine schlechte Note bekommen haben, denn das passiert jedem mal, da keiner perfekt ist.

Laut herausschreien, was wir wirklich wollen und brauchen.

Es ist ok, um Hilfe zu bitten.

Es ist ok, mit Freunden oder anderen Personen über seine Probleme zu reden, denn wenn wir alles immer nur in Schweigen hüllen, wird es in uns drinnen immer lauter, während es um uns herum immer leiser wird.

Lina Stockhammer
Fachakademie für Sozialpädagogik Maria Stern, Klasse FakS 1A

Rondell: Manchmal muss man laut sein

Wenn man etwas Wichtiges sagen will, spricht man in ein Mikrofon.
Manchmal muss man laut sein, um gehört zu werden.
Wenn man sich verletzt, ruft man nach Hilfe.
Manchmal muss man laut sein, um gehört zu werden.
Wenn es brennt, heulen laut die Sirenen.
Die Menschen im brennenden Haus brauchen Hilfe und die Feuerwehr kommt.
Manchmal muss man laut sein, um gehört zu werden.
Gut, dass man Hilfe bekommt und gehört wird, wenn man laut ist!

Turgut Arikan, Orhan Özel und Elias Zesch
Grundschule Centerville-Süd, Klasse 2c

Müll macht Panik

Liebe Leser,
wenn ihr diese Geschichte gelesen habt, dann passt in Zukunft bitte besser auf euren Müll auf!
Emmy, eine kleine, süße, graue Britisch-Langhaar-Katze mit bernsteinfarbenen Augen wollte auch heute unbedingt in den Garten – so wie jeden Tag.
Sie kratzte an der Terrassentür und maunzte so laut, dass wir ihr das Geschirr mit Leine umlegten. Da wir an einer großen Schnellstraße wohnen, ist es für sie zu gefährlich, ohne Leine raus zu gehen. Wir beschlossen trotzdem, dass sie heute alleine raus durfte. Ich öffnete die Tür. Sofort sprang Emmy aus den Armen meines Vaters und flitzte aus der Tür. Er hängte das Ende der Leine an der Klinke ein und schloss die Tür, damit Emmys Bruder Toffy nicht in den Garten rannte. Wir gingen alle wieder unseren Beschäftigungen nach. Dadurch bemerkten wir leider nicht, was im Garten passierte . . .
Emmy tapste glücklich durch den Garten und schnüffelte neugierig an den Rosen. Dann flog plötzlich eine große, knisternde Plastiktüte auf sie zu. Emmy erschreckte sich fast zu Tode! Sie machte auf dem Absatz kehrt und wollte zurück zum Haus rennen, blieb aber mit der Leine an einer Rose hängen. Die kleine Katze zog mit all ihrer Kraft, bis es an ihrer Brust schmerzte. Der Wind frischte auf. Emmys Fell wehte ihr um die Ohren und man sah in ihren blitzenden Augen die Angst, die in ihr aufstieg. Die Tüte kam immer näher! Sie maunzte und schrie so laut sie konnte, aber ihre Rufe wurden vom Wind verschluckt. Emmy zerrte an der Leine, so fest sie konnte, aber sie löste sich nicht. Jetzt erreichte die Plastiktüte die

verängstigte kleine Katze. Sie schrie aus Leibeskräften! Die Tüte streifte Emmy am Kopf, der fast die Beine unter dem Körper wegklappten. Dann blieb die Tüte vor Emmy im Rosenstock hängen! Die kleine Katze wollte zurückweichen, aber hinter ihr waren die Rosen. Sie schrie vor Angst und Schmerz, so laut, dass meine Mutter sie hörte. Mama sprang auf und rief: „Schnell! Emmy hängt in den Rosen fest!" Mein Vater und ich sprangen sofort auf! Ich schnappte mir Toffy, damit er nicht hinaus flitzte. Papa rannte mit Mama zur Terrassentür, öffnete sie und sie liefen in den Garten. Sie näherten sich langsam der verängstigten Emmy. Mein Vater schnallte vorsichtig die Leine vom Geschirr ab und nahm sie auf den Arm. Beruhigend flüsterte er: „Es ist alles gut. Du bist in Sicherheit!" Dann ging er mit Emmy auf dem Arm ins Haus. Draußen entfernte meine Mutter die Leine und die Plastiktüte aus den Rosen. Währenddessen löste Papa das Geschirr von Emmys zitterndem Körper und setzte sie auf den Boden. Sie drückte sich so nah an den Boden, wie sie konnte, und rannte so unter das Sofa. Emmy legte sich ganz hinten in die Ecke und guckte sich mit ängstlichem Blick um. Toffy sah ihr mit mitleidigem Blick nach. Er schien zu überlegen. Schnell flitzte er ihr hinterher, unters Sofa. Dort legte er sich direkt vor sie. Vielleicht wollte er ihr sagen: „Du brauchst keine Angst zu haben, weil ich da bin! Ich werde dich beschützen!" Wenn er es wollte, dann hat es geklappt! Emmy beruhigte sich langsam ein wenig. Ihr Kopf sank immer tiefer und tiefer, bis er auf Toffys Rücken liegen blieb. Das Kätzchen war von der Aufregung so erschöpft, dass es einschlief. Es träumte wohl von der Plastiktüte. Emmy zuckte im Schlaf oft zusammen und trat hin und wieder mit der Pfote in die Luft.

Selbst ein paar Wochen später war Emmy immer noch nicht wieder die Alte. Sie war viel ängstlicher, nicht mehr so wild und versteckte sich oft unter dem Sofa.

Müll macht eben mehr Angst, als man denkt!

Lara Sánchez Kuhlmann
Peutinger-Gymnasium, Klasse 5b

Wie meine psychische Krankheit immer lauter und ich immer leiser wurde

Wie jeden Montag Mittag kam ich von der Schule heim und kramte den Haustürschlüssel aus meiner Tasche. Den ganzen Tag schon nagte ein Gedanke an mir: Was, wenn ich heute wieder Bauchschmerzen bekomme? Ich meine, das ist jetzt schon seit fast einem Monat so, warum sollte es heute anders sein? Ich schloss die weiße Eingangstür auf und der Geruch von Apfelstrudel kam mir wie eine dicke Wand entgegen. Noch vor einem Monat wäre ich gierig wie ein Raubtier zum Esstisch gerannt, aber heute hielt ich mich zurück. Mein Magen zog sich zusammen und ich rief krampfhaft: „Ich bin da!" Die freudige Antwort meiner Mutter hallte mir entgegen: „Hallo, komm vor, es gibt Apfelstrudel!" Naja, da musste ich wohl kommen. Langsam schlurfte ich ins Wohnzimmer und ließ mich auf dem grauen Stuhl nieder. Vor mir sah ich den Apfelstrudel mit der Vanille-Soße. Der Hunger, der mir vorhin in der Schule Hoffnung gemacht hatte, war wie weggeblasen. Ich starrte einfach nur meinen Teller an und er starrte zurück. Mein Kopf schwirrte vor Stimmen: „Tja, hier bin ich. Du bekommst mich nicht mehr los!" „Dir wird sicher schlecht." „Dachtest du im Ernst, dass du mich los bist? Tja, falsch gedacht!" Vorsichtig nahm ich zwei Bissen, die ich gezwungen herunterschluckte. Die Stimmen in meinem Kopf wurden immer lauter. Und ich immer leiser und schwächer. Am Anfang hatte ich mich immer versucht abzulenken, aber mittlerweile ließen meine Kräfte nach und ich murmelte leise: „Ich habe keinen Hunger!" Ich stand auf und verließ wortlos den Raum. Mir kullerten die Tränen über die Wangen und ich verschwand in meinem Zimmer.

So ging es mir sehr oft und ich fühlte mich immer hilfloser. Anfangs dachte ich, dass ich da wieder alleine rauskommen würde, erzählte es niemandem und baute mir ein Haus aus Lügen, das jeden Moment drohte zusammenzubrechen. Ich wurde immer leiser, habe meine sozialen Kontakte vernachlässigt, mein Selbstbewusstsein und mein Selbstwertgefühl sanken immer weiter, ich lachte immer weniger und hörte immer mehr auf die brüllenden Stimmen in meinem Kopf. Später musste ich wegen Untergewicht ins Krankenhaus, doch kein Arzt konnte mir sagen, was ich habe. Bis ich zusammen mit meinen Eltern beschlossen habe, mir Hilfe von einem Psychologen zu holen.

Ich möchte laut auf die psychischen Erkrankungen aufmerksam machen, damit niemand das Gefühl haben muss, damit alleine zu sein, denn mir ist genau das passiert: Ich dachte, ich sei verrückt, weil ich nicht wusste, dass es noch viele andere Menschen mit dieser psychischen Erkrankung gibt. Diese Erkrankung, die ich habe, heißt Zwangsgedanken und Kontrollzwang. Bei mir hat es zusätzlich die Emetophobie, also die Angst vor dem Erbrechen, ausgelöst.

Mittlerweile geht es mir schon etwas besser und obwohl ich Rückschläge durchmache, mache ich kleine Fortschritte. Bis zur Perfektion ist es natürlich noch ein weiter Weg, aber ich versuche, lauter und offener zu werden, und sorge mich wieder um meine Freundinnen und Freunde, denn wegen ihnen und wegen meiner Familie, auch wenn ich das oft nicht so gut zeigen kann, mache ich so viele Fortschritte. Mit der Zeit habe ich es auch ein paar Freundinnen erzählt und es hat sich sehr gut angefühlt, dass ich sie nicht mehr anlügen musste, wenn ich zur Psychotherapie ging.

Also hört bitte auch auf die Leisen, denn oft schreien diese innerlich, sprechen es nur aus diversen Gründen nicht laut aus. Das könnte Schüchternheit, innere Verletzungen oder ganz andere Gründe haben. Also überhört bitte nicht das Wispern der leisen Stimmen und hinterfragt, bevor ihr urteilt, zum Beispiel, ob jemand langweilig oder leise ist.

Lina Schneider
Maria-Ward-Gymnasium, Klasse 8c

Laut

Laut
viel Lärm
es wird laut
es ist sehr unangenehm
lauter

Augusto Bauer
Lichtenstein-Rother-Grundschule, Klasse 3

Als ich laut wurde

Mein Vater saß mit seinem Handy auf dem Sofa. Ich wollte fragen, ob er mir den Code auf dem Computer eingibt, damit ich spielen kann. Mein Vater ignorierte mich und spielte weiter auf seinem Handy. Dann schrie ich laut: „Papaaa, mach den Code!" Dann sagte mein Vater: „Schrei nicht so!"

Ich war auch einmal laut, als ich meine Mama fragen wollte, ob ich rausgehen darf. Mama sagte: „Später!" Ich fragte später noch einmal. Dann antwortete niemand. Da rief ich sehr laut: „Maaamaaa!" Nun hörte mich meine Mama endlich. Aber da hat sie mir verboten rauszugehen, weil es schon zu spät war.

Alexandra Kitnikov
Grundschule Centerville-Süd, Klasse 2c

Lauter (Haiku)

Musik im Ohr //
höre ich immer wieder //
gefällt mir gut.
DEZIBEL

Danika Visakesan
Reischlesche Wirtschaftsschule, Klasse 6

Laut ist nicht gleich laut

Wenn man laut ist, heißt es nicht gleich, dass man jemanden anschreien will. Manchmal muss man laut sein, damit man denjenigen hört. Kleine Babys müssen schreien, damit sie nicht verhungern. Und wenn mein kleiner Bruder laut ist, wenn ich Hausaufgaben mache, ist das etwas anderes. Denn das stört! Wenn man laute Musik hört, ist das etwas Schönes. Es kommt immer darauf an, wie und warum jemand laut ist. Das meine ich mit: laut ist nicht gleich laut!

Penelope Kastaniotis
Grundschule Göggingen-West, Klasse 4a

Respektvoll lauter

Respektvoll zu sein, bedeutet nicht, dass ich dich über meine Grenzen gehen lasse.
Großzügig zu sein, bedeutet nicht, dass man mich ausnehmen darf.
Freundlich zu sein, bedeutet nicht, dass ich dumm oder geistlos bin.
Gutmütig zu sein, bedeutet nicht, dass ich dir erlaube, mich auszunutzen.
Leise zu sein, bedeutet nicht, dass ich schwach bin.
LAUT zu sein, bedeutet nicht, dass DU stark bist.

Royar Nassan
Städtische Berufsoberschule, Klasse 11

Wie aus einem ganz normalen Tag ein aufregender Tag werden kann

Es war einmal ein Mädchen namens Miriam. Miriam war umgezogen. Morgen würde ihr erster Schultag in der Schule sein. Als das Mädchen abends in ihrem Bett lag und Löcher in die Wand starrte, kam ihre Mutter, um ihr „Gute Nacht" zu sagen. Miriam fragte: „Mama?" Meinst du, ich werde neue Freunde finden?" „Aber natürlich, Schatz. Du bist ein wunderbares Mädchen!", beruhigte sie ihre Mutter. Sie gab ihrer Tochter einen Kuss und ging aus dem Zimmer.

Am nächsten Tag fuhr Miriam mit dem Fahrrad in die Schule. Viel zu spät taumelte sie ins Klassenzimmer. Doch bevor der Lehrer etwas sagen konnte, entschuldigte sie sich. Miriam fand Anna-Lena sehr nett. In der großen Pause wurden sie Freunde. Mitten im Unterricht hörten die Schüler etwas sehr Lautes. Das klang, als ob ein Löwe brüllte und gleichzeitig eine Schlange zischte. Alle Schüler der Klasse 5b steckten die Köpfe aus der Tür. Dem Lehrer fiel das Stück Kreide aus der Hand; es landete auf dem Boden und zerbrach. Miriam und Anna-Lena machten sich auf den Weg, den Grund für das LAUTE zu finden. Sie gingen in die Richtung, aus der das Geräusch gekommen war. Das LAUTE wurde immer lauter. Anna-Lena flüsterte: „Irgendwie ist es ganz schön unheimlich, alleine in der Schule zu sein!" Ach, komm schon, du hast doch mich! Also bist du nicht allein", beruhigte sie Miriam. Doch da standen die Mädchen vor einer Tür. Sie war aus feinem Birkenholz und hatte einen goldenen Türgriff. Miriam öffnete vorsichtig die Tür. Was sie dort sahen, verschlug ihnen die Sprache. Dort vor ihnen lag ein langer Gang. Miriam ging mutig hinein. Anna-Lena trottete mit einem mulmigen Gefühl hinterher. Sie waren lange unterwegs und das LAUTE wurde immer noch lauter. Schließlich war vor ihnen eine Sackgasse. „Und was jetzt?", fragte Anna-Lena. Beide starrten auf die Wand. Da fiel Miriam ein Symbol auf einem Stein auf. Mutig drückte sie ihn. Die Wand setzte sich in Bewegung. Sie drehte sich einfach gemeinsam mit den Kindern um. Sie standen im Dunkeln. Vorsichtig tasteten sie sich voran. Plötzlich wurde es heller und vor ihnen war eine große Höhle. In der Höhle war ein großer Wasserfall, der sich in einen See ergoss. Auf dem See war eine kleine Insel. Auf der Insel waren viele Palmen, die sich im Wind bogen. Überall waren bunte Blütenblätter. Das war nicht alles. Auf der Insel unter den Palmen lag eine klitzekleine Tuba. Sie war ungefähr so groß wie für eine Maus.

Die Mädchen staunten nicht schlecht, als sie das alles sahen. Voller Ehrfurcht stiegen sie in ein kleines Boot, das am Ufer schwamm. Miriam wunderte sich: „Aber wie kommt das hier alles her?" „Das hier ist so magisch", staunte Anna-Lena. Das Wasser war so klar, dass man es trinken konnte. Sie waren auf der Insel angekommen. Anna-Lena rieb sich die Augen. Es sah nicht nur so aus. Die Mini-Tuba wurde wirklich von einer Maus im Anzug gespielt. Das war ungeheuer laut. Anna-Lena rief durch den Lärm: „Aaaaaaaauuuufhöööreeeen!" Sofort verstummte das laute Tubaspiel. Sie wechselte ein paar Worte mit der Maus. Miriam sah sie prüfend an und fragte: „Was? Du verstehst die Maus?" „Ja. Dagobert sagt, dass es ihm leid tue, dass er so laut gespielt hat. Er wird nun leise spielen", sprach sie. Da wurde ihr selbst bewusst, dass sie gerade mit einer Maus gesprochen hatte. Erschrocken wich sie zurück. Das Tier piepste etwas, was wohl hieß: „Hab keine Angst!" „Du hast eine Stimme, die Tiere verstehen können!" Miriam staunte. Sie hatte nicht gewusst, was Anna-Lena alles konnte. Miriam fragte: „Anna-Lena, kannst du Dagobert fragen, ob er mit uns kommen will?" Anna-Lena nickte und übersetzte. Die Maus wollte mitkommen und so gingen sie gemeinsam zurück. Eine halbe Stunde später klopften die Kinder an die Tür der Klasse 5b. Die Tür öffnete sich und der Lehrer fragte nach, was die Ursache für das LAUTE gewesen sei. Abwechselnd erzählten die Mädchen die ganze Geschichte. Der Lehrer Herr Hund staunte nicht schlecht, als er hörte, welche uralten Geheimnisse die Schule verbarg. Am meisten staunte er aber über Dagobert. Von nun an war die kleine Maus ihr Klassentier und Anna-Lena war beliebter geworden.

Lena Kübler
Franz-von-Assisi-Grundschule, Klasse 4c

Der Tag der Wahrheit

Jonas wachte am Morgen auf und wusste, heute war der Tag der Wahrheit. Heute würde er es allen zeigen. Er frühstückte und machte sich fertig, zog aber nicht seine normalen Sachen an. Nein, heute zog er das Kleid an. Es war rosa. Jonas fürchtete sich ein bisschen vor seinen Klassenkameraden. Was sie wohl sagen würden, wenn er mit einem rosa Kleid in die Schule kam? In Jeans und Pulli fühlte er sich aber einfach nicht wohl, es war nicht stimmig für ihn, schon seit einer ganzen Weile. Gestern Abend hatte er endlich den Mut gefunden, das rosa Kleid anzuziehen, das er schon seit einer Ewigkeit unter seinem Bett versteckt hielt. Jetzt schlüpfte er hinein.

Auf dem Weg zur Schule sahen ihn Leute komisch an. Jonas versuchte, sie einfach auszublenden, und schaffte es auch so halb. Als er die Schule erreichte, fühlte er die starrenden Blicke der anderen auf sich. Jonas ging zu seinem Spind. ‚Die beruhigen sich wieder', dachte er. Er öffnete die Klassenzimmertür und wieder lagen alle Blicke auf ihm. Es blieb aber leider nicht dabei. Ein paar Jungs kamen und sagten: „Hey, Johanna, willst du dich nicht schminken gehen?"

Dabei schubsten sie Jonas zwischen sich hin und her. „Geh doch zu den Mädchen, du Looser!"

„Heute hast du wohl deine Stöckelschuhe und deinen Lippenstift zu Hause vergessen, oder?"

„Neben dir sitz ich nicht, du bist doch krank!", meinte Tim, mit dem er sich für gewöhnlich eine Bank teilte.

Jonas wurde wütend. Er sprang auf einen Tisch und schrie aus voller Kehle und so ohrenbetäubend laut, dass man es in der ganzen Schule hörte: „ICH BIN DAS, WAS ICH BIN, UND ICH TRAGE LIEBER KLEIDER, NA UND? DARF ICH DOCH, ODER?"

„Auf jeden Fall hast du keine Mädchenstimme", sagte Tim anerkennend.

„Darüber reden wir noch", antwortete Jonas und setzte sich neben ihn.

Greta Dossi
Maria-Theresia-Gymnasium, Klasse 6b

Zusammen sind wir lauter

Heute gehen wir gemeinsam zu einem Orchesterkonzert. Als wir an unseren Platz kommen und auf die Bühne blicken, können wir viele Instrumente sehen. Die Sitzplätze füllen sich immer mehr mit Zuschauern und die Geräuschkulisse wird immer lauter. Nach einigen Minuten wird es aber ganz leise. Die Musiker:innen kommen auf die Bühne. Als sie mit dem Musikstück beginnen, spielt zuerst nur eine Instrumentengruppe. Nach und nach setzen immer mehr ein. Dadurch wird es immer lauter und lauter. Alles harmonisiert schön miteinander, denn nur wenn alle Instrumente zusammenklingen, ist es auch perfekt.

Wie bei dem Musikstück ist es auch bei uns Menschen. Nur gemeinsam – als Team – kann man etwas erreichen. Dies schafft man am besten, wenn man miteinander arbeitet und sich gegenseitig unterstützt.

Nicole Krones und Kaisha Güler
Berufsfachschule für Kinderpflege, Klasse Ki 10C

Leises Problem . . .

Hallo, liebes Tagebuch, heute hatte ich Gesangsunterricht. Die Lehrerin sagte, dass ich perfekt sänge, aber leider zu leise. „Lauter! Lauter!", rief sie. Aber wie stark ich mich bemühte, es war trotzdem zu leise . . . Heute Abend würde aber ein Konzert stattfinden, da sollte alles perfekt sein. Ich stellte mir selbst eine Frage: „Warum habe ich denn überhaupt Angst?" Ich sah zu der selbstverliebten Mia, die mit ihrer Gruppe auf der anderen Seite des Raumes stand. Sie dachte immer, dass sie die Beste sei, das war sie aber nicht. Sie kam zu mir und rief: „Hey! Wer ist denn da? Unsere schüchterne Lady? HAHAHAH!" Plötzlich aber überkam mich die Wut und ich brüllte los: „Halt die Klappe, Mia! Du findest, du seist cool, bist du aber nicht! Deine Art, wie du mit anderen umgehst, ist nicht schön. Laut sein ist nicht alles!" Alle drehten sich zu mir und riefen laut meinen Namen – ein paar Mal! Ich fühlte mich wie eine Heldin. Mia sah mich böse an und rannte weg. Nun musste ich auftreten, ich fühlte mich aber sicherer. Und da stand ich nun auf der Bühne, viele Menschen im Publikum – alle sahen mich an. Ich begann zu singen, erst leise, doch dann wurde ich immer lauter. „Du hast es geschafft!", kam meine Gesangslehrerin auf mich zu. Meine Eltern waren wahnsinnig stolz und ich ebenso. In den nächsten Tagen hatte sich sogar eine weitere Überraschung ergeben: Mia ärgerte mich und die anderen Mädchen nun nicht mehr. Meine Schüchternheit gehörte der Vergangenheit an. In jeder Geschichte steckt also auch etwas Gutes! Danke für's Zuhören, liebes Tagebuch!

Marinela Cotorobai und Euphemia Luna Miller
Maria-Theresia-Gymnasium, Klasse 5e

Die Stimme erheben

L asst uns gemeinsam gegen Mobbing und Gewalt aktiv werden
A lle für mehr Gleichberechtigung unter Menschen
U nd gegen Rassismus!
T raut euch, über Diskriminierung zu sprechen
E inander zu helfen und nicht gegeneinander zu kämpfen!
R edet über eure Probleme und lasst euch nicht unterdrücken!

Romeo Thiel
Jakob-Fugger-Gymnasium, Klasse 5c

Stille

In ihrem Kopf herrscht Chaos
Sie möchte schreien und schreien
Laut schreien
Aber sie kann nicht
Sie schweigt und schweigt
Bis sie nicht mehr still sein kann

Victoria Staffler
Berufsschule V, Klasse MF11H

Lauter als laut (Rap-Text)

Alles ist laut! Was ist laut? Diese Dinge sind laut, oh yeah yeah. TNT ist laut! Was ist laut? Das ist laut! Ein Föhn ist laut! Was ist laut? Das ist laut! Fortnite ist laut! Oh yeah yeah.

Alles ist laut! Was ist laut? Diese Dinge sind laut! Was ist laut? Diese Dinge sind laut! Alles ist laut! Was ist laut? Diese Dinge sind laut! Was ist laut? Diese Dinge sind laut! Oh yeah yeah.

Das ist laut, eine Ps4 ist laut! Was ist laut? Das ist laut! Kinder sind laut! Was ist laut? Das ist laut! Handys sind laut! Was ist laut? Das ist laut! Ein Helikopter ist laut! Oh yeah yeah!

Alles ist laut! Was ist laut? Diese Dinge sind laut! Was ist laut? Diese Dinge sind laut! Alles ist laut! Was ist laut? Diese Dinge sind laut! Was ist laut? Diese Dinge sind laut! Oh yeah yeah.

Das ist laut! Der Beamer ist laut! Was ist laut? Das ist laut! Musik ist laut! Was ist laut? Was ist laut? Das ist laut! Minecraft ist laut! Was ist laut? Das ist laut! Der Eisengolem ist laut! Was ist laut? Das ist laut! Fall Guys ist laut! Oh yeah yeah!

Alles ist laut! Was ist laut? Diese Dinge sind laut! Was ist laut? Diese Dinge sind laut! Alles ist laut! Was ist laut? Diese Dinge sind laut! Was ist laut? Diese Dinge sind laut! Oh yeah yeah.

Deniz Schmiegel
Förderzentrum Hören, Klasse 5s

Auch Kleine können laut sein!

Die kleine Lotti ist aufgeregt. Heute nimmt Papa sie mit! Auf eine Demonstration! Papa protestiert nämlich immer am Samstag mit ganz vielen anderen Leuten für mehr Klimaschutz. Heute darf Lotti zum ersten Mal mit. Da ruft Papa auch schon: „Lotti, kommst du? Wir müssen los!" Lotti zieht sich blitzschnell an. Sie freut sich schon so! Papa geht zum Schuppen und holt sein Fahrrad: Ist doch klar, dass sie nicht mit dem Auto fahren! Lotti setzt sich in den Anhänger und schon geht's los. Die Demonstration soll erst um zehn Uhr anfangen, aber alle, die mitmachen, treffen sich schon um neun Uhr. Als sie da sind, kommt gerade auch Papas Freund Klaus. Er hat ganz viele T-Shirts in allen möglichen Größen dabei, auf denen gedruckt steht: „Helft ihr dem Klima, so helft ihr auch euch!" Lotti bekommt auch so ein T-Shirt. Ganz viele andere Menschen haben auch Schilder und Banner dabei, auf denen etwas draufsteht wie: „Ein schöner Planet kommt nicht von alleine!" Lotti hat sich zu Hause mit

Papa auch so ein Schild gebastelt. Das tragen sie zusammen. Es sind so viele Leute gekommen, dass das kleine Mädchen sie gar nicht zählen kann. Aber es entdeckt ein paar seiner Freunde, die auch gekommen sind. Mia, Lottis beste Freundin, macht auch mit. Sie sitzt auf den Schultern ihrer Mutter und schwenkt ein Schild. Papa schaut ein bisschen komisch. Als Lotti ihn fragt, warum er so guckt, antwortet er: „Eigentlich müsste Klaus jetzt ganz laut schreien: Jetzt geht's los!" Das bringt Lotti auf eine Idee. Sie befiehlt Papa: „Nimm mich mal auf die Schultern!" Papa tut, was sie verlangt. Lotti holt eine Trillerpfeife heraus, bläst hinein und schreit, so laut sie kann: „JETZT GEHT'S LOS!" Alle jubeln und sie ziehen los. Lotti ist richtig stolz auf sich und klatscht mit Mia ab. Dann halten sie zusammen Lottis Schild hoch und schreien Klimasprüche, was das Zeug hält! Am Abend fällt Lotti müde, aber glücklich ins Bett. Als sie selig einschläft, hält sie Molly, die Kuscheltierhäsin, im Arm und lächelt glücklich.

Hannah Schneider
Grundschule Göggingen-West, Klasse 4a

LAUTER Lieblingsmusiker

Michae	L	Patrick Kelly
Farin Url	A	ub
	C U	rt Cobain
Billy	T	alent
Till Lind	E	mann
Jimi Hend	R	ix

Matthias Stöhr
Gymnasium bei St. Anna, Klasse 8c

Trau dich und sprich lauter!

An einem Mittwoch ging Lilli wie gewohnt am Nachmittag zu ihrer Theater-AG. Sie freute sich wie immer auf die Proben, denn Theaterspielen war ihre große Leidenschaft. Dieses Mal stellte Frau Grau ihnen zu Beginn der Stunde ein neues Mitglied vor. Das Mädchen hieß Mina und sah sehr genervt aus.

Mina war ein echtes Schauspieltalent, aber leider kein netter Mensch. Ständig lästerte sie halblaut über die anderen Mitglieder der AG. Besonders auf Lilli hatte sie es abgesehen, obwohl es dafür keinen ersichtlichen Grund gab. Jede Woche wurde das Lästern lauter und Lilli wurde immer verunsicherter. Mina äffte sie nach und machte böse Scherze und lachte laut über Versprecher. Lilli hingegen wurde immer leiser und leiser.

Frau Grau bemerkte die Veränderung und sprach Lilli nach einer Theaterstunde an: „Lilli, was ist los mit dir? Du warst früher so begeistert und jetzt höre ich kaum noch etwas von dir." Lilis Augen füllten sich mit Tränen. „Ich glaube, ich bin nicht gut genug", schluchzte sie. „Mina lacht ständig über mich." Frau Grau schüttelte den Kopf und meinte: „Du bist ganz bestimmt nicht schlecht, du bist nur zu leise. Sprich lauter, einfach nur lauter!"

Nach diesem Gespräch fasste Lilli wieder Mut und bei der nächsten Theaterstunde trug sie ihren Text laut und deutlich vor – viel lauter als die anderen, viel lauter als Mina. Sie betonte die Worte und sie merkte, wie ihr Selbstbewusstsein wieder zurückkam. Als sie mit ihrem Text fertig war, war es für einen Moment ganz still, dann klatschten die anderen begeistert Beifall. Lauter und lauter. Lilli war glücklich.

Elena Leitner
Gymnasium bei St. Stephan, Klasse 5c

Lotta als Greta Thunberg

Lotta sitzt vor dem Fernseher. Der Reporter hält eine Rede über Klimawandel, also über Abgase. Ihr kleiner Bruder Florian behauptet, dass der Weltbürgermeister – (so was gibt es doch gar nicht) – entschieden hat, zum Mars umzuziehen. Hahaha, wer glaubt denn diese Lügengeschichte??? Also Lotta jedenfalls nicht. Doch Florian bleibt stur. Er meint, solange es keine Gegenbeweise gebe, kann es immer noch wahr sein. Aber Lotta widerspricht. „Solange es keine Beweise gibt, kann es überhaupt nicht wahr sein." So kommt es zum Streit. Irgendwie können sie sich dann doch mit Müh und Not trennen. Daraufhin ruft Lotta gleich bei ihrer Freundin Paula an. Sie streiten sich, sie diskutieren, aber Lotta helfen will Paula nicht. Zicke! Dabei will Lotta doch nur den Klimawandel verhindern. Dass sie nicht Greta Thunberg sei, hat Paula gemotzt. Greta Thunberg! Das war es! Sie muss protestieren, die Schule schwänzen wie Greta Thunberg. Nur nicht wie sie am Freitag, sondern am Donnerstag, da sind die blödesten Fächer.

Am nächsten Tag, einem Mittwoch, erzählt Lotta den Plan einer anderen Freundin, der Julia. „Abgemacht, ausnahmsweise mal. Kümmer du dich um die Plakate, ich lass mir mal eine Ausrede einfallen – dass du zum Kieferorthopäden musst zum Beispiel", sagt sie.

Endlich Donnerstag! Lotta geht wie gewohnt aus dem Haus, dann aber schnell in die Stadt. Hoffentlich wird sie jetzt nicht von Paula verraten. In der Stadt läuft es eigentlich ganz gut. In der Schule läuft es anscheinend auch friedlich. Lotta protestiert, viele Leute stimmen ihr zu und manche beteiligen sich sogar. Lotta brüllt, bis sie heiser wird. Hoffentlich ist das nicht umsonst!

Mira Almohammad
Grundschule Göggingen-West, Klasse 4a

Lauter

Hallo, ich bin Ben und wohne mit meiner Familie in Russland. Über mich: Meine Hobbies sind Skifahren, Singen und Zeichnen. Noch etwas über meine Familie: Meine Mutter ist Ärztin, daher ist sie nicht oft zu Hause. Mein Vater hingegen ist Architekt und fast immer zu Hause, denn Oma lebt bei uns und er kümmert sich um sie. Mein Bruder und ich helfen daher viel im Haushalt. Jetzt noch was über meinen Bruder: Er ist eigentlich das komplette Gegenteil von mir. Er ist, obwohl er jünger ist als ich, auch viel sportlicher und kann, während ich eher Ruhe will, nicht stillsitzen da er ADHS hat. Auf jeden Fall war alles perfekt, bis vor einem Monat Putin die Ukraine angegriffen hat. Viele meiner Freunde sind für Putin, doch meine Familie achtet genau auf das, was in der Welt passiert, und deswegen ist unsere Familie für die Ukraine. Dadurch wurden ich und meine Familie immer unbeliebter. Eines Tages kam ich gerade vom Musikunterrichtsraum heraus und fuhr nach Hause, doch als ich in die Wohnung kam, war dort das reinste Durcheinander. Alle stritten, was wir machen sollten, denn anscheinend war Papa demonstrieren gegen den Krieg, bis plötzlich die Polizei gekommen ist und Demonstranten verhaftet hat. Denn eigentlich ist es bei uns verboten zu demonstrieren. Zum Glück konnte Papa fliehen und sie haben ihn nicht erwischt. Doch dann stritt unsere Familie darüber, was wir machen sollten. Als meine Oma etwas sagen wollte, waren alle still. Und sie sagte: „Ben, vielleicht könntest du einen Song schreiben, der eine Aussage über die Lage trifft, was wirklich passiert." Ich war zwar ziemlich verwirrt, aber ich sagte: ja. Nachdem Oma die restliche Familie überzeugt hatte und nach einem Monat langer Arbeit, war mein Song fertig. Oma hatte auch Mama und Papa davon überzeugt, meinen Song professionell aufzunehmen und ihn zu veröffentlichen. Also stand ich kurz darauf in einem Musik-Studio. Ich war ziemlich aufgeregt, denn das war das erste Mal, dass ich so etwas tat. Als es begann, flüsterte ich vor Angst, etwas falsch zu machen, doch plötzlich schrie meine Familie: „LAUTER, Ben, LAUTER!" und dann schrie ich förmlich ins Mikrofon – für die Ukraine, den Frieden und für mich. Nun ist der Song ein Hit und ich habe bemerkt, dass es immer ein Weg gibt. Nur manchmal muss man sich trauen!

Luan Kühn
Jakob-Fugger-Gymnasium, Klasse 6c

Krieg!

Über den Krieg muss ich sagen, dass ich nicht glücklich darüber bin, was in Kroatien passierte. Es gab einen Krieg im Jahr 1991, als Kroatien und Serbien Krieg führten. Kroatien hatte nach fünf langen Jahren gewonnen. Ich hoffe, es wird in der Ukraine genauso sein, natürlich nicht erst nach fünf Jahren.

Ich denke, wir können der Ukraine mit Panzern und Flugzeugen, mit viel Essen für die Soldaten helfen und nachts zu Gott beten, dass der Krieg endet. Ich möchte laut sagen, dass ich möchte, dass der Krieg so schnell wie möglich endet, und dass ich Russland im Krieg nicht unterstütze. Die Welt ist schöner ohne Krieg.

Rat

Za rat moram reci da mi nije drago ovo sto se desava u hrvatskoj, bio je rat 1991. kad su ratovale Hrvatska i Srbija, Hrvatska je pobijedila nakon dugih 5 godina, nadam se da ce tako biti i u Ukrajini, naravno ne nakon 5 godina.

Mislim da Ukrajini možemo pomo?i tenkovima i avionima s puno hrane za vojnike i no?u moliti Boga da rat prestane. Želim re?i naglas da želim da rat što prije završi i ne podržavam Rusiju u ratu, svijet je ljepši bez rata.

Jelena Kristo
Werner-von-Siemens-Mittelschule, Klasse DK79

Was ist lauter?

Du kannst die Musik lauter drehen.
Du kannst lauter Wolken am Himmel sehen.
Du kannst deine Meinung laut sagen.
Du kannst laut protestieren
in einer Gruppe lauter Menschen.
Oder Leute lauter singen hören.

Viele verschiedene Laute aus dem Dschungel hören.
Oder Musik auf einem Festival spüren.
Und auch lauter Leute sehen, die nicht gehen wollen.
Wie lauter graue Wolken, die grollend durch den Himmel rollen.
Das alles ist „LAUTER!"

Leopold Schneider und Joan Mann-Garcia
Jakob-Fugger-Gymnasium, Klasse 5d

Die zwitschernden Vögel

An einem schönen Sommertag spazierte ein Junge namens Julian im
Park neben seinem Haus herum. Er hörte mit seinen Kopfhörern so laut
Musik, dass er alles andere nicht bemerkte. Als er auf die Uhr schaute,
war es schon spät. „Oh, nein", sagte Julian, „ich komme noch zu spät!" Er
nahm die Kopfhörer ab und ging mit schnellen Schritten nach Hause.
Aber auf dem Weg hörte er das laute Zwitschern der Vögel, die im Baum
saßen. Ihm gefiel es und er sang mit. Aber er musste nach Hause, also
nahm er sich vor, später nochmal zu kommen. Nach einiger Zeit betrat er
das Haus und ging ins Wohnzimmer. „Wo warst du? Wieso bist du so
spät?", fragte die Mutter neugierig. Er überlegte sich schnell eine Ausrede und antwortete: „Ich wollte noch in den Laden gehen und euch
eine Überraschung machen, aber im Laden bemerkte ich, dass ich schon
zu Hause sein sollte." Die Mutter glaubte ihm und alle aßen. Zum Abendessen gab es Suppe mit Brot. Als er fertig war, wollte er mit einem Stück
Brot nach den Vögeln sehen, aber die Mutter fragte ihn: „Wieso so schnell?
Wo gehst du mit dem Brot hin?" „Ich möchte einfach beim Spaziergang
Brot essen", sagte Julian und er verließ das Haus. Er beeilte sich, weil er
bald schlafen gehen musste. Er rannte schnell zum Baum, auf dem er die
Vögel zuletzt gesehen hatte. Als er ankam, sah er sie nicht, aber hörte
etwas: das laute und wunderschöne Zwitschern der Vögel! Er folgte dem
Gesang und entdeckte die Vögel. Julian brach das Brot in kleine Stückchen und fütterte sie damit. Den Rest legte er neben den Baum und lief
rasch zurück nach Hause. Am nächsten Tag erledigte er zügig seine Hausaufgaben, um zum Baum zu gehen. Da waren wieder die Vögel, aber
daneben stand ein Junge, der die Vögel mit Kieselsteinen bewarf. „He!
Was tust du da? Lass das!", sagte Julian empört und ging auf den Jungen
zu. „Was hat dich das zu interessieren? Das sind ja nicht deine Vögel",
meckerte der Junge. „Aber", antwortete Julian, „du erschreckst die Vögel!"
Der Junge jedoch hörte nicht auf ihn und bewarf die Vögelchen weiter

mit Steinchen. „Du da, mit den Steinen, hör auf, ich kenne deine Eltern und ich werde mich bei ihnen über dein Verhalten beschweren", warnte ein alter Mann, der das Gespräch beim Vorbeilaufen zufällig mitbekommen hatte. Schnell ließ der kleine Junge die Steine fallen, doch der alte Mann klingelte trotzdem am Haus seiner Eltern. Nach dem Gespräch entschuldigte sich der kleine Junge und verbrachte den Rest der Woche in seinem Zimmer. Zur Feier sang Julian noch mit den Vögeln und genoss den warmen Nachmittag. Zu Hause erzählte Julian alles seinen Eltern, in der Hoffnung, den Vögeln etwas Gutes tun zu können. „Großartig, dass dir der Mann geholfen hat", sagte die Mutter im Nachhinein. „Wir könnten den Vögeln etwas Gutes tun und Vogelhäuser aufhängen, damit sie sich verstecken können!", schlug der Vater vor. Julian fragte: „Wann gehen wir in den Laden, um die Materialien zu holen?" „Wie wäre es mit jetzt sofort?", lächelte der Vater. Daraufhin fuhr die Familie in den Laden, holte die Materialien, kehrte wieder nach Hause zurück und baute die Häuser mit einer Anleitung zusammen. „Nur noch aufhängen!", freute sich Julian und machte sich mit seinem Vater auf den Weg. Am Baum angekommen, sah er sich nach den Vögeln um und entdeckte die Tiere nicht weit entfernt. Vorsichtig hängte der Vater mithilfe von Julian die Vogelhäuser auf und betrachtete stolz sein Werk. Julian summte während- dessen mit den Vögeln ein schönes Lied. Das Zwitschern war lauter als die anderen Male. „Muss wohl daran liegen, dass wir etwas Gutes für sie getan haben", dachte sich Julian und war froh darüber.

Gemeinschaftsarbeit
Grundschule Hammerschmiede, Klasse 4a

Salzach bei Nacht

Du warst 14, lagst in deinem Bett, mit mir am Telefon seit nach dem Abendessen. Du warst noch kaum müde, als ich dir erzählt habe, warum du mich nicht einfach mal besuchen kannst.

Du immer noch 14, ich mittlerweile ein Jahr älter, und jetzt wusstest du, dass mein Mikro letztens nicht einfach kaputt war.

Später, kurz vor deinem 16. Geburtstag vielleicht, hast du angefangen, dich bei Schreien auf der Straße nach mir umzusehen. Dabei hätte ich es eigentlich gewohnt sein müssen, das wusstest du irgendwann.

Ich war 5, 6, dann 11, bald 12, schon lange bevor wir uns kannten, und um mich herum war es andauernd laut.

Du warst gerade 18, lagst auf einem Hostelbett und ich neben dir. Die Jungs drüben haben gelacht, später gegrölt, immer lauter im Laufe der Nacht. Ich war da gerade weg von Zuhause.
Halb 12 in der Nähe von Salzburg, du hast mir die Ohren zugehalten und es war ganz still.

Neele Walter
Maria-Theresia-Gymnasium (Schreibwerkstatt)

Lauter, die Musik!

Anna fragt ihre Mutter: „Darf ich eine Party schmeißen?" Die Mutter sagt: „Ja, aber nicht so laut!"
Der Abend ist gekommen.
Anna dreht die Musik auf und alle rufen ganz laut: „Lauter!"
Sie dreht die Musik noch mehr auf.
Danach kommt die Mutter herein und schreit ganz laut: „LEISER!"

Theresa Schilling und Sophie Morbitzer
Grundschule Bärenkeller, Klasse 3b

Laute Zauberklänge — drei Elfchen

Klavier
Mein Instrument
Es klingt laut
Ich spiele meine Lieblingsstücke
Tonzauber

Highlight
Mark Forster
Alle meine Lieblingslieder
Ich singe laut mit
Melodienzauber

FCA
Alle jubeln
Das Stadion bebt
Ich erhoffe drei Punkte
Ballzauber

Philipp Mesch
Maria-Theresia-Gymnasium, Klasse 5e

ErHatteEinmalEinenNamen

Ich kenne jemanden – nicht gut, ich weiß nur von ihm –, der ist ein Schatten. Senkt den Kopf, wenn man ihn ansieht, und spricht nicht. Die gepolsterten Schultern des Anzugs sitzen stets straff und akkurat ist die Krawatte gebunden, stets gemustert, stets so bunt wie die Leute um ihn herum. Sein Gesicht ist ein bisschen eingefallen, vielleicht bekommt man es zu sehen, wenn man ihn ein bisschen anherrscht, er solle sich bewegen. Dann nickt er nur und folgt einem wie ein ängstlicher Hund. Oft verschwindet er auch einfach und es ist selten, dass man ihn wieder zu Gesicht bekommt, nicht mit anderen Leuten und abseits von Pflichten. Ich glaube, er mag es nicht so sehr, sich unter Leute zu mischen. Da wirkt sein Blick etwas schärfer als sonst, wie, als ob er mehr Acht geben müsse, niemandem in die Augen zu blicken, oder vielleicht sogar, weil es ihn daran erinnert, dass Menschen nicht nur still sind, auch er nicht. Es ist nur zu lange her, dass jemand so leise war wie er, dass er schließlich ganz verstummte. Ich habe manchmal das Bedürfnis, ihn zu berühren, ganz sanft nur, doch ist er stets zu weit entfernt, als dass er wirklich wahrhaftig sein könnte. Wenn ihm einmal öfters jemand zulächeln würde, wüsste ich nicht, ob er dann vielleicht einmal aufschreien würde. Es würde ihn so viel wirklicher machen.

Miriam Radlinger
A. B. von Stettensches Institut, Klasse 10a

Lauter im Ozean

„Laut sein", das ist das Motto des Pottwals.
Laut sein, um seine Familie wieder zu finden.
Laut sein, um sich zu paaren.
Laut sein, um nicht gegen Steine zu schwimmen.
Laut sein, um nicht unterzugehen . . . um auf den Plastikmüll hinzuweisen . . . um auf sich aufmerksam zu machen . . .
Der Pottwal ist das lauteste Säugetier der Welt.
Noch lauter sind die Schiffe und Boote, die seine Heimat durchkreuzen.
Irgendwann wird er verstummen . . . es wird leiser werden . . . immer leiser . . .

Jule Walter
Maria-Theresia-Gymnasium, Klasse 7d

Lauter

Laut, lauter. Es kann schön oder unregelmäßig klingen. Auf Konzerte gehen Menschen, um ihren Stress zu senken und Heiterkeit zu bekommen. Es wird immer lauter. Laut, laut rufen Menschen. Mit lauten Rufen markieren Menschen, dass sie mit etwas unzufrieden sind. Mit Lauten tun die Menschen gute und schlechte Sachen. Mit Lauten leben die Menschen. Sie verbinden Herzen. Sänger dichten und machen Lieder mit Noten. Noten ordnen die Laute, damit eine schöne Melodie erklingt. Also kommt es darauf an, wie man die Laute ordnet.

Ioannis Charatsev, Yannick Miller und Emil Tanko
Maria-Theresia-Gymnasium, Klasse 5e

Elfchen

Fasching
ziemlich laut
alle jubeln lauter
Ist das schon genug
Geschrei

Emma Wurzel
Gymnasium bei St. Stephan, Klasse 6d

Umweltfreundlich sein

Wenn man umweltfreundlich sein will, sollte man folgende Dinge tun: Weniger Fleisch und Wurst essen. Außerdem sollte man weniger Auto fahren und keine Kreuzfahrten mehr machen. Die Politiker sollten viel lauter für eine nicht verpestete Welt sorgen oder sich vornehmen, dass man die Welt verbessern will.

Erik Almer
Lichtenstein-Rother-Grundschule, Klasse 3

Der schlimmste Tag meines Lebens

Mama, was ist das für ein Geräusch?", fragte ich meine Mutter. Ein leises Dröhnen, das langsam, aber sicher näherkam. Meine Mutter schaute kurz hinaus und sagte dann ruhig, aber mit Besorgnis in der Stimme: „Komm, wir gehen schlafen, leg dich ins Bett!" Ich legte mich in mein weiches Bett und schlief trotz des lauten Brummens schnell ein.

Als ich am nächsten Morgen aufwachte, war nichts wie vorher. Schreiende Menschen, Zerstörung, überall Feuer und Rauch. Ich rannte hinaus, während ich lauthals nach meiner Mutter schrie. Ich wollte zu den Nachbarn, aber ihr Haus war schon bis auf den Grund abgebrannt.

Auf einmal hörte ich ein leises Husten aus unserem Haus. Ich drehte mich rücklings um. War das eine Silhouette? Meine Mutter?! Unser Haus stand nun schon vollständig in Flammen. Ich hörte Feuerwehrsirenen in der Ferne, aber konnte nicht mehr warten. Ich lief zum Haus und stand gerade im Türeingang als das Haus bedenklich knackte. „Mama!" Ich sah nach oben, unsere Decke knarrte noch einmal, dann wurde alles schwarz. Als ich Stunden, Tage, vielleicht auch Wochen später wieder aufwachte, lag ich in einer staubigen Turnhalle. Mir wurde erklärt, dass der Leichnam meiner Mutter gefunden wurde und man nichts mehr retten konnte.

Samira Mufti
Maria-Theresia-Gymnasium, Klasse 7f

Gedanken

„Sie wollen doch nur das Beste für mich . . ."
– Schweigen. –
„Sie lieben mich doch."
So hört es sich an, wenn man sich wieder einmal das Leben gut redet.
Ich weiß, dass du glaubst, sie wollten das Beste für dich.
Aber ich will das auch.
Ich will dir zeigen, wie schön das Leben sein kann, wie anders.
Die Familie ist ein wichtiger Baustein des Lebens.
Sie hütet dich, sie versorgt dich, kümmert sich um dich.
Aber sie kann dir auch weh tun. Gewaltig.
So, dass du stundenlang den Kopf gegen eine Wand hämmern willst.
Eine Familie ist nie perfekt. Genauso wie du.
„Na, dann bin ich doch das Problem!"
– Seufzen –
Wieso tust du dir das an? Wieso stampfst du dich schon wieder in den Boden?
Lerne dich zu schätzen! Lerne dich zu lieben und dich zu verstehen!
Hast du noch nie davon gehört, dass Kommunikation das Wichtigste in unserer Gesellschaft ist?
Rede mit denen, die du liebst! Nimm dir diese Zeit und bring sie auf, um Klarheit zu schaffen!

„Ich kann das nicht. Ich bin zu leise, sie überhören mich. Sie sind viel mächtiger."

Sind sie nicht. Du hast dieses Gefühl in dir verankert, doch wenn du über deinen Schatten springst, wenn du deine Dämonen bekämpfst, dann bist du in der Lage, alles zu schaffen!

Trau dich! Sei LAUT! LAUTER als sonst und wenn sie dich nicht hören, dann SCHREI!

Du wirst gehört, das verspreche ich dir.

Lass dich nicht unterkriegen!

Deine innere Stimme.

Michelle Reichert
Städtische Berufsoberschule, Klasse 11

Lauter

An einem Sonntag Nachmittag spielten 4 Kinder auf einem Spielplatz.

Einige Minuten später bemerkten die Kinder etwas seltsames im Himmel.

Dann kam das Ufo und es hat die Kinder geklaut. Das Ufo hat laute Alien songs gemacht.

Danach flog das Ufo schnell weg und es wurde bis jetzt nicht mehr gesehen.

Victoria Schumacher
Förderzentrum Hören, Klasse 5s

Laute Stille

Die Stille, wütet wie ein Feuer.

Ein Feuer des Unausgesprochenen. Das Feuer, das ihr die Luft wegnimmt. Das stille Mädchen, das innerlich schreit. Aber wie soll das jemand auch wissen?!

Wissen, dass sie langsam, aber auch nur ganz langsam aufgefressen wird. Langsam ... ganz langsam von ihrer nimmersatten Stille verschluckt wird. Die dunklen Wolken, die in ihrem Kopf ihre Bahnen ziehen, ohne nur einmal vorüber zu gehen. Die vier Wände, die auf sie einrennen und sie versuchen zu erdrücken. Sie versucht, ihrem Kopf zu entfliehen, ohne sich selbst dabei zu verlieren. Doch geht das?

Wie soll man sich selbst wieder finden, wenn man sich noch nie selbst hatte?

Wenn sie doch immer von sich selbst in einem Käfig gehalten wurde?

Sie ist müde. Zu müde, um sich selbst zu suchen. Zu müde, um das alles zu verstehen. Sie hat das Leben geliebt. Was ist passiert? War es zu viel Wahrheit? War es alles zu viel?

Nein.

Es war die Trauer, diese stille Trauer, die ein tiefes, schwarzes Loch hinterlassen hat. Doch das ist nicht das, was sie gewollt hätte. Sie hätte gewollt, das Leben wieder zu lieben. Diesen düsteren Zeiten ein Ende zu setzen und endlich wieder zu lernen, diesen Schmerz zu wandeln. Sich wieder zu verstehen und mit voller Stimme aus sich heraus gehen.

Also sprich darüber!

Jana-Mae Pokern
Staatliche Fachoberschule, Klasse 13 SA

Rondell: Krieg

In der Ukraine gibt es schon seit einem Jahr Krieg.
Laut explodieren Bomben und Raketen schlagen in Häuser ein.
Alle Menschen sind traurig.
Laut explodieren Bomben und Raketen schlagen in Häuser ein.
Die Häuser werden zerstört.
Viele Menschen sterben.
Laut explodieren Bomben und Raketen schlagen in Häuser ein.
Ich finde Krieg blöd und schlimm!

Leopold Jalil
Grundschule Centerville-Süd, Klasse 2c

Die einzige Entscheidung, die du treffen musst, ist, du selbst zu sein

Noch immer kann nicht jeder er selbst sein.
SEI DU SELBST!
Wenn du zeigst, wer du bist, wird mit dem Finger auf dich gezeigt?
ZEIG, WER DU BIST!
Wird gelacht?
KONFRONTIERE SIE!

Du traust dich nicht zu zeigen, wer du bist?
TRAU DICH!
Manchmal fehlt dir der Mut?
SEI LAUTER!

Vanessa Wonka
Städtische Berufsoberschule, Klasse 11

Ein letzter Schlag noch

Jetzt bin ich alt, doch wenn ich darüber nachdenke, habe ich doch schon viel mitgemacht in meinem Leben. Im Krieg habe ich gekämpft und eine Familie gegründet, auch wenn nach dem Tod meiner Frau nicht viel davon übrigblieb. Meine Töchter kommen mich nur selten besuchen hier, ich bin selten in Gesellschaft, die Menschen meiden mich. Ich bin nicht schön, doch was sie wahrlich schreckt, ist mein Auge. Seit meiner Kindheit bin ich darauf blind und es ist grässlich anzusehen in seiner Starre. Auch auf der anderen Seite lässt mein Augenlicht allmählich nach. Das Einzige was mich in diesem grauen Mietshaus tröstet, ist mein Nachbar. Ich mag ihn, zu Teilen, weil er mich an meinen verstorbenen Sohn erinnert, und auch ihn scheint mein schlimmes Auge nicht zu stören.

Seit einigen Tagen nun schon schlafe ich unruhig und fühle mich unwohl, sobald ich aufwache. Es ist mir, als würde ich nachts beobachtet, so seltsam es auch für Sie klingen mag. Ich bin nicht verrückt, glauben Sie das bloß nicht! Bin ich auch alt, habe ich doch noch meine Sinne beisammen. Mein Unwohlsein entsteht vielmehr durch dieses Gefühl der Angst und des Grauens, das sich erst legen mag, wenn der fröhliche Nachbar in die Stube tritt und all die finsteren Gedanken vertreibt. Doch mein Argwohn macht nicht Halt vor ihm und in stillen Stunden keimt das Misstrauen und hegt den Verdacht, der so unwahrscheinlich wie absurd scheint, doch kann ich nicht zur Ruhe kommen.

Ich liege nachts im Bett, doch höre ich da nicht ein Kichern? So gewöhnlich, aber grausam und kalt, dass mein Herz beginnt, wie wild zu schlagen.

So liege ich wach, im nächsten Moment höre ich ein winziges Geräusch, denn meine Ohren sind noch gut, zweifeln Sie nicht daran! Trotz seiner Stille kriecht mir die Angst im Nacken hoch und ich frage laut in den Raum: „Wer ist dort?", nur um die Stille zu vertreiben, nur damit das Geräusch zu klein wird, um eines zu sein. So sitze ich dort, kann mich nicht rühren, starr umfasst mich das Grauen. ‚Es ist nur eine Maus', will ich mich beruhigen, ‚der Wind heult durch die Ritzen!' Doch so ist es nicht und die Angst hält mich fest in ihrer Hand. Als mich die Furcht so fest packt, dass ich den Tod nahen sehe, entweicht mir ein Laut, durchweicht vom Entsetzen und der Angst vor dem Tod.

Den dünnen Lichtstrahl spüre ich nur und erkenne, wie immer gefürchtet: Ich werde sterben, und nur des Auges wegen, dies war meine Ahnung schon immer, auch wenn ich sie verdränge mein ganzes Leben über. Und da begann mein Herz wieder zu schlagen, und wie es schlug! Sie hätten es hören müssen! Es schlug wild und laut, als wüsste es, dass es seine letzten Schläge wären. Es schlug lauter, lauter und ich spürte geradezu die sich steigernde Wut dieses entsetzlichen Wesens, des Schattens an der Tür, der mich umbringen wollte eines Auges wegen! Hören Sie, können Sie das glauben, dieser furchtbare Grund, um zu morden? Mein Herz schlägt immer schneller und lauter und fast höre ich das Gebrüll nicht, mit dem er sich auf mich stürzt, doch wie von selbst entweicht ein letzter Schrei meinen Lippen, bevor das dicke Bett über mich gezogen wird. Ich höre es immer noch, dieses gedämpfte Pochen, doch mit entsetzlicher Klarheit weiß ich um meinen Tod. Sehe ihn, den Mörder, dem ich doch vertraute. Meine Augen, nun nicht mehr geschlagen von Blindheit, erkennen seine Erleichterung, um die zu finden er mich umbrachte. Mit Bitterkeit steigt die Gewissheit in mir auf, in meiner toten Seele, meinem leeren Geist: Er ist verrückt, auch wenn er es bestreiten mag. Das Grauen, das mich ergreift, als ich sehe, wie er meine Leiche verstümmelt, ist unbeschreiblich. Nun liege ich unter den Dielen – in blutigen Stücken. Polizisten kommen in den frühen Morgenstunden, doch wie sicher er auftritt, wie leicht ihm die Lüge von der Hand geht! Hat er denn gar kein Gewissen? Wie soll ich so Ruhe finden, da er nicht überführt und ich unter den Dielen eingesperrt? Sie sitzen über mir auf Stühlen, so tollkühn, so furchtlos fühlt er sich. Es darf nicht sein! Sie müssen mir doch zustimmen, so kann und darf es nicht sein! Und da höre ich das Pochen – mein Herz, es schlägt. Er hört es. Er redet lauter, ungezwungener, mein Herz schlägt schneller, wilder, lauter. Lauter, lauter, lauter! Ich sehe sein Erblassen, koste seine Angst, bemerke sein Bemühen, es zu übertönen. Er geht herum, stampft auf, flucht und tobt und heimliches Entzücken ergreift mich beim Anblick seines verzweifelten Versuchs. Ich zwinge mein Herz zu schlagen, blutig und geschunden, wie es unter den Dielen liegt, sodass auch er diese Furcht fühlen mag, das reine Entsetzen und Grauen! Er dachte – ich weiß es – die Polizisten wüssten es, könnten es gar hören! Ha, was für ein Narr! Es tobt, mein Herz, in wildem Crescendo entlocke

ich ihm Töne, lauter, lauter als der Donner, lauter, so laut, dass der Verdacht Oberhand übernimmt. „Ihr Schurken, genug eurer Heuchelei! Ich gestehe die Tat! Reißt die Dielen auf! Hier, hier! Sein grässliches Herz, es schlägt!" Oh, welche Wonne erfasst mich mit diesem Schrei! Endlich Ruhe. Endlich Frieden. Ein letzter Schlag noch, nun leiser denn lauter. Das Letzte, was ich höre. Sein Geständnis.
Ein neues Herz pocht in mir, durchbricht die Stille. Mit jedem Schlag lauter, wie erwachendes Leben. Ich bin wieder jung.
Neuinterpretation von „Das verräterische Herz" (Edgar Allan Poe)

Lena Vossmann
Maria-Theresia-Gymnasium, Klasse 8d (Schreibwerkstatt)

Diskriminierung

LAUTER!
Man sollte bei bestimmten Themen nicht einfach wegschauen, sondern etwas dagegen unternehmen und zwar das Problem LAUT ansprechen. Kommunikation ist sehr wichtig, die Leute darauf aufmerksam zu machen, dass Diskriminierung auf Grund des Geschlechts oder der Herkunft nicht richtig ist, so dass viele Menschen es mitbekommen und etwas dagegen unternommen wird, aber wie? Indem man die Aufmerksamkeit bekommt, z.B. durch Social Media-Videos oder durch Demos (Black Lives Matter, Frauenrechte). Egal, ob Mann oder Frau, ob deutsch oder ausländisch – jeder sollte gleich behandelt werden. Es ist für die anderen unfair, wenn man bevorzugt wird, nur weil man als Mann angeblich „stärker" ist oder im Berufsleben aufgrund seiner Herkunft nicht angenommen wird.

Kamila Gwizdek
Berufsschule V, Klasse MF11H

Die schimpfende Gitarre

Es war einmal ein Mädchen namens Marie. Marie hatte eine Gitarre, aber sie übte nie. Eines Tages schimpften sie ihre Eltern: „Übe jetzt endlich, Marie!" Aber Marie interessierte das nicht. Sie antwortete nur genervt: „Ja, ja!" Dann ging sie schnell in ihr großes Zimmer, wo in der Ecke ihr lilafarbenes Himmelbett stand. Sie legte sich auf ihr Bett und starrte Löcher in die Wand. Als sie schon fast eingeschlafen war, hörte sie plötzlich die Gitarre spielen. Erst nur leise, dann wurde sie lauter und immer lauter. Ihre Mutter rief verärgert aus der Küche: „Spiele bitte leiser!" Marie hörte ihre Mutter nicht. Aber auch wenn sie ihre Mutter gehört hätte,

hätte sie es nicht ändern können, denn die Gitarre spielte ja von selbst. Irgendwann spielte die Gitarre so laut, dass ihre Eltern wütend in ihr Zimmer stürmten. Auch sie waren verblüfft, dass die Gitarre von selbst spielte, und wussten keinen Rat, was sie in dieser Situation tun sollten. Die Gitarre spielte bald so laut, dass nacheinander immer mehr Menschen aus der Stadt zu ihnen nach Hause kamen. Vor der Haustüre bildete sich eine große Menschentraube. Ein kleines Kind rief weinend: „Schimpfe die Gitarre!" „Zerschlage die Gitarre!", brüllte ein streng aussehender Mann aus der hintersten Reihe. Als Marie ganz genau hinhörte, hörte sie ein kleines Mädchen sagen: „Versuche, die Gitarre doch mal zu spielen!" Marie überlegte kurz. Sie lief zurück in ihr Zimmer und nahm entschlossen die verstaubte Gitarre in die Hand. Sie spielte das einzige Lied, das sie konnte. Das Lied klang nicht sehr geübt. Trotzdem wurde die Gitarre ganz langsam leiser. Marie spielte so lange, bis die Gitarre wieder in normaler Lautstärke Maries Lied spielte. Danach wusste Marie, dass die Gitarre sie schimpfen wollte, weil sie nicht geübt hatte.

Marina Pfeil
Franz-von-Assisi-Grundschule, Klasse 4c

Manchmal bin ich laut

Wenn mein Bruder sich verletzt, dann rufe ich laut meine Mama.
Wenn mein Bruder weint, dann muss ich laut schreien.
Wenn was passiert, dann rufe ich laut meine Mama.
Wenn ein Hund bellt, dann muss ich laut schreien.
Es hilft, wenn ich laut bin!

Ana Lina Nicolae
Grundschule Centerville-Süd, Klasse 2c

In der Geisterbahn

Lilli und Max wollen in die Geisterbahn. Vor dem Eingang sitzt ein schreckliches Monster, das immer ganz laut brüllt: „RAAAAHHHHH!" Max ärgert Lilli: „Du traust dich ja doch nicht! HaHa!" „Quatsch mit Soße! Ich hab überhaupt keine Angst! Du dummer Angeber!", erwidert Lilli. Da kauft Max auch schon zwei Eintrittskarten. Beide steigen in den gruseligen Wagen und schon geht die Fahrt los. Es wird ganz unheimlich und dunkel. Schreckliche Schreie kommen aus der Dunkelheit. Lillis Herz klopft laut und immer lauter. Da springt plötzlich etwas in ihren Wagen. Lilli schreit laut auf: „Igittigittigitt!" Aber Max schreit noch viel lauter! Seltsame glitschige Hände berühren ihre Gesichter. Es donnert und blitzt. Irres Lachen hallt in ihren Ohren. Schlagartig hält der Wagen an. Max und Lilli sitzen wie erstarrt da. Erst nach einer ganzen Weile macht Lilli ihre Augen auf. Die Fahrt ist zu Ende. Max ist ganz bleich im Gesicht. Lilli muss laut lachen. „Und wie du Angst hattest! Du hast mindestens doppelt so laut geschrien als ich!" Jetzt muss auch Max lachen. „Ich glaube, wir beide waren lauter als alle anderen zusammen!" Dann kauften sie sich noch Schoko-Erdbeeren und gingen gut gelaunt nach Hause.

Stella Ignara
Grundschule Bärenkeller, Klasse 4c

Lauter

Als sie den Raum betrat, wurde sie schlagartig überrumpelt von der Schönheit des Kunstwerks. Sie war alleine in dem großen Saal.

Ihr Mund stand offen, während ihre Augen die gigantische Skulptur von unten nach oben musterten. Die einzige Lichtquelle des Raumes befand sich unter der Skulptur, die den Kontrast so sehr verstärkte, dass man meinen könnte, sie sei lebendig.

Eine ganze Weile stand sie nun vor der riesigen Statue und rührte sich keinen Millimeter, ganz als ob sie selber zu einem Kunstwerk erstarrt wäre. Es war nun spät nachts, das Museum hatte natürlich schon lange geschlossen.

Was anfangs Faszination war, die sie paralysiert hatte, wurde mit jeder weiteren Sekunde zu Panik, die sich langsam von ihrem Magen in die Kehle arbeitete. Ein Schrei baute sich in ihr auf. Ein gewaltiger Schrei, der wie heißes Magma ihren Hals empor kroch und als glühende Lava ausbrechen wollte. Doch als es dann soweit war und ihr Körper sie mit Hilfe eines Schreis aus ihrer Trance befreien wollte, verließ kein einziger Ton ihre Kehle. Ihr Mund stand seit Beginn offen, aber nun aus Entsetzen. Obwohl sie eine Ewigkeit damit verbrachte, die Skulptur anzustarren, erkannte sie erst jetzt die Bosheit, die sich hinter ihrem perfekten Gesicht versteckte.

Die Statute hatte wirklich ein wunderschönes Gesicht. Zwei wunderschöne Augen, eine wunderschöne Nase und sanfte Haut, die den Bereich bedeckte, an dessen Stelle sich ihr Mund befinden sollte.

Clara Johanna Stuhlmiller
Holbein-Gymnasium, Q11

Anfangsbuchstabengedicht: LAUTER

L auter, immer lauter!
A lle feuern unsere Mannschaft bei der Fußball- Schulmeisterschaft an.
U nd da, der Stürmer rennt nach vorne und schießt!
T ooor!
E s steht 1:3 für uns!
R undherum jubeln und schreien alle Kinder!

Gemeinschaftsarbeit
Grundschule Centerville-Süd, Klasse 2c

Laute Demonstration

Die Sonne geht gleich unter, der Himmel ist orange-gelb und rot gefärbt. Die Straße ist voll von Menschen. Es ist laut. Die Menschen schlagen auf Trommeln. Sie tröten auf Fahrradhupen herum. Noch dazu sind sie komisch angezogen. Manche haben sich kleine Glöckchen umgebunden – kurzum – es ist laut. Mein Herz pocht lauter, ich will doch einfach nur auf die andere Straßenseite – nach Hause! Ich komme durch die ganzen Menschen nicht durch. Hier ist aber auch keine Rede von einem Umzug oder einer Parade. Die Menschen halten nämlich Schilder hoch und die Polizei läuft auch herum. Es ist eine Demonstration. Ein Kind weint. Die lautesten Passanten sind jedoch die Menschen auf der Straße. Sie möchten ihre Meinungen preisgeben: Laut und deutlich – das gelingt ihnen. Es sind viele Klimademonstranten dabei. Aber viele wollen auch Gleichberechtigung. Es ist schön, dass man in Augsburg und generell in Deutschland auf die Straßen gehen darf, um seine Meinung zu sagen. Schade, dass man das nicht überall machen darf. Eigentlich sollte es selbstverständlich sein, dass die Menschen in einer guten Demokratie leben.

Lara Lovric
Jakob-Fugger-Gymnasium, Klasse 6c

Hoffnung

Ich war schon wieder hier. Zum zweiten Mal stand ich hier, meine Haare zerzaust und Dreck unter den Nägeln. Immer noch schwer atmend, ließ ich mich auf eine der Holzkisten nieder. Mein Gesicht vergrub ich in meinen Händen und schloss für einen Moment meine Augen. Es konnte nicht wahr sein. Ich hatte versucht, es zu vermeiden, doch das Leben hatte mich eingeholt. Schon wieder.

Wenn mich jemand fragen würde, was mein größter Wunsch sei, dann wäre meine Antwort immer gleich: Ich wünsche mir, dass ich die Zeit zurückdrehen könnte. Um 23 Tage, 16 Stunden und 5 Minuten. Jetzt 6. Denn genau da ging mein Leben unter. Das Universum nahm mir meinen liebsten Menschen. Doch mich nahm es nicht. Ich blieb alleine zurück. Vor 23 Tagen, 16 Stunden und 6 Minuten war ich am Boden zerstört. Mein Leben zog an mir vorbei, ich spürte nichts als Trauer und ich schmeckte Salz in meinem Mund, als eine Träne meine Wange herunterlief. Vor 23 Tagen, 16 Stunden und 7 Minuten fühlte sich dieser Moment so unwirklich an, dass es schon wieder wirklich genug war. Soll ich euch sagen, wie es sich anfühlt, das Beste und Einzige in seinem Leben zu verlieren? Man fühlt Wut, Enttäuschung. Und Trauer. Man will weg von dieser Welt, weil so viel so falsch läuft. Weil es anderen egal ist, wie man sich fühlt. Es wird einem nicht geholfen. Nein, es wird das gemacht, was für richtig gehalten wird. Und das ist der falsche Weg.

Pistolenschüsse, erstickte Schreie, Bombeneinschläge. Ich kann mich noch an den Moment erinnern. Es läuft in Dauerschleife ständig vor meinen Augen ab. Und ich kann nichts dagegen tun. Ich bin hilflos, kann mich nicht bewegen und mein Hals schnürt sich zu. Acht Milliarden Menschen leben hier, doch das Universum nahm mir den wichtigsten. Würde es mich glücklich machen, wenn auch ich meinen letzten Atemzug nehme? Wenn ich all das hinter mir lassen würde? Wäre es dann besser? Ich weiß es nicht. Ich würde trotz allem mein Leben vermissen. Den Geruch von Freiheit und das Gefühl von Freude. Es ist nicht zu spät, da hinaus zu gehen. Das Leben ein kleines bisschen besser zu machen. Jeden Tag zu leben, als wäre es dein letzter. Es ist meine Entscheidung. Das Leben wird dir immer wieder Steine in den Weg legen. Manche werde es als Hürde sehen und ein paar vielleicht als Möglichkeit.

Ich stehe auf und atme tief ein. Meine Lunge füllt sich mit Luft. Und dann mache ich einen Schritt nach draußen und renne los. Schon aus der Ferne sehe ich eine Gruppe von Menschen. Ein paar andere schauen auf, als ich mich ihnen nähere, und sehen mich an. Angst ist in ihre Gesichter geschrieben. Die Sonne steht tief und ein Windstoß lässt meine Haare nach hinten wehen. Gänsehaut breitet sich auf meinen Armen aus. Ich öffne den Mund. „Sie haben uns unsere Häuser und Familien genommen. Sie nahmen uns unseren Halt und unsere Zuversicht. Wochenlang haben wir uns versteckt, konnten nicht mehr klar denken und haben all das, was sie uns angetan haben, hinuntergeschluckt und weggesehen. Wir haben verlernt, wie es ist, da hinaus zu gehen und zu sagen, was man meint. Nicht das, was die anderen hören wollen. Wir haben verlernt, unsere eigene Stimme zu nutzen. Mit ihr zu sprechen. Nein, die Arme auszubreiten und all die Wut hinauszubrüllen. Sich alles von der Seele zu schreien, um endlich wieder klar zu sehen. Sie haben uns viel genommen, ja das stimmt. Aber sie können uns nicht unsere Freiheit und Hoffnung nehmen. Es ist nicht zu spät, unsere Meinung zu sagen und für unser Land zu kämpfen. Jeder Einzelne alleine kann nicht viel erreichen, aber wir alle zusammen werden immer gewinnen. Egal, was unsere Gegner machen werden, wir werden gewinnen. Und wisst ihr, wieso? Weil wir uns haben. Und das ist eine ganze Menge. Und glaubt mir, da draußen sind mehr Menschen, die uns brauchen, als ihr vielleicht denkt." Und dann schmecke ich wieder Salz in meinem Mund. Doch diesmal nicht, weil ich traurig bin. Nein! Weil ich zum ersten Mal wieder Hoffnung verspüre.

Carla Abraham
Maria-Theresia-Gymnasium, Klasse 7c

Elfchen

Höhle
Fledermäuse flattern
Die Decke tropft
Ich höre viele Geräusche
laut

Emma Wurzel
Gymnasium bei St. Stephan, Klasse 6d

Lauter für die Frauenrechte

Am letzten Freitag, den 13. Als Amal vor die Tür ging, sah sie auf dem Marktplatz, wo sie Obst kaufen gehen wollte, zwei Männer, die gerade eine Frau beleidigten und diskriminierten. Das machte sie so wütend, dass sie kurz danach zum verbotenen Protest für die Frauenrechte im Iran aufrief, wo sie lebte. An diesen sollten sich noch fünfhunderttausend Menschen anschließen. Nartürlich merkte auch Ebrahim Raisi durch die Nachrichten etwas davon. (Ebrahim Raisi ist der Regierungschef des Iran.) Amal sagte, dass sie dort bleiben sollten und LAUTER werden sollten, damit der Regierungschef verstand, wie wichtig es ist, dass auch Frauen dieselben Rechte wie Männer kriegen. Doch als sie dort ankamen, standen schon Massen von Polizisten vor Ort und erwarteten sie. Amal aber hatte keine

Angst und marschierte einfach weiter. Doch so schnell sie sich versah, saß sie auch schon im Gefängnis. Erst war sie sehr bestürzt, dass sie so viele Leute ins Unglück gerissen hatte, doch dann meldete sich ihr Optimismus wieder und sie dachte: „Von dem lasse ich mich nicht einschüchtern, ich mache weiter." Und als sie die Gefängnisstrafe abgesessen hatte, machte sie Reisen durch die ganze Welt, um sich für die Frauenrechte einzusetzen. Doch ihr größtes Ziel ist bis heute, die Frauenrechte im Iran zu verbessern. Auch sagt sie immer wieder, dass man den Mund aufmachen und lauter sein soll. Viel lauter! LAUTER! LAUTER!

Jakob Nordmeyer, Severin Baumgartner und
Joshua von der Heide
Gymnasium bei St. Stephan, Klasse 5c

Laute und leise Worte

In manchen Ländern dürfen Menschen ihre Meinung nicht laut sagen. Sie müssen der Religion angehören, die von nur sehr wenigen Personen festgelegt wurde. Wenn die Menschen einer anderen Religion beitreten wollen, dürfen sie das meist nicht. Einer übertönt die anderen. Wer eine hohe Position hat, ist lauter als das Volk und entscheidet mit nur wenigen anderen Menschen, die ebenfalls eine hohe Position haben, Dinge, die alle etwas angehen. Ein paar Personen werden lauter, das Volk leiser. So leise, dass man es irgendwann gar nicht mehr hört.
Aber was kann man dagegen tun?
Manche Menschen geben sich damit ab, nicht viel selbst entscheiden zu dürfen. Doch andere wehren sich dagegen und kommen dann oft in Schwierigkeiten. Wenn sich das ganze Volk wehren würde, gäbe es vielleicht in diesen Ländern auch eine Veränderung.
Wir Menschen müssen zusammenhalten und gemeinsame Entscheidungen treffen, damit alle laut sein können und sich niemand mehr fürchten muss, seine persönliche Meinung laut auszusprechen.

Tanja Mohr
Gymnasium bei St. Stephan, Klasse 6b

Kleine Stimme, große Wirkung

Es war einmal eine Gruppe junger Menschen, die sich nicht scheuten, ihre Stimme gegen die Ungerechtigkeiten in der Gesellschaft zu erheben. Vom kleinsten Unrecht bis hin zu den größten gesellschaftlichen Verbrechen hatten sie keine Angst, sich gegen das Schädliche zu erheben, sich für das Gute einzusetzen und zu protestieren, selbst dann nicht, wenn sie selber verhasst waren. Die Gruppe wusste, dass die Gesellschaft von Rassismus und anderen Formen der Diskriminierung geplagt war, und weigerte sich zu schweigen. Sie glaubten, dass sich nichts ändern würde, wenn sie schweigen würden.

Unter ihnen befand sich auch ein junges Mädchen, das in einem Dorf lebte. Von klein auf war sie Zeugin der Ungerechtigkeiten in ihrer Gemeinschaft gewesen – sei es Rassismus, Sexismus oder eine andere Form der Diskriminierung. Sie beobachtete, wie ihre Mitmenschen ungerecht behandelt wurden, und beschloss trotz ihres Alters, eine Stimme für die Stimmlosen zu sein. Sie begann, an Kundgebungen teilzunehmen und sich gegen die Missstände in ihrer Gemeinde auszusprechen, organisierte selbst Veranstaltungen und schrieb Briefe an die Machthaber, um in der Gesellschaft etwas zu verändern.

Ihre Stimme war klein, aber ihr Geist war stark. Das Mädchen hatte keine Angst, für das Richtige einzutreten. Auch wenn sie noch ein Kind war, wusste sie, dass sie die Macht hatte, die Menschen zum Nachdenken anzuregen. Als Gleichaltrige ihren Mut erkannten, begannen viele von ihnen, ihrem Beispiel zu folgen. Gemeinsam wurden sie eine Kraft des Wandels. Sie setzten sich für die Ausgegrenzten ein und forderten Änderungen. Sie waren entschlossen, etwas zu bewirken. Sie hatten ein Ziel und wollten für das Richtige kämpfen.

Die Moral ihrer Geschichte ist, dass man sich nicht scheuen sollte, seine Meinung zu sagen, denn auch wenn man nur eine kleine Stimme hat, kann diese zu großen Veränderungen führen.

Patricia-Maria Schwartz
Rudolf-Diesel-Gymnasium, Klasse 9b

Lauter

Laut, lauter... und manchmal auch am lautesten... das bin eigentlich genau ich, um nicht zu sagen, das passt zu meiner Familie. Eigentlich sind wir alle recht laut... obwohl irgendwie meistens nur ich das zu hören bekomme. Wir lachen alle sehr laut. Meine kleine Schwester brüllt oft furchtbar laut, wenn ihr was nicht passt, und meine Mutter schimpft uns manchmal sehr laut, wenn sie richtig sauer auf uns ist! Der Nonno (mein italienischer Opa) hat ein Hörgerät, das er aber oft nicht im Ohr drin hat, und wenn er was erzählt, wird er auch immer lauter. Nur mein Vater ist eher leise oder besser gesagt ruhiger. Und er regt sich auch nicht so schnell auf! Wir lieben es alle, manche Songs laut anzuhören, und meine Schwester tanzt dann auch gerne wild dazu, aber DA wird es dann komischerweise meiner Mutter wieder schnell zuuu laut. Ich liebe laute Musik, laute E-Gitarre und Schlagzeug und ich liebe laute Autos. Wenn ich Carrera-Bahn spiele, wird es immer lauter, da ich mega-begeistert alle abzuhängen versuche!

Manchmal bin ich aber auch leise. Eher schon zuuu leise… immer dann, wenn ich jemanden um Hilfe bitten soll oder was nicht verstanden habe. Da sag ich dann gar nichts mehr. Oder wenn mich alle anschauen. Oder auch oft, wenn jemand was Blödes zu mir sagt. Das versteht dann keiner, weil ich sonst viel rede und es gar nicht schlimm finde, wenn ich dabei immer lauter werde. Ich merke das gar nicht… und plötzlich gibt's dann 'nen Rüffel!!!

Lauter zu sein, hat aber auch was Gutes, zum Beispiel, wenn wir draußen spielen. Wir leben in einem ziemlich kleinen Dorf und meine Schwester und ich dürfen überall herumrennen. Meine Eltern sagen immer, dass man sich um uns keine Sorgen machen muss, weil man uns eh von überall hören kann.

Lauter und ich sind irgendwie wie Geschwister!

Benedikt Teirich
Gymnasium bei St. Stephan, Klasse 5c

Erste Liebe

Luisa und Nader gingen das erste Mal aus. Sie wollten zu einem Tanzwettbewerb in ihrer Schule. Beide waren ziemlich schüchtern. Zuerst schauten sie wie gebannt den anderen Tänzern zu. Die Zuschauer feuerten die Tänzer laut an. Die Musik dröhnte. Da nahm Nader seinen ganzen Mut zusammen und ging auf die Tanzfläche. Er machte die tollsten Moves und Tricks. Die Menge applaudierte ihm immer lauter zu. Da zeigte Nader plötzlich auf Luisa und holte sie auch auf die Tanzfläche. Zusammen tanzten sie sogar noch besser. Die Musik wurde lauter und lauter und die beiden tanzten immer wilder. Der Beifall der Zuschauer wurde auch immer lauter. Alle waren sich am Ende einig, Luisa und Nader waren die besten Tänzer. Die beiden gewannen den Wettbewerb und seit diesem Tag waren sie auch ein Paar.

Caner Kapan
Grundschule Bärenkeller, Klasse 4c

Lauter

Lauter werden die Stimmen im Iran,
sehr berechtigt, da sind wir uns im Klaren.
Frauenrechte, die sind wichtig,
doch im Moment ist die Situation unübersichtlich.
Alle gehen auf die Straßen und protestieren,
denn sie glauben, der Staat wird verlieren.
Sie protestieren bis in die Nächte
gegen die staatlichen Mächte und für Frauenrechte.
Kämpft lauter für eure Rechte,
so beendet ihr die Gefechte!

Nils Fellner und Paul Sturch
Peutinger-Gymnasium, Klasse 7c

Laut reden wir über den Krieg

Laut reden wir heute über den Krieg,
denn unsere Stimmen müssen lauter werden.
Ungerechtigkeit ist, was in der Ukraine passiert,
Tränen werden vergossen und verloren geht die Hoffnung.
Tapfer kämpfen die Soldaten für das Land,
doch das Schicksal liegt nicht in ihrer Hand.
Wir alle wollen den Frieden,
doch dabei geht es nicht um das Besiegen.
Das Miteinander-Sein steht an erster Stelle,
dadurch setzen wir dem Krieg ein Ende.

Melissa Bader und Gülbahar Akillioglu
Berufsfachschule für Kinderpflege, Klasse Ki 10C

Anfangsbuchstabengedicht: LAUTER

L aut sind wir Kinder heute.
A lle freuen sich auf Silvester.
U nsere Freunde kommen am Abend und feiern mit uns.
T oll! Ein Feuerwerk wird heute um Mitternacht erscheinen.
E ssen und Trinken stehen schon auf dem Tisch –
R aketen fliegen in den Himmel und knallen laut und bunt!

Isabella Rock, Lukas Streza und Paul Lawson
Grundschule Centerville-Süd, Klasse 2c

Laute Menschen

In Augsburg leben viele Menschen, sie alle besitzen Rechte. Aber wenn wir in andere Länder oder Städte schauen, sehen wir, dass viele andere Menschen diese Rechte nicht besitzen und leise sein müssen. Sie dürfen ihre Meinung nicht sagen. Andere Menschen haben es schlechter als wir. Deswegen sollen sie lauter sein! Jeder Mensch auf der Welt sollte Rechte besitzen und seine Meinung laut sagen dürfen. So laut, dass man es überall auf der Welt hört. Alle Meinungen sind wichtig – von jedem einzelnen Menschen.

Emine Nilay Kusdemir und Laura Karrer
Maria-Theresia-Gymnasium, Klasse 5e

Lauter Gedanken

Früher habe ich den Regen geliebt. Vor dem Fenster beobachtete ich immer die vielen Tropfen, die auf das Glas prallten und wieder herabrannen. Das ganze Wetterschauspiel mag laut sein und ungemütlich aussehen, doch eigentlich ist es das komplette Gegenteil. Aber diese Eigenschaft bemerken die Leute erst, wenn das Unwetter vorbei ist und Pflanzen ein kräftiges Grün angenommen haben und die Erde intensiver riecht.
Jetzt denke ich nach. Über was, spielt keine Rolle. Hauptsache denken. Jeder denkt. Immer und überall, jederzeit. Laut oder leise. Leise Gedanken ermöglichen uns, eine Meinung ganz für sich allein über viele Dinge zu bilden. Das alles hört dann keiner.
Man könnte meinen, die eigenen Gedanken seien das Wetter selbst. Manchmal sieht der Himmel klar und blau aus und nur vereinzelte, kleine Tröpfchen bahnen sich einen Weg zum Boden. Manche von ihnen schlagen dort tiefe Wurzeln, die erst später zu großen Pflanzen heranwachsen. Und dann gibt es diese Momente, da prasselt plötzlich einfach alles laut auf einen ein. Schwarze Wolken verdecken das Strahlen der Sonne und hüllen damit alles ins Dunkle ein. Nur manchmal schnellt ein greller Blitz durch das unendliche Wolkenmeer und das dröhnend laute Donnergrollen ertönt immer wieder. Alle Tropfen regnen auf einen gleichzeitig ein. Dann weiß man nicht, was man denken soll.
So ein Gedanken-Gewitter kommt bei dem einen häufiger und bei dem anderen weniger häufig vor, doch wir alle kennen dieses Gefühl. Du versuchst, dagegen anzuschreien, doch alles ist viel zu laut. Es ist okay, wenn du dich in dieser Situation hilflos, schwach und einsam fühlst. Es ist auch okay, wenn du zulässt, dass der Regen in dir hervorströmt. Du darfst es

zulassen. Es sind die Menschen, die wir lieben und die uns verstehen, die sich zu uns durch den Sturm kämpfen, die uns den Regenschirm aufspannen, wenn alles auf uns einprasselt, die den tobenden, lauten Sturm mit einem Lächeln zum Schweigen bringen. Selbst wenn dir alles um dich herum so laut vorkommt, darfst du nicht vergessen, dass du nicht leise sein musst. Du darfst laut lachen, laut schreien, auch laut weinen, bis alles wieder ruhiger und leiser wird.

Da bin ich heute also wieder. Ich sitze vor dem Fenster und beobachte die Leute, die schnell umherrennen, auf der Suche nach Unterschlupf, während der Regen wie aus Eimern auf den Boden prasselt. Und ich überlege mir, was ich dem Sturm in mir lautstark entgegenrufen möchte.

Federica Endres
A. B. von Stettensches Institut, Klasse 8a

Wann es laut wird

Ich bin meistens laut, wenn ich mit meiner Schwester streite oder wenn ich meiner Mutter etwas sagen will, während sie gerade duscht. Bei Hochzeiten ist es laut, weil man Geschirr zerwirft und viele Leute da sind. Auf dem Plärrer ist es laut, weil manche Menschen bei der Achterbahn laut schreien und überall viele Menschen sind und Spaß haben.

Elizan Eryigit
Grundschule Centerville-Süd, Klasse 2c

Lauter

Etwas, was man früh lernen muss, ist: Du musst laut sein, um gehört zu werden.

Je lauter man sich mitteilt, desto beeindruckter ist das Gegenüber.

Nur wer laut „hier" ruft, wird gesehen.

Wer laut „Hilfe" schreit, bekommt diese.

Und wenn das nicht mehr hilft, kommt auch ganz schnell das Körperliche dazu.

Aber wo soll das enden?

Wo Worte nicht mehr ausreichen, gibt es Gewalt.

Wo Einigkeit in Vergessenheit geraten ist, gibt es Krieg.

Oft ist das Einzige, was zählt, das eigene Wohl.

Hauptsache, mir geht es gut und ich komme ans Ziel.

Aber vielleicht sollten wir alle mal in uns gehen, leise sein und die Welt, in der wir leben, ohne den Schleier der Medien betrachten.

Nicht der, der schreit, hat immer Recht.
Nicht der, der laut um Hilfe ruft, braucht diese auch.
Was bringen uns 100 000 Likes, wenn wir das Leben als solches nicht mehr wertschätzen?
Öffnet die Augen und die Herzen für die Realität!
Schreit nicht für euer eigenes Wohl, sondern für das Wohl anderer!
Zieht eure Handys nicht für makabre Unfallfotos, sondern helft!
Schmeißt euer Geld nicht für irgendwelche Konsumgüter raus, die ihr nur zum Angeben braucht, sondern nutzt es, um anderen zu helfen.
Wir leben in einer lauten „Ich-Gesellschaft".
Aber IHR könnt es ändern! Denn gemeinsam sind wir stark!

Anja Kraus
Berufsschule II, Klasse BKV 12a

Lauter für die anderen

Ich erkenne durch den dünnen Stoff vor meinen Augen die anderen Frauen, die brav mit einem Mann an ihrer Seite komplett verhüllt auf der Straße sind. Obwohl sie einen Schleier tragen, erkenne ich, dass sie Angst haben. Angst davor, in die Schule zu gehen, Angst davor zu schreiben, Angst, das Kopftuch falsch zu tragen, Angst davor, etwas falsch zu machen, Angst davor zu leben, Angst vor den Islamisten. Ich merke auch, dass sie keine Kraft mehr haben, sie wollen nicht jeden Tag Angst haben, sie wollen frei sein. Aber deswegen bin ich da: Ich werde lauter werden, um mich für sie einzusetzen. Ich sehe auch die Frauen, mit denen ich mich verabredet habe, die auch laut sein wollen. Durch den Blickkontakt merke ich, dass es gleich soweit ist. 1 . . . 2 . . . 3! Alle ziehen sich das Kopftuch vom Kopf und halten ihre Schilder hoch. „Freiheit!", rufen alle. Doch dann sehe ich sie. Aber ich beachte sie nicht. Ich bleibe laut. Plötzlich spüre ich kalte Hände an meinem Rücken, sie packen mich und zerren mich beiseite. Ich sehe eine schwarz gekleidete Person, die eine Waffe an meinen Kopf hält. Die Person brüllt: „Zieh sofort dein Kopftuch an, sonst erschieße ich dich!!!" Die kalten Hände packen mich fester. Ich werde mein Kopftuch nicht anziehen, auch wenn es mein Leben kostet. Ich werde immer laut bleiben. Ich schließe meine Augen und die Person packt mich fester. Plötzlich schlägt eine Frau, die auch kein Kopftuch trägt, dem Mann die Waffe aus der Hand. Ich reiße mich sofort los und verschwinde – irgendwohin, wo man mich nicht findet. Ich höre hinter mir

Schüsse, während ich weglaufe. Doch das war nicht das letzte Mal, dass ich laut war. Ich werde laut bleiben. Für immer. Für die anderen!

Magdalena Vogt
Maria-Theresia-Gymnasium, Klasse 6b

Bäume halten die Menschheit in Atem

Danke, Anke! Wie man im Hintergrund sehen kann, stehe ich hier gerade live in Berlin am Brandenburger Tor. An diesem wahnsinnig heißen Juni-tag 2165 ist es nun so weit: Wie schon lange befürchtet, nähern sich die Demonstranten ihrem Ziel. Eine lange Kolonne zieht unaufhaltsam Richtung Reichstag, um endlich Klartext zu reden. Sie wollen den sofortigen Stopp des Klimawandels und schrecken dafür vor fast nichts zurück. Doch diese Demonstranten sind keine gewöhnlichen Demonstranten, nein, das hier sind Pflanzen, Tiere und vor allem Bäume. Die ganze Stadt ist in Schrecken versetzt, denn jeder Klimastreiter versucht, lauter als der andere seine ihm zustehenden Rechte einzufordern. Die Tiere brüllen und fauchen, die Pflanzen knarzen mit ihren Stämmen oder peitschen mit ihren Ästen durch die Luft. Doch trotz des Lärms und der unter-schiedlichen Sprachen von Mensch und Tier versteht jeder die Botschaft der Demonstranten: „Wir werden laut! Lauter, als ihr es je gewesen seid! Gebt uns unsere Rechte und einen Platz zum Leben!" Es ist wahrlich ein Anblick zum Fürchten, doch ihr Erscheinen hat guten Grund. Die Tempe-raturen steigen im Sommer und Winter stark an, Nordpol und Südpol existieren schon nicht mehr und den Regenwald ereilt das gleiche Schick-sal wie die Pole.

Seit ungefähr einem Jahr machen sich schon solche Schreckensmeldun-gen in jedem Land breit. Urplötzlich haben die Bäume ihre Wurzeln aus dem Boden gelöst und ziehen seither durch die Dörfer und Städte. Jede Pflanze und jedes Tier machten sie zu ihren Mitstreitern, bis ein gewalti-ges Heer entstanden ist, das immer weiter wächst. Überall fordern Pflan-zen und Tiere ihr Recht auf Leben und versetzen die Menschen in Panik. Kein Erdteil ist vor ihnen sicher. Und heute ist das Heer der Aufständi-schen auch in Berlin einmarschiert.

Die Demonstranten haben das Ziel, die Politiker endgültig unter Druck zu setzen und einen Vertrag einzufordern, der all ihre Forderungen er-füllt. In Geschichtsbüchern steht, dass früher die Menschen selbst für den Klimawandel gestreikt haben, doch heute weiß keiner mehr, was daraus geworden ist. Scheinbar gab es keine nennenswerten Erfolge. So nehmen jetzt die Tiere und Pflanzen ihr Schicksal selbst in die Hände. Denn wir Menschen haben versagt! Damit zurück ins Studio nach Mainz.

Anna-Leyla Kobor
Gymnasium Maria Stern, Klasse 6a

Laut!

Rock-Musik, Bauarbeiten; alle sind in Eile,
und ich wünschte, mein Ohr wär heile.
Doch das war es nicht, denn nun habe ich Schicht.
Es wird gebohrt, gehämmert,
ich bin doch nicht behämmert!
Ich höre schreiende Kinder, die sich alle übertön' woll'n,
obwohl sie das nicht soll'n.
Nun, da sie es nicht schaffen,
gehen sie zum Zoo und gaffen.
Da wird es leiser,
und trotzdem ist meine Stimme heiser.
Am nächsten Tag, alle sagen:
„Es war gestern lauter als in Kopenhagen!
Heute haben wir mehr Glück,
die Kinder geh 'n ein großes Stück!"
Ja, sogar 'ne Meile!
Und nun ist mein Ohr auch wieder heile.

Sebastian Quehl und Rion Zabek
Maria-Theresia-Gymnasium, Klasse 5e

Lauter schlechte Nachrichten

Ich komme aus Italien. Im Jahr 2022 gewann Giorgia MeLoni in Italien die Wahlen. Mein Leben hat sich dadurch verändert. Inzwischen leben meine Familie und ich in Deutschland.
Ihre Reformen unterscheiden zwischen Menschen – je nachdem, ob sie in Italien geboren sind oder nicht. Zum Beispiel habe ich gelesen, dass alle Ausländer mehr Steuern zahlen sollten, die Rentengelder gekürzt werden und Ausländer aus Italien vertrieben werden müssten. Solche oder ähnliche Ideen haben auch Regierungschefs anderer europäischer Länder.
Ich denke, jede Ungleichheit zwischen Menschen ist falsch, weil auch Ausländer in einem fremden Land in der Regel alles tun, was Einheimische machen. Es sollte keine Unterschiede geben.

Viele Menschen stimmen ihrer Meinung nicht zu, andere stimmen ihr zu. Es tut mir für alle Menschen leid, die unter ihrer Regierung leiden müssen. Egal, in welchem Land sie leben.

Ungleichheit ist nichts anderes als Rassismus und Rassismus ist falsch!

Jaideep Singh
Werner-von-Siemens-Mittelschule, Klasse DK79

Mobbing-Tagebuch

Liebes Tagebuch,   01.02.2023
heute war der Schultag nicht ganz so schlimm wie die anderen Schultage. Meine Mitschüler haben mich nur beleidigt, angespuckt, mir das Bein gestellt, mich geschubst, Lügen erzählt und eine Liste mehr an anderen Dingen. Du weißt ja, wie das ist. Aber eine Sache ist neu. Sie haben jetzt auch noch eine WhatsApp- Gruppe, in der sie verletzende Dinge über mich schreiben. Vielleicht wäre es besser, wenn es mich nicht mehr gäbe. Ich mach jetzt lieber Schluss mit dem Schreiben. Ich übertreib doch eh nur. Oder vielleicht auch nicht? Lieber höre ich auf. Bis morgen.

Liebes Tagebuch,   02.02.2023
es war richtig schlimm heute. Ich bin so froh, endlich zu Hause zu sein. Sie haben mich im Unterricht mit Papierkugeln beworfen. Die Lehrer haben natürlich nichts gesehen. Erst als ich mich gewehrt habe, wurde Frau Miller aufmerksam. Ich werde nie wieder etwas sagen, mich wehren oder dergleichen. Es hat keinen Zweck. Naja, nach der dritten Stunde hatten wir Pause. Ich dachte, es würde besser werden, stattdessen hatte ich das Gefühl, dass alles schlimmer wird. Sie haben mich heute nicht nur beleidigt und geschubst, wie sie es sonst machen, sondern auch zugeschlagen, bis ich ein blaues Auge hatte. Ich wollte nichts den Lehrern sagen, deswegen habe ich mich in der Schultoilette eingeschlossen und gewartet, bis die Pause vorbei war. Im Unterricht habe ich ein paar blöde Blicke bekommen, aber das war mein kleinstes Problem. Nach der Schule dachte ich, dass dieser Horror vorbei sei und ich endlich nach Hause käme. Da habe ich mich gewaltig geirrt. Die drei haben auf mich gewartet, um mir nochmal so richtig ins Gesicht zu boxen. Rennen, rennen und rennen! Ich wollte einfach nur so schnell rennen, wie ich konnte. Mir liefen Tränen übers Gesicht. Ich hatte einen salzigen Geschmack im Mund und einen metallischen. Ich fragte mich, was das sein konnte, bis ich meinen Zeigefinger vor die Nase hielt, um zu testen, ob es Blut war.

Es war Blut, was aus meiner Nase tropfte. Das war mir aber egal. Ich musste einfach nur weg von diesem schrecklichen Ort. Jetzt sitze ich hier gerade und schreibe in mein Tagebuch. Ich kann das alles nicht mehr. Es ist nicht das erste Mal, dass mir sowas passiert. Warum ich? Können sie sich nicht jemand anderen suchen? Ich werde aber trotzdem still sein und niemandem etwas erzählen, außer dir. Ich werde jetzt aufhören zu schreiben. Ich versuche, mich morgen bei dir zu melden. Bis morgen!

+

Das waren ihre letzten Einträge ...

Alessia Thiel
Jakob-Fugger-Gymnasium, Klasse 6c

Lauter, lauter! (Lied)

Über Jahrhunderte schmeißen wir Menschen
unseren Müll in die Umgebung.
Wir schaden den Tieren,
wir schaden den Pflanzen,
wir schaden der Umwelt
und wir schaden uns selbst.
Und trotzdem,
und trotzdem,
beachten wir´s nicht.
Wir müssen uns verbessern,
ja verbessern.
Eins,
zwei,
drei,
vier,
Lauter, lauter!
Kommt, macht alle mit!
Lauter, lauter!
Das wird bestimmt der Hit.
Lauter, lauter!
Es ist höchste Zeit,
etwas zu unternehmen
für die Umwelt.
Lawinen stürzen auf uns ein,
wir müssen einfach besser sein.

Wenn wir nicht helfen, dann verlieren wir sie
und sie uns:
die Umwelt!
Lauter, lauter!
Kommt, packt alle an!
Lauter, lauter!
Wir müssen einfach ran.
Lauter, lauter!
Es ist höchste Zeit.
Lauter, lauter!
Und wir sind bereit,
unsere Fehler zu bedenken.

Lisa Weiß
Gymnasium bei St. Stephan, Klasse 5c

Wir wollen Frieden!

Wir wollen Frieden!
Wir wollen lieben!
In unseren Herzen sind viele Lieder.
Wir wollen singen!
Wir wollen tanzen!
Wir sind Menschen und keine Pflanzen.
Wir wollen rennen!
Wir wollen schweben!
Wir wollen Frieden in unserem Leben!

Anna Ustinov
Grundschule Göggingen-West, Klasse 4e

Lauter

L aut ist es in der Stadt
A m McDonald's
U nd an der
T ür zur Süßfabrik
E s ist ständig laut am
R athausplatz
Heutzutage ist es überall LAUT.

Larissa Leder und Jette Tigges
Lichtenstein-Rother-Grundschule, Klasse 3

Frau-sein

Mag sein, dass ich keinen Bart habe
oder die Hose von gestern trage,
zu Hause die Hausfrau spiele,
am nächsten Morgen dann gut gekleidet in der Arbeit sitze,
dort den ganzen Tag von A nach B hetze.
Warum reicht es aber nicht aus für eine angemessene Rente?
Ich hoffe auf ein baldiges Ende,
denn die Gesellschaft entwickelt sich nur zum Schlechten.
Gleichberechtigung ist jahrelang nur ein Fremdwort für die Menschen.
Frau-sein ist zwar schön,
jedoch komme ich tagtäglich an meine Grenzen
und das ist blöd.
Abgesehen davon, dass es schon jeden Monat am Unterbauch schmerzt,
bricht mir auch die aktuelle Lage enorm das Herz.
Ich wünsche mir einen neuen Trend:
Gehalt, als wäre ich ein Mann,
und Mitspracherecht, soviel ich kann.

Neslihan Caliskan
Berufsfachschule für Kinderpflege, Klasse Ki 10C

Der „schreckliche" Basketballplatz

Valentin und Caner trafen sich wie immer nach der Schule auf dem Basketballplatz. Sie warfen gerne Körbe zur Entspannung. Das taten sie eine
ganze Weile. Plötzlich erschraken sie. Da war doch etwas, ein lautes Knacken im Gebüsch. „Was war das denn?", fragte Caner. „Keine Ahnung! Eine
Katze?", erwiderte Valentin. Sie spielten weiter. Es wurde schon ein bisschen dunkel und ehrlich gesagt auch etwas unheimlich. Da! Schon wieder dieses Knacken! Vorsichtig schlichen sich Caner und Valentin an das
Gebüsch heran. Da sahen sie doch ihre zwei Kumpels Ali und Marco als
Geister verkleidet im Gebüsch hocken. Sie hörten sie leise kichern. „Euch
werden wir es schon zeigen!" Langsam schlichen sie wieder zurück, ohne
bemerkt zu werden. Valentin und Caner zogen sich ihre Jacken über die
Köpfe und nachdem es schon ganz dunkel war, sah das total gruselig aus.
Auf drei schrien sie ganz laut und rannten auf die zwei im Gebüsch zu.
Mann, sind die erschrocken! Zwei laut und lauter schreiende Gespenster
rasten die Straße hinunter davon. Valentin und Caner kriegten sich vor
lauter Lachen gar nicht mehr ein. Da hatten sie doch einfach den Spieß

umgedreht und die anderen erschreckt. Was für ein lustiger Abend auf dem Basketballplatz! Voll zufrieden mit sich gingen die beiden nach Hause.

Natasha Petras
Grundschule Bärenkeller, Klasse 4c

Wenn der Lehrer lauter ruft

In der Musikstunde heute
Sollten einer Klasse Leute,
Der Lehrkörper hat es befohlen,
Ein altes Liedchen ganz laut johlen.
Doch sie begannen ziemlich leise,
Das ist der meisten Schüler Weise.
Bis der Lehrer „Lauter!" rief
Da sangen alle laut und schief.
Die Schüler konnten Deutsch und Mathe,
Doch nie einer gesungen hatte.
Sie schmetterten dann mutig los,
Doch grausam fand's der Hörer bloß.
Die Lehrkraft aus dem Nebenraum,
Sie kommt vorbei und glaubt es kaum,
Dass das wirklich Musik sein sollte
Und man niemanden foltern wollte.
Diese Mathelehrerin
Sah im Singen keinen Sinn.
Sie fand es gräßlich nur und laut,
Drum hat sie schnell die Tür zugehaut.
Doch endlich dann erklang der Gong!
Er beendete den Song.
Und die Moral von der Geschicht':
Wer leise singt, stört andre nicht.

Micha Prockl
Gymnasium bei St. Stephan, Klasse 8d

Zu viel Plastik!!!

Hallo, ich heiße Eddi Talbach und bin 30 Jahre alt. Ich bin gestern aus dem Urlaub zurückgekommen. Aber es war kein gewöhnlicher Urlaub. Was dort geschah, erzähle ich Euch jetzt:

Ich fuhr gerade mit meinem blauen Auto durch Italien und war auf dem Weg ans Meer. Aber als ich am Strand die Plakate einer Klimaveranstaltung sah, änderte ich meine Pläne. Da wollte ich dabei sein.

Endlich war ich da. Es war unglaublich, wie viele Leute anwesend waren. Es dröhnte laute Musik aus großen Lautsprechern. Ich sah mich um und erblickte Fernsehwagen aus Italien, Frankreich, Deutschland, Belgien, den USA, der Ukraine und vielen anderen Ländern. Es war der pure Wahnsinn.

Und plötzlich gab es eine Ansage. Sie lautete: „In fünf Minuten gibt es eine Reportage über Plastik im Meer und in einer Stunde kann man eine Bewerbung für den Wettbewerb ‚Wer darf auf die Bühne und einen Wunsch in die Kamera äußern?' abgeben."

Ich lief sofort zur großen Leinwand. Der Film war sehr schockierend, vor allem die Stelle, an der eine Schildkröte gezeigt wurde, die an Plastiktüten, die sie gefressen hatte, gestorben war. Oder als sie den Delfin zeigten, der sich in einem verloren gegangenen Netz verheddert hatte, nicht mehr an die Luft kam und erstickte.

Nach dem Film ging ich geschockt durch die Menge und mir fiel der Wettbewerb wieder ein. Ich sah, dass ich noch acht Minuten Zeit hatte, mich für den Wettbewerb anzumelden. Ich rannte zum Stand, der für den Wettbewerb zuständig war, und kam gleich an die Reihe. Die Frau fragte nach meinem Namen und ich sagte: „Ich heiße Eddi Talbach." Die Frau nickte und erklärte mir, dass der Wettbewerbssieger in einer halben Stunde ausgelost würde. Danach aß ich Pommes und wartete die Auslosung ab. Vor der Bühne ging ich aufgeregt auf und ab. Während ausgelost wurde, hielt ich den Atem an. Dann rief der Mann, der zog: „Gewonnen hat Eddi Talbach!"

Ich konnte es kaum glauben, stolperte auf die Bühne und stotterte: „Danke!" Dann ging es sehr schnell. Mir wurde ein Mikrofon in die Hand gedrückt und ich wurde nach meinem Wunsch gefragt. Ich fand es unglaublich cool, von so vielen Kameras gefilmt zu werden, und sagte überglücklich: „Mein großer Wunsch ist: Vermeidet Plastik, wo es geht, und denkt an die Tiere und den Klimawandel!" Alle klatschten begeistert – es war toll!

Am Abend fuhr ich überglücklich nach Hause und dachte an eine Welt ohne Klimawandel. Wie schön das wäre!

Nachwort: Bitte denkt an die Tiere und die Umwelt! Wenn wir die Welt zerstören, sind wir selber schuld daran, dass die Welt unbewohnbar wird.

David Ernst
Peutinger-Gymnasium, Klasse 5b

Why?

Wieso tötet ihr unter Naturschutz stehende Tiere?
Wieso jagt ihr Menschen aus ihrer Stadt?
Wieso, ja wieso?
HÖRT AUF! Ja, wir schreien GANZ LAUT.
Warum kritisiert ihr andere Hautfarben, warum Arm und Reich, die Menschen sind alle gleich.
Lasst es; HÖRT AUF! Wir schreien GANZ LAUT, hört auf!
Einer ist vielleicht anders, einer ist vielleicht fremd,
aber nehmt sie zu euch und nehmt sie bei euch auf!
Ja, wieso? Ja, wieso?
Jagt ihr sie aus der Stadt, wieso beschimpft ihr sie?
Ja, wieso?
Deshalb schreien wir GANZ LAUT: HÖRT AUF!
Ja, hört auf!

Frieda Mayr, Amina Katharina und Azra Amelie
Gymnasium bei St. Anna, Klasse 6d

Wir sind lauter

Wir sind lauter lauter, lauter, für immer lauter. Egal, ob wir klein sind oder groß – wir hören Musik und das macht froh. Für immer froh O O O O O O. Für immer froh O O O O O O. Warum habe ich nicht gedacht, dass Musik Träume wahr werden lässt O O O O O O. Musik macht einen glücklich, Musik macht einen froh. Wir hören sie überall, Musik O O O O O O.

We are louder, louder, louder forever louder. Whether we are small or big. We listen to music and that makes you happy. Forever happy O O O O O O. Why didn't I think that music would make dreams come true. Music makes you happy, music makes you happy. We listen to it everywhere, music O O O O O O.

Wir sind lauter, lauter, für immer lauter. Egal, ob wir klein sind oder groß – wir hören Musik und das macht froh. Für immer froh O O O O O O. Für immer froh O O O O O O. Warum habe ich nicht gedacht, dass Musik Träume wahr werden lässt O O O O O O. Musik macht einen glücklich, Musik macht einen froh. Wir hören sie überall, Musik O O O O O O.

Sophie Ostermayer und Leandra Papavasileiou
Grundschule Hammerschmiede, Klasse 4b

Mind Games Demo

I know that only time will tell
If I read the manual
Rules composed by dignity
Moral codes and sanity

Manipulating friends
To get them to their best
I placed it in your head
To see how far I can get

It's not like I have a choice
To make you have no choice
If they think we're close
There's a thing to get from those
How long, how long can I go on?
Come on, come on it can't go wrong!
The stairs of love and trust
Were built by the heart.

Viktoria Steinke
Berufsschule IV, Klasse BM10E

Das starke Mädchen

Es war einmal ein kleines Mädchen, das in Armut lebte. Eines Tages begann ein schrecklicher Krieg in ihrem Land und sie und ihre Familie mussten flüchten, ihr Papa und ihr großer Bruder mussten aber bleiben, denn sie sollten helfen, das Land zu verteidigen. Das Mädchen war sehr traurig und ihre Mama auch. Noch am selben Tag kam ein Brief von ihrem Papa: „Hilfe!!! Wurde gefangen genommen und verschleppt, Max auch, seitdem habe ich ihn nicht mehr gesehen!!!"
„MAMA!!!", schrie das Mädchen und aus ihren Augen flossen dicke Tränen. Ihre Mama rannte so schnell sie konnte zu ihrer Tochter. Das Mädchen gab der Mutter den Brief und nachdem sie diesen gelesen hatte, brach sie ebenso wie ihre Tochter in Tränen aus. Als der Krieg vorbei war, kamen Max und Papa wieder nach Hause, ebenso das Mädchen und ihre Mama. Die Wiedersehensfreude war sehr groß und die ganze Familie weinte vor Freude. Als das Mädchen 18 Jahre alt war, wollte es sich für den Frieden, Menschenrechte und Freiheit einsetzen. Das machte sie dann

auch. Immer öfter und immer lauter. Sie hofft, dass alle Menschen das einsehen und es irgendwann keine Kriege und keine Armut mehr gibt!

Sophia Erdle
Maria-Theresia-Gymnasium, Klasse 5e

Das große Geheimnis von der Welt

Kapitel 1 – In der Bücherei

Eines Tages ging ein kleiner, schlanker Junge namens Max mit seinem Border-Collie Finsterstern in die Bibliothek. Max fragte die Bibliothekarin: „Habt ihr noch ‚Das Kleine Böse Buch'?" „Muss ich schauen!", antwortete die Bibliothekarin und schaute nach. Nachdem sie es gefunden hatte, setzte Max sich auf einen Sessel und Finsterstern hockte sich auf seinen Schoss. Max las und kuschelte mit Finsterstern.

Plötzlich bellte Finsterstern los; Max ignorierte Finsterstern erst einmal. Doch Finsterstern bellte immer lauter und lauter und hörte gar nicht mehr auf. Max kam das ein bisschen komisch vor. Nun begann Finsterstern auch, Kunststücke zu machen.

Kapitel 2 – Ein sehr großes Lexikon

Max gab jetzt auf und schaute sich an, was Finsterstern so hibbelig machte. Doch was Max sah, ließ ihn erstarren. Er sah ein großes Lexikon, das sehr zerfleddert war. Schnell holte Max die Bibliothekarin und zeigte es ihr. „Schau mal!", sagte Max und zeigte auf das Buch. Darauf erstarrte die Bibliothekarin und ging wieder weg. „Hä, was hat sie denn?", fragte Max Finsterstern und nahm das Buch aus dem Regal.

Kapitel 3 – Eine große Geheimtür

Nachdem Max das Buch aus dem Regal genommen hatte, gab es einen lauten Knall, den nur er und Finsterstern hören konnten. „Da, da ist doch was erschienen!", schrie Max. Und tatsächlich: Im Bücherregal war auf einmal eine Türe erschienen; und diese Türe war so klein, dass nur Kinder durchpassten.

Max riss die Tür förmlich auf, so neugierig war er.

Kapitel 4 – Eine sehr lange Treppe

Nach der Geheimtür ging eine lange Treppe in den Keller und endete in der Dunkelheit. Auf den Treppenstufen lag ein Ball und ein alter Zauberstab. Finsterstern schnappte sich den Ball und kullerte die Treppe hinunter. Max schrie: „Finsterstern!" und sank auf die Knie. Doch Finsterstern hörte ihn nicht, obwohl Max schrie und schrie. Als Finsterstern nicht zurück kam, stieg Max langsam die Stufen in die Dunkelheit hinunter . . .

Kapitel 5 – Ein sehr komischer Geheimgang
Am Ende der Treppe hing ein Schild, auf dem stand: „Viel Spaß im Labyrinth!" Max fasste all seinen Mut zusammen und ging in das Labyrinth. Er brauchte fast eine Stunde, um den richtigen Weg zu wählen.

Kapitel 6 – Ein kleines Haus auf einer großen Wiese
Als Max am Ende des Geheimlabyrinthes war, hörte er ganz viele Geräusche und sah ein kleines Haus, das an einen kleinen Wald mit einem Bach grenzte. Je näher Max kam, desto mehr Tiere sah er: Elefanten, Lamas, Alpakas, Ameisenbären, Beos, Ameisen, Bären, Bonobos, Braune Pelikane, Brückenechsen, Brüllaffen, Buntspechte, Doppelhornvögel, Elche, Eisvögel, Erdmännchen, Biber, Flamingos, Geparden, Giraffen, Gleithörnchen, Gorillas, Pandas, Bienen, Jaguare und noch viele mehr – alle Tiere spielten zusammen auf einer großen Wiese. Es war so laut . . .

Kapitel 7 – Ein sehr nettes Mädchen
Als Max schon ganz nah war, sah er zwei Hunde. Der eine war Finsterstern und der andere sah genauso aus. „Hi!", sagte ein sehr schönes Mädchen. „Möchtest du mit ins Haus kommen?", fragte sie und sie gingen zusammen ins Haus. Im Haus sagte sie zu ihm: „Hier kannst du deine Jacke hinlegen." Das Mädchen verschwand in der Küche und kam nach ein paar Minuten mit einer Flasche Orangensaft wieder. „Jetzt erzähl'! Wie bist du hierher gekommen?", fragte sie ihn und setzte sich auf einen Stuhl.

Kapitel 8 – Eine lange Geschichte
Max legte los und erzählte, wie er den Geheimgang gefunden habe und dass der Hund draußen ihm gehöre. Nach einer Stunde hörte er auf und wurde wieder leise. Aber jetzt sprudelte das Mädchen los, das Leonie hieß: Leonie hatte keine Familie und sie war bei den Tieren draußen aufgewachsen. Leonie tat Max jetzt sehr leid, aber Leonie erzählte immer weiter.

Kapitel 9 – Eine sehr lange Wendeltreppe
Als Leonie fertig war, nahm sie Max an die Hand und schleppte ihn zu einer sehr langen Wendeltreppe, die noch weiter unter die Erde führte. Als sie am Ende angekommen waren, ging es gleich durch einen langen Flur. Leonie blieb vor einer großen Tür stehen und sagte: „Augen zu!" Max machte die Augen zu und ging durch die Tür. Als Max in der Tür stand, spürte er ein leichtes Kribbeln. Dann machte er die Augen wieder auf.

Kapitel 10 – Das große Geheimnis von der Welt
Er traute seinen Augen nicht. Er sah eine sehr, sehr große Wildpferdherde mit Hunden als Wachen. Das Mädchen tauchte neben ihm auf und sagte: „Das ist mein Zuhause. Hier wohne ich, in dieser unterirdischen Welt. Siehst du das kleine, braune Fohlen neben seiner Mutter? Das ist

das Fohlen vom Leithengst und daneben ist dein Hund Finsterstern und mein Hund Finstermond." Finsterstern und Finstermond kamen ihnen fröhlich entgegen. „Finsterstern!", jubelte Max und Finsterstern sprang ihm in die Arme. „Möchtest du bei mir wohnen?", fragte Leonie Max und Max antwortete: „JA!"
So lebten sie glücklich bis an ihr Lebensende.

Carolina Wetzel
Grundschule Westheim, Klasse 4a

Spannendes Fußballspiel in Paris

Vor fünf Tagen flog ich mit meinem Freund Noah nach Paris.
In Paris sah es sehr schön aus. Ich konnte sogar den Eiffelturm vom Hotel aus sehen. Aber mir fiel auf, dass die Stadt mit den vielen Menschen sehr laut war.
Es war 19:15 Uhr – 1 Stunde und 45 Minuten vor Spielbeginn. Vor unserem Hotel sah ich viele Fans, die sehr laut waren. Ich dachte mir: ‚Wenn es hier mitten in der Stadt schon so laut und wild ist, wird die Stimmung im Stadion bestimmt super!' Das Spiel war außerdem ein Spiel hoher Klasse, beide Mannschaften sind sehr gut. Es spielten die Top-Teams FC Bayern München gegen Paris Saint-Germain. Ich glaubte, dass Paris (kurz PSG) leicht überlegener als die Bayern spielen würde. Ich freute mich schon auf die vielen PSG-Fans, die viel pfeifen werden, wenn Bayern den Ball hat.
Jetzt war es 30 Minuten vor Spielbeginn. Ich hatte gerade noch mit Noah Burger gegessen und freute mich auf das Spiel. Ich stand schon vor dem Stadion „Parc des Princes" und die Stimmung war jetzt schon super. ‚Mal sehen, wie grandios es im Spiel noch wird', dachte ich.
Fünf Minuten vor dem Spiel saß ich im Stadion des finalen Matches in der Champions League. Ich war schon so gespannt. Als ich ein wenig später die Champions-Hymne hörte, bekam ich Gänsehaut. Die leicht kalte Luft, die lauten Fans, die Stimmung, meine Spannung, die groß war, und die Hymne dazu. Wow, sowas hatte ich noch nie erlebt!
Es war schon dunkel und die Lichter des Stadions leuchteten.
Dann endlich hörte ich den Anpfiff. Beim Kontakt der Bayern am Ball hörte ich die PSG-Fans sehr laut pfeifen, während die Bayern-Fans ihre Fan-Gesänge ins Stadion brüllten.
Es war ein spannendes Spiel. PSG schoss einmal an den Pfosten, Bayern hatte viele Chancen. Und dann kam der Moment des Spiels: Bayern bekam einen Elfmeter. Musiala lief an – und – ich bekam weiche Knie – traf!

„Jaaaaa!!!", schrie ich aus voller Kehle. Jubelnd lagen sich Noah und ich in den Armen.

15 Minuten mussten wir nur noch durchhalten. Die Spannung war kaum zu ertragen. Endlich kam der erlösende Abpfiff. Bayern gewann 1:0.

„So ein Tag, so wunderschön wie heute" sang oder, besser gesagt, krächzte ich.

Dass dieser Tag sogar noch unvergesslicher werden sollte, konnte ich in diesem Moment noch nicht ahnen . . .

Julian Mück
Jakob-Fugger-Gymnasium, Klasse 5c

Die Stimme

Die Stimme, die kann wechseln,
mal ist sie laut, mal leis,
mal ist sie heiß wie Feuer,
mal auch kalt wie Eis.
Sie kann sehr verletzen,
mit Schimpf und Schand und Hass,
doch kann sie auch heilen,
mit Liebe, Sorge, Spaß.
Wenn Leute laut sprechen,
kann es wichtig sein,
doch nicht alles Laute,
muss auch richtig sein.
Doch es gibt auch Dinge,
die werden zu leise gesagt,
zum Beispiel mit dem Klima,
da wird nicht viel gewagt.
Doch es gibt auch Themen,
die werden ganz verschwiegen,
obwohl sie wichtig sind,
manchen kommt das ganz gelegen.
Auch wir kleinen Leute
können was verändern.
Wir müssen lauter sein,
unsere Stimmen erheben.
Denn Klimawandel,
Krieg und Hass,

werden immer größer
und das ist gar kein Spaß.
Die ganz wichtigen Sachen
müssen wir verkünden
mit ganz lauter Stimme,
damit wir noch was lernen.
Denn die wichtigen Sachen
werden zu leise gesagt.

Aeneas Kattesch
Gymnasium bei St. Stephan, Klasse 8ah

Die laute Schule

Es war ein ganz normaler Schultag. Doch dann hörte man einen Knall aus dem Musikraum. BUMM!! Er war so laut, dass man nichts anderes hören konnte. Die drei Freunde Max, Melissa und Lukas wollten herausfinden, was es mit dem Knall auf sich hatte. In der Pause liefen sie deshalb zum Musikraum. Sie wollten gerade die Türe öffnen, als Frau Muh sie dabei erwischte. Sie rief wütend: „Ich werde eure Eltern anrufen! Hier hängt ein Schild ‚Betreten des Musikraumes verboten!' Außerdem dürft ihr den Pausenhof nicht verlassen!" Die Freunde sagten schnell: „Entschuldigung!"
Am nächsten Tag gingen sie wieder zum Musikraum. Dieses Mal fanden sie heraus, was passiert war. Ein Mädchen, das im Flur stand, erzählte: „Äh, äh, es war dieser Wissenschaftler, der gesucht wird! Er hat einen verrückten Trank gebraut." Das Mädchen war nicht irgendein Mädchen, sondern Melissas beste Freundin Madison. Max fragte: „Was für einen Trank denn?" Madison sagte: „Der Trank erweckt mit einem Knall Musikinstrumente zum Leben." Sie wollten den Trank nun alle sehen und gingen in den Musikraum. Sie fanden den Trank und erzählten alles der Polizei. Gemeinsam hatten sie den Fall gelöst. Die Freunde gründeten ein Team, „Die Hubba Bubbas".

Emma Roidl
Franz-von-Assisi-Grundschule, Klasse 3c

Lauter!

Eines verregneten Tages, als Paula sich schrecklich langweilte, klingelte es an der Tür. ‚Ach, das ist bestimmt nur der Postbote', dachte sie sich. Aber in diesem Moment hörte das Mädchen, wie ihre Mutter einen Schrei ausstieß: „Ahhhhhhhhh! Paula, komm schnell!", rief sie aufgeregt. Wie der

Blitz rannte Paula die Treppe hinunter (wobei sie versehentlich mit ihrem Pulli hängen blieb und ein Loch hereinriss), weil sie dachte, es sei etwas Schlimmes passiert.

Doch als sie unten angekommen war, hielt ihr ihre Mutter einen Flyer unter die Nase. Darauf stand: „Großer Wettbewerb! Kannst du gut singen und tanzen? Interessierst du dich für Pop-Musik? Dann ist dieser Wettbewerb genau das Richtige für dich! Wir testen deinen Gesang und du testest unsere Gesangsschule. Bewirb dich jetzt!" „Ähm, Mama, muss ich da hin? Du weißt doch, ich kann nicht singen!", meinte Paula. „Natürlich kannst du singen! Du musst dich einfach nur auf die Bühne stellen und lossingen, dann geht alles wie von selbst!", wandte ihre Mutter ein. „Muss ich da WIRKLICH hin?", fragte sie verzweifelt. „Ja, du musst!", sagte ihre Mutter streng. „Das ist DEINE Chance!" „Aber Mama . . .", fing Paula an, doch bei dem Blick ihrer Mutter verstummte sie. Enttäuscht ging das Mädchen auf ihr Zimmer. Am nächsten Morgen, als Paula zum Frühstück herunterkam, hatte sie schon wieder vergessen, was gestern Nachmittag passiert war. Bis sie allerdings den Flyer auf dem Tisch liegen sah. Nervös sah sie auf das Datum, wann der Wettbewerb stattfinden sollte, und da blieb ihr fast das Herz stehen. Dort stand nämlich, dass der Wettbewerb schon HEUTE ABEND stattfinden sollte. Irgendwas musste ihr einfallen, sofort! Nach einer Weile Nachdenken durchfuhr es sie plötzlich wie ein Blitz: Mathe fand ihre Mutter immer super. Also würde Paula ihr erzählen, dass heute Abend ein Mathekurs für Fortgeschrittene stattfinden würde. Ja, das würde klappen. Da kam ihre Mutter mit einem etwas genervten Blick herunter. ,Ha! Heute Abend wirst du mich nicht auf der Bühne stehen sehen!', dachte das Mädchen, noch nichts ahnend. „Also, Mama, weißt du, heute Abend findet ein Mathekurs statt. Kann ich da teilnehmen?", verkündete Paula also ihrer Mutter.

Aber ihre Mutter blieb hart wie eine Nuss und meinte: „Nein, mein Schatz, heute Abend ist doch der Wettbewerb! Das ist mir wichtig, Paula!" Mist! Diese Idee war also nach hinten losgegangen. Wenn ihr jetzt nichts einfiel, dann war sie verloren! Später am Abend, als Paula erneut die Treppe herunter kam, stand ihre Mutter schon schick angezogen und fertig geschminkt vor der Haustür. „Wo bleibst du denn, Paula? Und was Schickes hast du auch noch nicht an!", rief sie ungeduldig. „Aber Mama, ich will da nicht hin!", erwiderte Paula entnervt. Aber sie hatte wohl keine andere Wahl. Schnell zog sie ihr schönstes Kleid an und hetzte ins Badezimmer, um sich zu schminken. Als das Mädchen dann unten war, wurde es auch schon aus dem Haus und ins Auto gezogen. Nun war es soweit. Sie waren da. Immer und immer schneller schlug Paulas Herz. Als die beiden hinein gingen, war es schon proppenvoll. Paulas Blick blieb an Zoe, einem Mädchen aus ihrer Klasse, hängen. Leider war sie diese Art von Mädchen, das sich über jeden, auch Paula, das Maul zerriss, egal wo, egal wann. Jetzt bekam Paula noch mehr Angst. Nachdem alle Leute bis auf Paula gesungen hatten, war auch sie endlich dran. Plötzlich war ihr ganz schwummrig zumute, als sie auf der Bühne stand, also noch schwummriger als zuvor. Sie merkte, wie Lampenfieber in ihr hochstieg, und als dann noch die Melodie vom Lied losging und alle verstummten, drohte ihr Herz zu zerspringen. Erst brachte sie keinen Ton heraus, doch dann kam ein leises „Aii" aus ihr hervor. Und im nächsten Moment begann sie zu singen, lauter als jemals in ihrem Leben, und unglaublich schön. Immer traf sie die richtigen Töne und kein einziges Mal versang sie sich. Sogar Zoe blieb der Mund offen stehen. Paula sang wirklich wunderschön, so schön wie ein Engel. Als dann das Lied zu Ende war, gab es sehr lauten Beifall. „Zugabe! Zugabe!", riefen alle beeindruckt. Also sang Paula bei diesem Lied noch lauter und noch schöner als zuvor. Auf der Heimfahrt sprudelte sie nur so vor Glück. Erst als sie daheim im Bett lag, realisierte Paula, dass das gerade eben kein Traum war, nein, das war wirklich echt. Sie hatte tatsächlich auf einer Bühne gestanden, sie hatte wirklich vor über dreihundert Leuten zwei Lieder gesungen und Zoe war tatsächlich beeindruckt von ihr. Das alles war echt.

Ava Pollak
Grundschule Hammerschmiede, Klasse 4c

Sei laut und stolz!

Ich finde, man sollte überall jeden aussprechen lassen, egal ob laut oder leise, und Meinungsfreiheit überall einsetzten: Jeder darf seine Meinung laut äußern. Man sollte niemanden auslachen wegen Kultur, Herkunft, Hautfarbe usw., man sollte eher laut und stolz darauf sein. Ich bin sehr stolz darauf, dass ich halb Polin und halb Palästinenserin bin, und ich liebe meine Kulturen. Man sollte auch niemanden auslachen, weil er seine Sprache nicht kann oder einen Akzent hat; man kann nichts dafür, wenn es einem nicht beigebracht wurde. Man sollte einfach laut und selbstbewusst sein, alles an sich lieben und auf sein Gefühl achten. Wenn dein Körper meint, du solltest laut sein, dann sei laut, wenn leise, dann leise! Sag deine Meinung laut, auch wenn es immer jemanden gibt, der gegen dich ist und dich kaputt am Boden sehen will! Ignorier ihn einfach und sag ihm laut, dass er es niemals schaffen wird! Sei immer stolz und laut auf alles, was du hast!

Layla Yasin
Löweneck-Mittelschule, Klasse 9c

Der erste Schrei im Krankenhaus

Ob Nacht, ob Tag, das Wertvolle kommt raus.
Egal, welche Uhrzeit, es kriecht hinaus.
Die Freude leuchtet der Familie auf.
Ein Baby!

Helene Worthmann und Marija Liachavice
Lichtenstein-Rother-Grundschule, Klasse 3

Lauter laute Leute

Um mich herum wird's immer lauter.
Lärm machen, Kinder lachen,
Autos hupen, Blitze zucken.
Donner grollt, alles rollt.
Türe zu . . .
Ruh.

Anna Kottmair
Maria-Theresia-Gymnasium, Klasse 6b

Das gerettete Haus

Eines Tages gab es zwei Mädchen. Die eine lebte auf dem Land, die andere in der Stadt.
Das Mädchen auf dem Land hieß Ronja, das Mädchen in der Stadt Vanessa. Vanessa war eine sehr unfreundliche Person, dagegen war Ronja eine sehr hilfsbereite Person.
Eines Tages fand die Mutter von Ronja einen Brief im Briefkasten, darauf stand: ABRISS. Entsetzt starrte sie auf die Adresse des Absenders. Da murmelte sie: „Komisch, der Brief kommt aus der Stadt." Am nächsten Tag klingelte es an der Tür. Vor der Tür stand ein Mann im schwarzen Anzug mit einem Mädchen in einem rosa Kleid an der Hand. Da sagte sie: „Ih, hier stinkt es nach Gülle, tu' doch was, Daddy!" Es hörte sich eher wie ein lauter Schrei an. Der Vater maulte die Mutter an: „Tun Sie etwas dagegen, dass es

hier nach Gülle stinkt!" „Wer sind Sie?", fragte die Mutter eingeschüchtert. Da kam Ronja zur Tür und sah Vanessa und Vanessa sah sie.

Der Streit begann genau jetzt. Ronja redete mit lauter Stimme: „Wieso schreien Sie meine Mutter so an?" „Das geht dich gar nichts an, Kleines!", motzte Vanessa sie an. „Und ob mich das etwas angeht!", meckerte sie Vanessa an. Inzwischen war der Streit der Eltern in vollem Gange. „NEIN, Sie reißen das Haus nicht ab! Es ist schön und alt!", schrie die Mutter ihn an. Fünf Wochen später kamen die Bewohner des Dorfes, in dem Ronja lebte, in die Stadt, wo Vanessa lebte. Sie protestierten lauthals gegen den Abriss des Hauses. Sie schrien z.B.: „Lasst das Haus in Ruhe!" oder: „Weg mit den Kränen!" Das bekam auch die Firma, in der der Vater arbeitete, mit. Sie warfen den Vater samt seiner Tochter aus der Stadt. Sie wurden gezwungen, in Afrika hilfsbedürftigen Menschen beim Bau von 100 Häusern zu helfen. Und so ist das Haus von Ronja und ihrer Mutter stehen geblieben.

Sophie Maucher und Henriette Dörfler
Lichtenstein-Rother-Grundschule, Klasse 4

Meine Liebe, die immer lauter wird (Songtext)

Was für ein Durcheinander!
Das wird der Grund sein, wieso ich dich liebe.
Es ist ein Gefühl,
Das ganz langsam wächst, halt mich fest und bleib
Ganz nah bei mir!
Wenn ich recht habe, wird das der Grund sein, wieso ich dich liebe.
Ich sag im Rhythmus deines sanften Atems:
Das muss der Frühling sein und wird auch der Grund sein,
wieso ich dich liebe.
Eine Sternschnuppe fällt.
Aber sag mir, wo wir stehen, dass es dich nicht schert.
Das wird der Grund sein, wieso ich dich liebe
Und fliege, fliege drauf los,
Es geht immer höher mit mir,
Denn die Welt ist verrückt und wenn da keine Liebe ist
Genügt schon ein Lied, um in uns und um uns
Für Verwirrung zu sorgen.
Aber nach all dem, was passiert ist, ist da ein Lied.
Das wird der Grund sein, wieso ich dich liebe.

Wenn der Himmel einstürzt, dann weichen wir aus.
Das wird der Grund sein, wieso ich dich liebe.
Halt mich fest und bleib ganz nah bei mir!
Das ist zu schön, um wahr zu sein.
Wenn die Welt verrückt ist –
Welch merkwürdige Sache –
Wenn die Welt verrückt ist,
Verrückter als verrückt:
Wenigstens lieben wir uns dann noch.

Fabienne Vogele
Heinrich-von-Buz-Realschule, Klasse 9c

Das Meer ist unser Schatz

Das Meer, so tief und voller Leben,
Hat so unendlich viel zu geben.
Seestern, Fisch, Koralle –
Allen wird der Müll zur Falle.
Plastik, Öl und Abfall treiben,
Die Meeresbewohner müssen leiden.
Schildkröte, Delfin und Wal –
Das Meeressterben ist ein Skandal.
Doch es gibt Hoffnung, das ist wahr,
Denn jeder kann etwas tun zu bannen die Gefahr.
Mit kleinen Schritten und großem Mut
Retten wir das Meer und alles, was darin ruht.
Lasst uns hüten die Natur,
Mit ihr gibt's eine Zukunft nur.
Des Meeres Reichtum ist unser Schatz,
Deswegen macht der Müll jetzt Platz!

Isalie Hildebrecht
Maria-Theresia-Gymnasium, Klasse 5b

Lauter

Je stiller ein Mensch ist, desto LAUTER kann es in ihm sein.

Jano Cestonaro und Lars Roßner
Gymnasium bei St. Anna, Klasse 6d

Lauter für Phylaca

Ava starrte aus dem Fenster. Heute Nacht würde es passieren, heute Nacht würde sie alles für die Person opfern, die sie liebte: Zelda. Zwei Jahre war es nun her, dass sie Zelda über das Internet kennengelernt hatte. Sie lebte auf Venti, einem Land, von dem Ava nur träumen konnte. Dort waren die Leute frei, dort herrschte kein Rassismus, dort wurde man für seine Liebe nicht zum Tode verurteilt. In Phylaca war das anders und deshalb plante sie zu fliehen. Für ihre Freiheit, für Zelda und letztendlich auch für Phylaca. Sie hatten nämlich beschlossen, dass sie sich nach einer Ausbildung auf Venti für die Rechte von Avas Heimatland einsetzen wollten.

Ava hatte gar nicht gemerkt, wie schnell es Nacht geworden war. Hastig warf sie alle restlichen Sachen, die sie noch brauchte, in ihren Rucksack, öffnete leise das Fenster in ihrem Zimmer und kletterte an den Weinranken, die an der Hauswand wuchsen, hinab. Dann begann sie zu rennen. Alles war genau geplant. Neben ihrem gelben Haus war ein Hafen, an dem ihr famlieneigenes Boot stand. Blitzartig sprang sie hinein, löste die Taue und ruderte los. Alles musste sehr schnell gehen, damit niemand merkte, dass sie geflohen war. Sie war so erschöpft, dass sie sofort mit einem letzten Gedanken an Zelda einschlief.

Das Kitzeln der ersten Sonnenstrahlen auf ihrer Nase weckte Ava. Sie richtete sich mühsam auf und erkannte, dass sie schon in der Nähe des Hafens von Venti war. Sie ruderte zum Steg, an dem Zelda schon winkend auf sie wartete. Kaum war Ava aus dem Boot gestiegen, umarmte Zelda sie. Noch nie im Leben hatte sie sich so glücklich gefühlt.

10 Jahre später

Die Sonne stand strahlend am Himmel und ein sanfter Wind blies durch die Haare der beiden Frauen. Zelda und Ava gingen gemeinsam zur Stadtmitte der Hauptstadt Phylacas. Während Ava sich als nun als Politikerin für die Rechte ihres Heimatlandes kämpfte, schrieb Zelda wichtige Artikel über Freiheit und verbreitete das Gesetz, das in Venti herrschte. Schritt für Schritt erreichten sie gemeinsam immer mehr für die unterdrückten Menschen. Zusammen waren sie glücklich und laut für Phylaca.

Sophia Weiss und Valeria Seintschkowski
Gymnasium bei St. Stephan, Klasse 8a

Lauter

Khayala Huseyn
Berufsschule II, Klasse BKV12c

Faschingsumzug

Meine Schwester Lilly, unsere Oma und ich waren am Samstag, dem 18.2.2023, beim Faschingsumzug in Mering. Wir zwei Mädchen gingen als schwarze und weiße Ballerina und waren wild geschminkt. Wir liefen fünf Minuten hin und suchten uns einen guten Stehplatz aus. Nach etwa fünfzehn Minuten kamen die lauten Faschingswägen um die Ecke gebogen. Von den Wägen tönten laute Stimmen und laute Musik. Wir sammelten viele Süßigkeiten und Popcorn. Nach 45 Minuten verloren meine Oma und ich meine Schwester Lilly in dem ganzen Durcheinander und auch wegen der lauten Musik. Wir suchten meine Schwester total verzweifelt überall. Wir hatten große Angst, dass wir sie nie wieder finden würden. Meine Oma machte sich große Sorgen. Nach gefühlt ewigem Suchen hörten wir ein leises Weinen durch die laute Musik. Es klang nach meiner Schwester Lilly. Schnell rannten ich und meine Oma zu dem Geräusch. Wir fanden meine Schwester weinend und vollkommen durcheinander in einer kleinen Nische sitzend, in der man den Lärm kaum hören konnte. Meine Oma nahm Lilly auf den Arm und tröstete sie. Lilly erzählte, dass sie durch den ganzen Rummel von uns getrennt worden sei und uns nicht mehr gefunden habe. Sie hat sich auch nicht getraut, jemanden um Hilfe zu bitten. Nach kurzer Zeit gingen wir wieder zum Faschingsumzug. Der Lärm war nicht zu ertragen. Wir sammelten weiter unsere Süßigkeiten, als plötzlich eine Kuh vor uns stand. Sie hatte feuerrote Augen und muhte so laut, dass ganz Mering sie hören konnte. Sie kam sehr wütend auf uns zu und war nur 55 cm von uns entfernt. Sie kam immer näher auf uns zu, bis dann eine laute Hupe ertönte und die Kuh sich schlagartig umdrehte, da der Bauer mit dem Spielzeug seiner Kuh hupte. Der Umzug dauerte 2 Stunden und 45 Minuten. Danach gingen wir nach Hause. Unser Opa überraschte uns mit sehr lauten Konfetti-Kanonen und ohrenbetäubenden platzenden Luftballons. Wir gingen am Abend noch in den Faschingszirkus; dort gab es viele lustige und sehr laute Sachen. Vor allem das Ende war sehr laut und lustig. Es wurde der Song „Ich bin ein Gummibär" vorgespielt.

Lilly Nietsch und Wanda Kaiser
Maria-Theresia-Gymnasium, Klasse 5e

Lauter!

Manchmal gehe ich auf ein Konzert,
da ist es sehr laut.
Der Sänger singt in sein Mikrofon,
der Schlagzeuger trommelt auf sein Schlagzeug.
Ich werde immer aufgeregter und stehe auf.
Die Musik wird immer lauter und lauter,
es ist schon wie bei einer Party!
Ich tanze mit den anderen und trinke Drinks,
bis mir schwindelig und schlecht wird.
Alle schreien herum,
denn jeder möchte mit der Band grölen und sie sehen.
Mir ist es schon fast zu laut.

Dann, nach einiger Zeit, wird es leiser,
die Menschen gehen nach Haus und das Konzert ist aus.
Ich gehe auch nach Hause.
Ich bin müde und schlafe gleich ein.
Manchmal ist es gut, wenn es laut ist, aber manchmal ist es auch schön,
wenn es leise ist und man sich erholen kann.

Anna Diehl
Gymnasium bei St. Stephan, Klasse 6b

Lauter

6. Februar 2023, 4:17 Uhr: Ein lauter Krach und überall laute Schreie von
Menschen, die alles verloren haben. Das große Erdbeben in der Türkei
und in Syrien . . . Niemand soll schweigen, jeder soll laut darüber reden.
Die Menschen haben alles, was sie haben, verloren: Wohnungen, Kleidung, Essen und vieles mehr. Kinder, Tiere, Babys, Frauen, Männer – es
sind insgesamt mehr als 46.000 Menschen ums Leben gekommen. Viele
Menschen haben ihre Liebsten verloren und ihre Verwandten. Über
diesen Vorfall muss viel lauter gesprochen und berichtet werden.

Azranur Özbek
Berufsschule V, Klasse ZF11D

Musikinstrumente des Waldes

Heute war es soweit. Der alljährige Heulwettbewerb startete. Alle Wölfe
jaulten um die Wette. Die beiden kleinen Wölfe Lünchen und Pip freuten
sich schon sehr.
„Ich konnte in der Nacht fast gar nicht schlafen", meinte Lünchen.
„Ich übe noch einmal!" – Schon heulte Pip los: „Auuuuuu!"
„Nur noch eine Stunde!", freute sich Lünchen.
Bis Mitternacht waren alle Wölfe eingetroffen, dann ging es los.
Jeder wollte lauter sein als der andere. Langsam weckten sie mit ihrem
Geheule die anderen Waldtiere, die daraufhin auch mitmachten.
Lünchen und Pip jaulten zusammen, um die herbeikommenden Tiere zu
übertönen. Daraufhin schlossen sich ein paar Vögel zusammen, die ge-
meinsam noch lauter waren. Als die Elche losröhrten, waren sie noch
eine Stufe lauter. Auch die Eulen stimmten mit ein, die Spechte klopften
im Takt dazu.
Nun war es ohrenbetäubend laut, wie ein großartiges Orchester.

Lünchen und Pip waren ganz verzückt. Und jedes Waldtier hat gemerkt, dass sie nicht um die Wette jaulen, singen, heulen, röhren, rufen und klopfen müssen, sondern dass man gemeinsam am lautesten ist.

Und wenn du mal im Wald bist, kannst du vielleicht das Orchester der Waldtiere hören.

Luna Walker
Grundschule Diedorf, Klasse 3d

Lenas ruhiger Ort

Lena lebt in der Stadt. Dort ist es immer sehr laut, denn ihr Haus ist direkt neben der Straßenbahn. Das findet sie überhaupt nicht toll. Sie würde lieber auf dem Land wohnen, aber Mama meint, dass sie dann viel zu lange zur Arbeit brauche. Übrigens, in der Schule ist es auch nicht besser. Da schreien alle immer durcheinander. Die Klassensprecher machen gar nichts und von ihren Lehrern müssen wir nicht sprechen. Aber Lena hat auch einen Lieblingsort: Das ist ihr BAUMHAUS. Dort macht sie sogar Hausaufgaben. Das Beste ist aber, dass sie dort ganz alleine sein kann und es total leise ist.

Jule Foag
Grundschule Göggingen-West, Klasse 4a

Gift

Ich sitze schon wieder hier auf dem Sofa meiner Freunde mit seinem Arm um meine Schulter und tue so, als ob nichts gewesen wäre. Ich möchte seinen Arm dort nicht haben. Manchmal bewundere ich meine eigene Schauspielkunst. Noch vor zwei Stunden hatten wir einen Streit. Ich habe ihm erzählt, dass ich mich heute mit meinen Freunden treffen möchte. Alleine. Und genau dieses eine Wort hat ihm nicht gepasst und er ist sauer geworden. Er hat mich angeschrien, hat mir mein Handy abgenommen – von dem ich ihm vor einiger Zeit einmal das Passwort sagen musste, dass er jederzeit Zugriff darauf hat – und gedroht anzurufen und abzusagen, wenn er nicht mit darf. Daraufhin bin ich in unser Zimmer gerannt und habe mich eingesperrt. Er hat wie ein Irrer gegen die Tür gehämmert und geschrien. Als ich mich wieder zu ihm getraut habe, kam seine übliche Entschuldigung: „Es tut mir leid. Es war nur ein harter Tag. Es wird nicht noch einmal vorkommen." Das ist die größte Lüge, die ich jemals gehört habe. Ich weiß nämlich, dass spätestens in zwei Tagen, wenn ich wieder ein angeblich viel zu kurzes Kleid trage oder ich alleine das Haus verlassen möchte, sich wieder genau das gleiche Drama abspielt. Aber ich kann diese Beziehung noch nicht einmal beenden. Ich habe es schon mehrmals versucht, habe ihm versucht zu erklären, dass ich mit ihm nicht glücklich bin. Aber seine Reaktion war jedes Mal gleich. Er fing an zu weinen und sagte, dass er ohne mich nicht wisse, was er mit sich selbst anfangen sollte, wenn ich nicht mehr da bin. Ich weiß nicht, warum ich ihm das in diesem Moment geglaubt habe, obwohl ein Teil von mir genau wusste, dass er nicht die Wahrheit sagte. Es ist, als würde er mir mit seinen Worten und Taten Gift in meinen Kopf einflößen und mich so mit der Zeit immer mehr manipulieren, bis ich komplett hilflos bin. Ich habe Angst, es jemandem zu erzählen, habe Angst, meine Meinung zu sagen. Aber am meisten Angst habe ich vor ihm. Und deshalb sitze ich schon wieder auf dem Sofa meiner Freunde – mit seinem Arm um meine Schulter – und tue so, als ob nichts gewesen wäre. Mit seinem Gift in meinem Körper.

Johanna Russo
Mädchenrealschule St. Ursula, Klasse 8c

Lauter!

Es war einmal ein kleines Kind mit fünf Jahren. Es liebte Musik und wollte unbedingt berühmt werden, aber sein Vater wollte, dass es Pilot wird. Der kleine Junge namens Tom wollte aber Sänger sein. Als er zwölf Jahre alt war, ist seine Mutter gestorben. Tom hat seine ganze Trauer und seine ganzen Gefühle in der Musik verarbeitet.
Mit 20 Jahren war er einer der besten Musiklehrer. Tom hat ein Video im Internet hochgeladen. 1 000 000 Leute haben es angesehen und haben es geliket und geteilt. Als Tom 25 war, war er so berühmt geworden, wie er es sich nicht hätte vorstellen können. Man sollte immer an seinen Träumen festhalten und laut sein.

Giuliano Ciurar
Pankratiusschule, Klasse 6b

Alles ist laut in der Schule

In der Schule war heute alles komisch. Anstatt zu rechnen, sind wir ganz laut durch die Schule gerannt. Und später in Musik kam die Lehrerin im Hasenkostüm uns schrie: „Ich bin ein Hase" und hoppelte anschließend weg. Als wir in der Pause Verstecken spielten, haben alle angefangen zu schreien: „Lauter, immer lauter!" Das haben sie wirklich sehr laut geschrien.

Im Kunstunterricht hat die Lehrerin mit der Wasserfarbe die Wand angemalt und alles war schmutzig. Währenddessen hat sie geschrien: „Ich male alles lauter." Kurz darauf ist sie ins Sekretariat gelaufen und hat durch das Mikrofon geschrien: „Lauter, immer lauter!" Und dann habe ich es auch gehört: zuerst eine leise Sirene, doch sie wurde immer lauter, bis ich mir die Ohren zuhalten musste. Doch auf einmal habe ich meinen Namen gehört und dann bin ich aufgewacht. Ich hatte nämlich alles nur geträumt und meine Mama versuchte mich aufzuwecken.

Jana Lotz
Jakob-Fugger-Gymnasium, Klasse 5c

Lauter!

13. November 2017
Seit einem Jahr arbeite ich nun schon an dem Bau eines Tempels. Ich habe schon lange keine Lust mehr. Die Arbeit ist hart, die Sonnenstrahlen brennen auf meinen Rücken und über den Lohn möchte ich erst gar nicht reden. Dennoch arbeiten wir Tag für Tag weiter, weil wir das Geld für unsere Familien, die in unserer Heimat auf uns warten, brauchen. Mein Name ist Ennok und gemeinsam mit meinem Bruder, Thaion, bin ich am Tempelbau beteiligt. Es war ein Tag wie jeder andere. Ich quälte mich aus dem Bett. Mir tat alles weh. Die Peitschenschläge, der Hunger und der wenige Schlaf nagten an meinen Kräften. Thaion wartete draußen bereits auf mich. Schweigend wie immer machten wir uns auf den Weg. Wie immer sah ich die Ungerechtigkeit mit meinen eigenen Augen: Menschen wurden geschlagen, viel Hunger, wenig Geld. Wir fingen an zu arbeiten. Nach einigen Stunden verkündete plötzlich einer unserer Aufpasser, dass am selben Tag noch ein Fernseh-Team käme, um uns zu filmen. Wir sollten frische Sachen anziehen, die Peitschenschläge überdecken und allen Fragen ausweichen. Würden wir dies nicht befolgen, würden wir ohne Bezahlung in unser Heimatland zurückkehren müssen. Keiner von uns konnte sich dies leisten. Thaion und ich folgten der Anweisung und richteten uns her. Eine halbe Stunde später traf das Fernseh-Team ein. Die Leute waren freundlich und stellten uns Fragen über unsere Lebensbedingungen und unseren Zustand. Zuerst wich ich den Fragen abweisend aus oder schwieg ganz, doch je mehr ich schwieg und je mehr ich sah, wie die anderen dasselbe taten, desto mehr spürte ich, wie die Wut in mir hochstieg. Und dann plötzlich kam es heftig in mir hoch. Zuerst

murmelte ich vor mich hin: über die Ungerechtigkeit, die uns alle plagte, dann wurde ich lauter und lauter, bis ich plötzlich schrie.

All die Worte und Sätze, die ich die ganzen Jahre über für mich behalten hatte, kamen über meine Lippen. Ich nahm nicht wahr, wie die anderen mich anstarrten, wie die Wächter auf mich zukamen, nur meine Stimme nahm ich wahr. Alles, was ich schweigend hingenommen hatte, mir eingeredet hatte, dass es richtig sei, schrie ich aus mir heraus. Ich merkte nur noch, wie die Kameraleute mir mitleidig zunickten, spürte die Hände der Wächter an meinen Schultern und während ich weggeschleppt wurde, merkte ich, dass ich mein Leben, nur indem ich die Wahrheit gesagt hatte, zerstört hatte. Doch ich bereute es nicht, in der Hoffnung, die Leben der anderen durch meine Worte verändert zu haben.

Letizia Roos und Katharina Hartinger
Gymnasium bei St. Stephan, Klasse 8a

Lauter

Laut ist nicht gleich laut.
Wenn ein Baby laut schreit, heißt das, dass es unzufrieden ist.
Spielende Kinder sind laut, weil sie Spaß haben.
Wenn man sauer ist, dann schreit man manchmal jemanden laut an.
Wenn man traurig ist, ist man manchmal laut.
Wenn man Rock-Musik hört, dann hört man die Musik gerne laut.
Wenn eine Demonstration ansteht, dann ist es laut.
Wenn ein Kind schreit, dann ist es laut.
Wenn man laute Musik singt, ist es laut.
Das bedeutet: Laut ist nicht gleich laut.

Helena Kastaniotis und Rebecca Raza
Jakob-Fugger-Gymnasium, Klasse 6c

Als Albert die Musik erfand

Albert liebte es, wenn die Vögel zwitscherten. „Ach, wie liebe ich den Gesang der Vögel!", sagte Albert. Doch niemand hatte gemerkt, dass die Vögel etwas sangen. Albert sang den Leuten immer etwas vor, doch sie ignorierten ihn. Er saß Tag und Nacht an seinen Liedern, aber keines seiner Lieder gefiel ihm. Deshalb radierte er alle seine Entwürfe wieder weg. Sein Hund Rufus musste dringend sein Geschäft machen. Er bellte so laut: „Wuff- wuff!" Aber Albert bemerkte ihn gar nicht. Doch dann schubste Rufus ein altes Glas herunter. „Klirr!" Das Glas zerbrach. Albert schrie Rufus an: „Rufus, hör auf! Du nervst den ganzen Tag!" Rufus bellte wieder, zappelte und holte die Leine. Erst dann bemerkte Albert, dass Rufus sein Geschäft machen musste. Albert nahm die Leine und ging mit ihm raus. Rufus rannte so schnell, dass Albert hinfiel und blutete. Er pustete so stark, dass auf einmal ein Pfiff rauskam – die Vögel pfiffen ebenfalls. Albert rannte nach Hause und hatte eine großartige Idee. Er ging hinaus und pfiff und Rufus bellte. Dann sang Albert: „Die Musik ist so schön. Die Musik ist mal laut, mal leise. Kommt, singt mit!" Alle Menschen sangen tatsächlich mit und seitdem liebte jeder die Musik. Die Leute hörten die Vögel auch zwitschern. Und sie sangen fröhlich weiter, im Duett mit Albert und Rufus.

Aryana Farahpour
Grundschule Hammerschmiede, Klasse 4a

Der Streit

Meine Schwester und ich malten gerade ein buntes Bild. Da rief Mama: „Komm, Luna, wir müssen los!" So heißt meine Schwester. Als sie aus dem Haus waren, holte ich mir eine große Tube Flüssigkleber, eine Schere und ein Blatt. Ich wollte einen Vogel für Mama basteln. Nach einer halben Stunde waren sie wieder da. Meine Schwester schrie: „Hallo, hallo!" Ich erschrak und der offene Flüssigkleber fiel auf den Boden. Der Kleber war überall auf dem Boden verteilt. Als Mama reinkam, schimpfte sie: „Was ist denn hier passiert!?" Ich versuchte alles genau zu erklären, aber meine Schwester war nicht meiner Meinung. So entstand ein lauter Streit. Papa kam von einem langen Arbeitstag zurück und grüßte laut: „Hallo!" Papa ging aber gleich wieder hinaus, um sich Ohrenschützer zu holen. Mama schrie so laut sie konnte: „STOPP! Kommt mal alle her!" Sie nahm uns in den Arm und meinte: „Wir sind doch eine Familie und wir halten zusammen." Das fühlte sich so schön an.

Laura Kloos
Grundschule Gögginge-West, Klasse 4a

Meine liebe laute Stadt

Die Stadt, in der ich lebe, ist wirklich laut. Überall hört man Geräusche – Autos, Busse, Züge, Menschen, Hunde, Vögel und vieles mehr. Manchmal kann es ziemlich anstrengend sein, aber man gewöhnt sich daran. Besonders laut ist es auf den Straßen. Autos und Busse fahren hin und her und hupen manchmal laut. Man muss wirklich vorsichtig sein, wenn man die Straße überquert, weil man sonst schnell von einem Auto erfasst werden kann. Auch die vielen Menschen machen Lärm. Sie reden, lachen und schreien manchmal laut. Ich finde es immer wieder erstaunlich, wie viele Menschen hier leben und wie viel los ist.

Aber es gibt auch ruhige Orte in der Stadt, zum Beispiel Parks und Gärten. Dort kann man sich entspannen und dem Lärm entkommen. Man hört nur das Zwitschern der Vögel und das Rascheln der Blätter im Wind. Das ist wirklich schön.

Alles in allem liebe ich meine Stadt trotz des Lärms. Es gibt hier so viel zu entdecken und zu erleben. Man muss nur lernen, mit dem Lärm umzugehen und ab und zu einen ruhigen Ort aufzusuchen.

Anton Markov
Jakob-Fugger-Gymnasium, Klasse 5d

Urlaub in Dubai

Der Flug nach Dubai war laut, weil die Triebwerke beim Starten und Landen so laut waren. Die Turbulenzen waren auch laut, weil die Menschen Angst hatten. Die Landung war auch laut, weil die Menschen klatschten. In Dubai war es laut, weil die Händler andauernd auf Englisch und Arabisch riefen: „Komm her und kaufe!"

Lukas Lauterbacher
Grundschule Centerville-Süd, Klasse 2c

Lauter (Akrostichon)

L ebensretter
A ufmerksamkeit
U nbeirrbarkeit
T apferkeit
E rklärung
R andale

Julius Singer
Gymnasium bei St. Stephan, Klasse 6d

Rondell: Das Rockkonzert

Das Rockkonzert in der Stadt ist ganz schön laut!
Es ist Nacht und viele Leute singen mit, jubeln und schreien.
Die Band spielt coole Musik!

Es ist Nacht und viele Leute singen mit, jubeln und schreien.
Auf dem Konzert ist alles voller bunter Lichter.
Die Sängerin hat eine tolle Stimme!
Es ist Nacht und viele Leute singen mit, jubeln und schreien.
Am besten sieht der mit der Gitarre aus!

Lia Gieb, Alexandra Kitnikov und Linda Millaku
Grundschule Centerville-Süd, Klasse 2c

Sei lauter!

Du sollst sagen dürfen, was du denkst.
In manchen Ländern wird man dafür eingesperrt.
So etwas kann ich mir gar nicht vorstellen.
Du sollst sagen dürfen, was du denkst.
Bei mir darf man sagen, was man denkt.
Bei dir ist das vielleicht anders.
Du sollst sagen dürften, was du denkst.
In manchen Ländern wird man dafür eingesperrt.

Vitus Schulze
Grundschule Göggingen-West, Klasse 4a

Wehr dich!

Jeder Tag ist gleich, du stehst auf und denkst an denselben Ablauf.
In der Schule, die schiefen Blicke ertragen, das Rumgestichele von jedem aus der Klasse, das Geschlagenwerden nach der Schule. Ich habe das echt satt, aber wer hilft mir?
Meine Mitschüler? Die Lehrer? Die Schule? Meine Eltern, die sich eh nie für mich interessiert haben? Freunde habe ich auch keine.
Das Mobbing hat kein Ende, es wird immer schlimmer und die Wut in mir wird immer größer und größer.
Ich habe angefangen, mich zu wehren. Erst begann ich leise, doch das half nicht. Ich wurde immer wieder von der Mehrheit besiegt und man sagte, dass ich das alleine nicht schaffen würde.
Nein! Ich bin der Einzige, der etwas ändern kann! Ich sage etwas! Ich wehre mich!
Ich wurde laut und nun bin ich LAUTER!

Andreas Gerhard
Städtische Berufsoberschule, Klasse 11

Lauter

Ich probiere jeden Tag, lauter zu werden, aber mein Gehirn und mein Herz möchten es nicht! Die meinen, als ich laut war, hätten mich alle Menschen enttäuscht und verletzt. Deswegen habe ich angefangen, negativ mit mir selbst zu sein und gar nicht mehr positiv zu denken. Aber es ist nicht gut, negativ und leise zu sein! Du unterdrückst immer alles, was du denkst und sagen möchtest. Das macht deine Psyche kaputt. Deswegen muss man lauter werden und immer sagen, wie man sich fühlt und was man fühlt!

Andra Masariu
Löweneck-Mittelschule, Klasse 9c

Elfchen

Natur
Äste knacken
Die Gräser singen
Naht ein lauter Sturm
Donner

Emma Wurzel
Gymnasium bei St. Stephan, Klasse 6d

Lilli und der Lärm

Lilli saß an einem schönen Sonntag auf ihrer Fensterbank. Plötzlich fuhr ein Motorrad an der Hauptstraße entlang, in der sie wohnte. Das Motorrad machte ganz viel Lärm und augenblicklich steckte Lilli die Finger in die Ohren. Kurz darauf schrien ihre beiden kleinen Zwillingsgeschwister, die noch nicht einmal ein Jahr alt waren.
Dann schrie ihre Mutter auch noch: „Lilli-Schatz, hilfst du mir schnell mit den Kleinen?"
Lilli rief: „Ja, Mama, ich komme!"
Am nächsten Tag in der Schule fuhren, als sie gerade Pause hatten, zwei Feuerwehrautos mit Blaulicht und Sirenen an ihrer Schule vorbei. Lilli fand es schrecklich.
Als sie im Hort war, hing an der großen Pinnwand ein großer Flyer von einer Klima-Demo. Dort stand: „Klima-Demo am 06.06.2023 auf dem Moritzplatz." Lilli überlegte; das hieß ja, schon morgen. Lilli wollte unbedingt mitdemonstrieren, sie setzte sich nämlich gerne für die Umwelt ein.

Zu Hause fragte sie ihre Mutter, ob sie morgen auf die Klima-Demo dürfe. Ihre Mutter sagte: „Ja, natürlich darfst du auf die Klima-Demo. Aber ich kann nicht mit und du musst bis sechs Uhr abends wieder zu Hause sein."

Am nächsten Tag, gleich nach dem Hort, brachte Lilli noch schnell ihren Schulranzen nach Hause und ging dann gleich zum Moritzplatz, denn dort war die Klima-Demo. Als sie beim Moritzplatz angekommen war, fiel ihr erst auf, wie heiß es eigentlich war. Dann, als die Klima-Demo begann, war es sehr laut. Alle schrien: „Runter von der Kohle, hoch mit dem Klimaschutz!"

Dann war es zuviel für Lilli und sie kippte einfach um. Als sie wieder aufwachte, lag sie im Krankenhaus. Eine Krankenschwester fragte sie, wer ihre Eltern seien und wo sie wohne. Lilli antwortete nicht und fragte nur, wieviel Uhr es sei. Die Krankenschwester sagte: „Kurz vor sechs."

Lilli erschrak. Fünf Minuten später wusste die Pflegerin alles über ihre Mutter und wo sie wohnte. Nochmal zehn Minuten später war ihre Mutter mit ihren kleinen Geschwistern da. Ihre Mutter fragte sie, was sie denn für Sachen mache. Lilli antwortete: „Ich weiß es nicht. Ich bin einfach umgekippt. Und als ich wieder aufgewacht bin, lag ich hier im Krankenhaus." Ihre Mutter sagte:

„Ich habe eine schöne Nachricht, Lilli. Wir ziehen um."

„Wohin, wohin?", fragte Lilli.

Wir ziehen in ein Haus in der Ludwig-Thoma-Straße. Dort ist es wunderschön und ruhig.

Lilli freute sich und rief: „Juhu, juhu!"

Einen Monat später saß Lilli mit ihren beiden Geschwistern auf der Balkonbank ihres Hauses und las ihnen etwas vor.

Ella Mangold
Hans-Adlhoch-Grundschule, Klasse 3c

Lauter lächeln

Morgens fahren meine Schwester und ich immer gemeinsam im Bus zur Schule, bis wir ab einer gewissen Haltestelle in unterschiedliche Straßenbahnlinien einsteigen. Jeden Morgen steigen wir in den Bus. Meine große Schwester bevorzugt es, vorne einzusteigen und den Busfahrer/die Busfahrerin zu grüßen. Und wenn ihr mal nicht nach Reden zumute ist, lächelt sie breit. Es vergeht kein Schultag, an dem sie das nicht tut. Einmal habe ich sie gefragt, warum sie das tue, denn normalerweise steigt man ja einfach ein und alles ist selbstverständlich. Sie meinte jedoch, dass man lauter lächeln sollte.

Anfangs habe ich sie nicht verstanden: „Lauter lächeln? Wie kann man denn die Lautstärke vom Lächeln einstellen? Geht das überhaupt?", habe ich sie gefragt.

Sie hat gelächelt und geantwortet: „Das ist nur so daher gesagt. Ich meine damit, dass nicht einmal Busfahrten, die wir gewohnt sind, selbstverständlich sind. Busfahrer stehen morgens auch früh auf, um uns an unser Ziel zu bringen. Was ist schon ein Lächeln? Wenn mich jemand grüßt oder anlächelt, fühle ich mich gleich viel besser. Wir sollten alle mehr lächeln, denn solche kleinen Veränderungen sind große Schritte für unsere Zukunft."

Ömer Faruk Bayrak und Zehra Hilal Bayrak
Reischlesche Wirtschaftsschule, Klasse 7/Q11

Das leise Mädchen

Elisa geht in die dritte Klasse. Sie war immer sehr leise und hat fast nie irgendetwas geredet. Es war kurz vor Sylvester, als ihre Mitschüler eine Idee hatten. Maria meinte: „Wir könnten uns alle gemeinsam wünschen, dass Elisa einmal redet und lauter wird." Alle aus der Klasse stellten sich im Kreis auf und nahmen sich an den Händen und riefen ganz laut: „Wir wünschen uns, dass Elisa mehr redet und lauter wird!" Dann gingen sie alle in die Ferien. Nach den Ferien, am ersten Schultag, waren alle sehr gespannt, ob ihr Wunsch in Erfüllung gegangen ist. Dann war es soweit. Elisa kam ins Klassenzimmer und rief laut: „HALLO!" Jeder sollte erzählen, was man in den Ferien erlebt hatte. Und was passierte? Keiner konnte es glauben: Elisa erzählte von ihren Ferien und jeder hat es gehört, weil sie es laut sagte. Die ganze Klasse freute sich und jubelte. Der Wunsch hatte sich erfüllt, weil die ganze Klasse ihn laut und zusammen gesagt hatte.

Dalia Mitrenga
Grundschule Bärenkeller, Klasse 3c

Stimmen im Kopf

Ich sitze zu Hause vor meinem Spiegel, die Gedanken fliegen um mich herum. Ich kann sie nicht kontrollieren. Es sind so viele Stimmen in meinem Kopf. Jeder Gedanke, den ich fassen will, wird von etwas anderem übertroffen. Es ist wie ein Film, lauter Stimmen auf einmal. Manche sagen mir, ich solle den Schritt wagen. Die anderen sagen mir: Tu es bloß nicht!

So sitze ich da, vor meinem Spiegel, und versuche, mich in diesem Moment selbst zu finden, doch diese Stimmen, die, die so viel zu sagen haben, überfluten mich. Manche Stimmen hören sich an, als würden sie um Hilfe schreien, aber werden immer leiser, so wird der Klang nach Hoffnung immer lauter – bis es nicht mehr auszuhalten ist und ich mir die Musik aufdrehe und mich laut aus meinen Problemen versuche herauszusingen.

Jana Wittmann
Berufsschule V, Klasse RA10A

Wahlrecht ab 10!

Ich finde, dass man ab 10 Jahren wählen sollte, weil ich denke, dass man schon alt genug ist, denn die Politiker denken nicht an die Kinder. Sie machen zum Beispiel Spendenaktionen für alte Leute. (Anmerkung der Lehrerin: Sie erhöhen zum Beispiel oft die Renten der alten Leute.) Ich habe noch nie gehört, dass für Kinder etwas war und das macht sehr viel aus. Wenn wir Kinder wählen dürfen, dann wüssten die Politiker, was Kinder wollen und es wird dann vielleicht auch mehr für Kinder getan.

Michael Siegmund
Hans-Adlhoch-Grundschule, Klasse 2a

Zu laut!!!

Hey, ich bin Hanna Hebberson und bin 11 Jahre alt.
Das ist meine Geschichte:
Ich hatte anstrengende Schulwochen hinter mir, aber jetzt sind zum Glück endlich Sommerferien!
Alle waren in der Schule so laut.
Ich kam zu Hause an und . . . es war furchtbar laut! Ich suchte Mama und fand sie in der Küche. Sie hörte Westernlieder und der Dunstabzug war derweil an. Zu laut!!!
Gerade als ich gehen wollte, hörte ich lauter laute Knalle, aber tiefer . . .
Auf einmal kam ein richtiger Knall aus dem Zimmer meines Bruders?! Ich fand Finn in seinem Zimmer; er spielte irgendeines seiner „Ballerspiele" und soeben schmiss er schon wieder seinen Controller gegen die Wand. Er regte sich gehörig auf und ich schrie ihn an: „Z u l a u t ! ! !"
Nachdem ich hinaus an die frische Luft gehen wollte, hörte ich eine Art Surren. Wegen meiner Mama und wegen meines Bruders war es schwer herauszuhören, woher es kam. Dennoch schaffte ich es: Das Surren kam

aus dem Wohnzimmer. Dort fand ich meinen Vater mit einer Bohr-maschine herumwerkeln. Das war mir einfach alles zuviel!

Ich ging hinaus und hörte Autos entlang düsen. Ich war zu erschöpft, um irgendetwas zu sagen, also rannte ich einfach die Straße entlang. Nachdem ich ein bisschen weiter weg war, hörte ich Autos, die hupten . . .

Ich ging etwas weiter und sah Klimakleber, die demonstrierten. Ich schrie einfach nur noch:

„Z u   l a u t ! ! !"

Ich suchte den Park auf und fand ihn.

                            Ich dachte, dort könnte ich Ruhe finden . . .

Aber dort kamen Hundebesitzer immer und immer wieder her, die Hunde bellten, jaulten und hechelten . . . und dann kamen auch noch ein paar meiner Mitschüler und spielten. Das ist mir viel zu- viel.

                            Ich befürchtete, dass es ‚z u   l a u t ! ! !' würde.

Und so haute ich ab . . .

Ich suchte und suchte . . ., doch dann fand ich den lang ersehnten Ort! Ich fand den alten Friedhof!

Ja, ich wusste, dass das jetzt nicht der schönste Ort war,

                            aber noch immer der beste . . .

Ich setzte mich auf eine Bank und genoss die Stille! Sie war so schön, so still, so entspannend, . . .

so dröhnend!

Ich seufzte . . .

Ich dachte, die Stille würde mir helfen, aber sie hat alles bloß schlimmer gemacht!

Mit diesen dröhnenden Gedanken ging ich nach Hause.

Doch dann, als ich bei all den lauten Menschen war, hörte ich . . . Ich hörte dasselbe, aber es war irgendwie doch nicht so laut!

Was ich damit sagen will, ist das:

Wenn es dir mal zu laut ist, ist es ok.

Aber wenn du laut bist, dann hört dich jemand.

Wenn du laut bist, dann hören andere deine Gefühle.

Versteck dich nicht!

Wenn du nichts sagst, dann ändert sich auch nichts!!!

Anton Kordik
Förderzentrum Hören, Klasse 5s

Den Traum zu ermöglichen, laut zu sein!

In Nord-Korea gibt es einen Diktator, der den Menschen Meinungen verbietet. Der Diktator Kim Jong-un ist der Mächtigste im Land. Doch ein Mädchen namens Sora und ein Junge namens Minho wollen es den Menschen in Nord-Korea ermöglichen, laut zu sein und ihre Meinungen zu sagen, weil jeder im Land etwas sagen möchte. Sora und Minho haben eine Idee. Sie wollen über Social Media auf sich aufmerksam machen und darauf hinweisen, dass die Leute bei Soras und Minhos Plan mithelfen sollten. Sie wollen mit vielen Leuten protestieren, dass Kim Jong-un die Meinungen der Menschen akzeptiert. Sie kriegen mehrere Millionen Aufrufe. Viele Menschen sagen Soras und Minhos Plan weiter, sodass es noch mehr Menschen sehen. Da so viele Menschen mitmachen wollen, entscheiden die beiden, schon in der folgenden Woche zu protestieren. Minho und Sora üben bis dahin, was sie zu Kim Jong-un sagen möchten. Tausende von Menschen treffen sich und gehen zu dem Büro von Kim Jong-un. Dann stehen sie alle vor dem Büro. Die Menschen sind laut, so dass der Diktator herauskommen muss. Sora und Minho können ihre Rede halten. Kim Jong-un hört der Rede auch zu und hat sich dann Gedanken gemacht. Kim Jong-un hat sich entschieden, die Freiheit und Meinungen von den Menschen nicht weiter zu verbieten. Alle in Nord-Korea haben sich gefreut. Seit diesem Tag können die Leute ohne Bedrängnis leben. Natürlich haben sich auch Minho und Sora gefreut über ihren erfolgreichen Plan.

Enrico Mabeki Phineas Falk
Förderzentrum Hören, Klasse 5s

Lauter

L aut
A uto
U fo
T iger
E sel
R abe

Semih Basoglu
Grundschule Herrenbach, Klasse 1b

Leiser oder lauter?

Manchmal stelle ich mir die Frage, warum viele Menschen so leise sind. Wenige erheben die Stimme, um den armen Leuten zu helfen, etwa um zu einer Spende aufzurufen.
Wie wäre unsere Welt, wenn alle lauter wären? Dann würde vielleicht niemand mehr hungern, denn alle könnten helfen! Ich wünsche mir, dass alle Leute, die jetzt leise sind, laut sagen, was sie für richtig halten. So könnten wir uns stark machen gegen Hunger, gegen Unrecht, gegen . . . und für mehr Gerechtigkeit, für mehr Umwelt- und Klimaschutz . . .

Raoni Ferreira da Silva
Jakob-Fugger-Gymnasium, Klasse 5a

Ich protestiere laut für Frauenrechte

Ich möchte laut für Frauenrechte protestieren!
Es ist ungerecht, dass Frauen weniger Rechte haben als Männer!
Wieso müssen Frauen in manchen Ländern ihren Mann noch fragen, ob sie Auto fahren dürfen? Das ist doch völliger Quatsch!
Außerdem dürfen Frauen und Mädchen genauso lange Haare haben wie Jungs!
Mädchen hören auch sehr oft diese Sätze: Du kannst nicht Fußball spielen. Du kannst nicht mitspielen, weil du ein Mädchen bist . . .
Frauen verdienen auch weniger als Männer, das muss sich ändern!
Das alles ist ungerecht!
Es lohnt sich, für seine Rechte zu kämpfen!!!

Kaira Fritzen
Grundschule Inningen, Klasse 3b

Lauter

L
LA
LAU
LAUT
LAUTE
LAUTER

Kayra Abacioglu
Maria-Theresia-Gymnasium, Klasse 6b

Lauter

Es wird wirklich laut, wenn der Lehrer das Klassenzimmer verlässt. Dann wird es so laut wie bei einem Krieg zwischen zwei Ländern. Bis ein Kind schreit: „Der Lehrer kommt!!!" Nach diesem Satz setzt sich jeder an seinen Platz. Es wird mucksmäuschenstill.

Ravza Bozkurt
Kapellen-Mittelschule, Klasse 6a

Der Test

Bammel hab ich vor dem,
was morgen ist.
Denn dann muss ich geh'n
zum Singen-Test.
Seit einem halben Jahr
übe ich schon das Haus voll
und übe immer das,
was ich singen soll.
Nun wart ich hier,
bis ich dran bin,
hoff', dass ich mich nicht blamier,
aber das kriege ich schon irgendwie hin.
Jetzt geh ich in den Raum hinein
zur Lehrerin Frau Lahn.
Ich fühle mich plötzlich ganz klein,
aber fange dann auch schon an.
Immer lauter wird mein Gesang,
fast unerträglich laut,
mit wunderschönem Klang,
den habe ich nicht versaut.
Grad' krieg' ich mein Ergebnis,
ich wünsch mir etwas Feines,
und auf meinem kleinen Zeugnis
steht tatsächlich eine Eins!

Dominik Schrumpf
Gymnasium bei St. Stephan, Klasse 6d

Eine neue Welt

An einem eisigen Winternachmittag saß Markus vor dem Kamin und warf Holz ins Feuer. Markus hörte ein Wabern hinter sich. Er drehte sich um und sah einen bunten Wirbel, der ihn einsaugte. Im Wirbel ertönte ein Summen, das immer lauter wurde; dann fiel er von weit oben herunter. Markus war in einer völlig neuen Welt mit seltsamen Wesen und Pflanzen. Vor ihm war ein kleines Tischchen mit einem roten Stein darauf. Er nahm den Stein in die Hand und ein knisterndes Geräusch ertönte, während eine tiefe Stimme sagte: „Du beherrschst nun das Element Feuer."

„Cool", stammelte Markus. Erst jetzt fiel ihm auf, dass er andere Kleidung anhatte. Sie war rot mit blauen Verzierungen. Markus ging in der Hoffnung, dass irgendwas passierte, weiter, was er jedoch nicht merkte, war, dass immer, wenn er aufkam, seine Fußabdrücke mit Feuer in den Boden gebrannt wurden. Nach ein paar Stunden fand er einen blauen Stein. Als er ihn in die Hand nahm, beherrschte er das Element Wasser. Ein paar weitere Stunden später fand er einen durchsichtigen Stein, der ihm das Element Luft gab. Als er bei einem weiteren Tischchen war, merkte er, dass dort kein Stein darauf lag. Stattdessen wurden Felsbrocken nach ihm geworfen, denen Markus nur knapp ausweichen konnte.

Markus drehte sich herum und sah einen Mann mit langem, verfilztem Haar. Als der Mann erneut Felsbrocken auf ihn warf, ohne sie zu berühren, wollte Markus sich mit den Händen davor schützen. Doch diesmal bemerkte er seine Fähigkeit, Feuer zu kontrollieren, und ein Feuerschild erschien vor ihm, das die Steine zum Schmelzen brachte. Markus versuchte seine Wasserkräfte einzusetzen und ließ Wasser aus einem Fluss herschweben. Und dann verwandelte er es zu Eiszapfen, die er auf den Mann schleuderte, so dass dieser ins Taumeln geriet und zu Boden stürzte. Danach setzte er Luftkräfte ein, um dem Mann den Stein abzunehmen und an sich zu bringen. Als er den Stein in den Händen hatte, ertönte sofort ein Geräusch von Steinen, die einen Berg hinunter rollten. Und die tiefe Stimme sagte diesmal: „Du beherrschst nun das letzte Element. Benutze es nicht für böse Taten! Dies ist das Element Erde."

Dann erschien vor ihm der gleiche Wirbel wie zuvor und saugte ihn ein und brachte ihn zurück nach Hause. Zu Hause angekommen, sah er auf die Uhr und bemerkte, dass keine Minute seiner Welt vergangen war. Allerdings war das Feuer immer noch so schwach wie zuvor. Das ärgerte ihn ein bisschen, denn er hatte nämlich gehofft, dass die Holzstücke, die er ins Feuer geworfen hatte, das Feuer etwas mehr zum Brennen gebracht hätten.

Er probierte aus, ob er in dieser Welt auch das Feuer kontrollieren konnte, und versuchte, das Feuer im Kamin etwas hochschießen zu lassen, um die Holzscheite in Brand stecken zu lassen – dies gelang ihm auch.

Valentin Eder
Grundschule Westheim, Klasse 4a

Lauter

Jahrelang werden Kinder, Männer, Frauen geschlagen, misshandelt und noch viel schlimmere Sachen passieren. Falls du auch geschlagen, misshandelt oder Ähnliches wirst oder jemanden kennst, dem das passiert, dann sei nicht leise! Werde lauter und beschwere dich und mache etwas dagegen!

Alara Genc
Jakob-Fugger-Gymnasium, Klasse 5c

Lissi

Ein junges Mädchen, Lissi, wachte eines Morgens auf und hatte keine Stimme mehr. Ihre Stimme war einfach weg. Sie brachte keinen Ton mehr heraus. Sie erschrak, aber wusste nicht, wie ihr geschah. Nichtsdestotrotz ging sie zur Schule. Erste Stunde: Deutsch. ‚Na, super!', dachte sie sich. In Deutsch hatten sie gerade das Thema Gedichte. Nachdem einige Mitschüler ihr Gedicht vortrugen, war Lissi an der Reihe. Mit zitternden Knien ging sie nach vorne. Sie gab alles und strengte sich so sehr an, einen Ton herauszubekommen, aber ohne Erfolg. Ihr Lehrer sagte zu ihr: „Lauter!" Lissi stand wie angewurzelt vor ihren Mitschülern, eine Träne kullerte ihr übers Gesicht. Der Lehrer wiederholte sich: „Lauter!" Ihre Mitschüler fingen an zu lachen, der Lehrer sagte irgendetwas zu Lissi, aber sie reagierte nicht darauf. Lissi bewegte sich noch immer nicht. Plötzlich packte sie aber dann wieder die Realität und sie rannte aus dem Klassenzimmer. Dann, auf einmal, wachte sie schweißgebadet auf. Es war nur ein Traum. Lissi war darüber sehr erleichtert.

Julia Diepold
Berufsschule V, Klasse RA 10 A

Eine Geschichte für Freiheit, gegen Krieg und mit Hoffnung auf eine bessere Zukunft

Plymouth, 1862

Es ist der Abend eines kalten Februartages. Hechelnd läuft Poppy vor mir her. Sie ist meine kleine Border-Collie-Hündin. Ihr Schwanz wedelt wie verrückt. Wir sind am Hafen. Hier liegen die Segelschiffe, mit denen meine Eltern Tag für Tag neue Streifzüge planen. Poppy fängt an zu bellen. Ihr Kopf zeigt in Richtung eines ziemlich alten, im Wasser schwankenden Schiffes. Poppy läuft ziemlich schnell in Richtung des alten Kahns. Ich springe ihr hinterher auf das Boot. Ich versuche, sie zu mir zu rufen, doch sie läuft weiter und fängt abermals an zu bellen. Also laufe ich Poppy nach, in eine alte, leere Kammer im Inneren des Bootes. Die schwere Holztür schlägt hinter uns zu. Ich binde meiner besten vierbeinigen Freundin ein Seil um den Kopf, um zu verhindern, dass sie wieder wegläuft. Ich bewege mich in Richtung Tür. Poppy schleife ich hinter mir her. Ich drücke sanft gegen die Tür. Noch einmal fester. Ich kriege langsam Panik. Warum geht die Tür nicht auf? Ich hämmere gegen sie, höre aber schnell auf. Ich gebe auf und lege mich mit Poppy in eine Ecke der dunklen Kammer.

„Elizabeth! Liz!", ruft meine Mutter, „Wo bist du?" Und da ist auch mein Vater. Er hängt in der Stadt Zettel mit meinem Bild auf. Er gibt Leuten Beschreibungen von mir und Poppy: „Ich suche ein Mädchen mit hellbraunen, lockigen Haaren. Sie hat blaue Augen. Sie ist meine Tochter! Sie hat auch einen Hund, einen Border-Collie dabei."

Ich drehe mich im Schlaf. Poppy leckt mir sanft über das Gesicht. Ich erwache. Der Morgen ist angebrochen. Ich schaue mich um. Es kommt mir vor, als hätte ich einen Albtraum gehabt, er ist aber noch nicht vorbei. Ich habe Hunger, Durst. Außerdem kann ich die Augen vor lauter Kopfschmerzen fast gar nicht mehr öffnen. Trotz des Schmerzes reiße ich mich zusammen und sehe mich um. Bei Helligkeit kann ich in dem Raum ein kleines Fenster sehen. Ich kriege einen Schock. Wir sind auf See. Das Schiff fährt mit einer rasenden Geschwindigkeit durch den Atlantik. Ich höre Schritte. Panisch deute ich Poppy, dass sie leise sein soll. Zwei Männer kommen in Richtung der Kammer. In letzter Sekunde steige ich in ein altes Weinfass. Einer der beiden rüttelt an der Tür. Ich höre Stimmen. Daraufhin reißt jemand die Tür auf. Die beiden kommen herein. Ich bete im Stillen: Bitte entdeckt sie nicht, bitte findet Poppy nicht. Ich glaube, sie haben sich etwas aus dem Regal genommen. Bald darauf waren die Männer weg. Ich steige aus dem Fass. Poppy springt sofort an mir hoch.

Im Laufe des Tages erkunde ich den kleinen Raum und finde ein noch volles Fass Wein, ein Stück hartes Brot und ein paar Wolldecken. Die nächste Nacht ist schon wesentlich bequemer. Am nächsten Morgen wurde ich dadurch geweckt, dass ein Mann in der Kammer stand. Er schaut mich entsetzt an. Aber noch geschockter ist er darüber, dass ich einen Hund dabei habe. Er ruft die anderen Matrosen und den Kapitän zusammen. Ich bringe kein Wort heraus, nicht einmal, als sich die Männer über meine Strafe unterhalten. Zwei von ihnen schleifen mich an Deck. Dort sitzt auf einem kleinen Stuhl ein weiterer Mann. Einer der anderen stellt ihn mir als ,Boss' vor. Ich sehe mich um und entdecke, dass Poppy von einem Mann im Matrosenanzug festgehalten wird. Der Mann verzieht immer wieder angewidert das Gesicht und wischt sich über den Anzug. „So", fängt der Boss an zu reden, „du befindest dich auf einem Schiff nach New York, Amerika. Du hast dich auf unser Schiff geschlichen. Du hast unseren Wein getrunken und unser Brot gegessen. Ich könnte dich ins Meer schmeißen, doch dann würdest du vermutlich nicht lange überleben. Ich töte keine Menschen. Zur Strafe wirst du hier bleiben, bis wir in New York sind. Du wirst das Deck putzen, unsere Betten machen und kochen. Das sollte für ein Mädchen wie dich wohl Strafe genug sein." In diesem Moment fällt all die Spannung von mir ab. Ich atme aus. Aber was würden sie mit Poppy machen? „Wie heißt du?", fragt mich einer der Männer. „Elizabeth", antworte ich trocken. Ich sehe schon, es warten viele gleich graue Tage auf mich. Es stellt sich im Laufe der Wochen heraus, dass sich der Mann im Matrosenanzug wohl doch ziemlich gut um Tiere kümmern kann. Er ist der „Koch auf dem Kutter", wie mir ein anderer Mann erzählt, während ich sein Bett mache. Anscheinend sollte er aber eher der Tierwärter sein, denn das Essen ist nicht besonders gut. Ich vermisse mein Zuhause, das gute Essen, die großen Parkanlagen und mein warmes Himmelbett. Poppy guckt mich an, als wolle sie sagen: ,Liz! Reiß dich zusammen! In einer Woche sind wir in New York.' Ich nehme sie in den Arm und streichle ihr über den Kopf. In diesem Moment ruft der Kapitän die gesamte Mannschaft zusammen. Da gehöre ich ja jetzt auch dazu. „Der Wind steht günstig", erläutert er uns, „Wenn wir die Segel setzen, sind wir mindestens vier Tage früher an unserem Ziel." „Super!", höre ich eine Stimme hinter mir, „Dann werden wir bestimmt auch früher nach Hause können!" Der Mann im Matrosenanzug unterhält sich mit einem der Muskelpakete, die an Bord für das Segelhissen und so etwas zuständig sind: „ Ja, bei den Zuständen sollte man dort keine Sekunde zu lang verbringen." Vielleicht ist dort eine schlimme Hitzewelle oder so. Ich frage mich nicht weiter. Die letzten drei Tage verlaufen ganz in Ordnung. Die Männer haben sich an mich gewöhnt und ich mich an die Arbeit auf Deck. Nach genau drei Tagen sind wir in New York. Der Hafen ist riesig und mit der modernsten Technik ausgestattet. Ich leine meine Hündin an und verabschiede mich von der Mannschaft. Nun gehe ich also, mit meiner besten Freundin an meiner Seite, durch eine Schranke in die lauteste, schmutzigste und vollste Stadt, die ich je gesehen habe. In diesem Moment wusste ich noch nicht, dass die Stadt ganz und gar nicht meinen Vorstellungen entsprach.

Ich frage mich, wie ich denken konnte, ich spaziere in diese riesige Weltstadt und jeder kennt mich. Wie ich denken konnte, man spendiert mir ein Hotelzimmer, ein kaltes Buffet und eine Fähre zurück nach Hause. Irrtum. Ich spreche ein paar Leute auf der Straße an. Kaum einer spricht Englisch. Ich frage sie, ob sie mich kennen würden oder ob ihnen mein Name etwas sage. Keiner kennt mich. Manche schauen mich bemitleidend an oder geben mir ein paar Münzen. Da wir am Nachmittag angekommen sind, ist es nun Abend und die Dämmerung bricht an. Ein Kind fragt mich, ob es meinen Hund streicheln könne, doch seine Mutter zieht es energisch von mir weg und hält ihm dann eine Predigt in irgendeiner anderen Sprache. Ich lege mich auf eine Parkbank und versuche einzuschlafen. Ich höre viele Leute, Menschen, die rennen, schreie, Menschen, die vielleicht Hilfe brauchen könnten. In dieser Nacht schlafe ich nur schwierig ein. Als ich am nächsten Morgen erwache, weiß ich nicht gleich, wo ich bin. Kopf- und Rückenschmerzen erfüllen meinen Körper. Ich denke zurück an die Stimmen des gestrigen Abends, an die Schreie, die Angst, die die Luft erfüllte. Erst jetzt fällt mir auf, dass Poppy ruhig auf dem Boden liegt, reglos. Eine Stelle ihres Rückens ist aufgeschürft. Ich bekomme Angst. Was, wenn es Poppy wirklich nicht gut geht? Ich richte mich auf, setze mich auf die Parkbank und blicke wie versteinert auf eine der vielen großen Straßen. Ich merke, dass sich etwas Weiches an meine Beine schmiegt. Poppy! Ich hebe sie hoch und setze sie auf meinen Schoß. Ich streichle sie ein wenig. Am Tag wirkt die Stadt schön, trotz des Großstadtlärms. Doch in der Nacht, wenn Straßenlaternen die wie ausgestorben wirkenden Straßen erhellen und Schreie und Fußgetrampel durch die Straßen hallen, wirkt die Stadt gruselig, angsteinflößend. Jetzt sind sie wieder da, die Menschen. Es sind mehr als in der letzten Nacht. Viel mehr. Lautere Schreie. Ich wache am nächsten Tag früh auf. Ich beobachte gerade den Sonnenaufgang, als mir auffällt, wie Poppy in einem Mülleimer nach Essen sucht. Erst jetzt merke ich, dass ich Hunger habe. Ich rolle mich zusammen und rufe Poppy zu mir. Ich versuche, den Tag durch Schlafen zu überbrücken. Es klappt ganz gut. Poppy und ich wachen gegen Abend auf. Wieder die Menschen. In diesem Moment wird mir eines klar: Diese Menschen laufen nicht sinnlos durch die Gegend, nein. Sie laufen, rennen aus ihrer Heimat hierher. Dort, wo sie herkommen, herrscht Krieg. Diese Menschen lassen all ihr Hab und Gut zurück, sie fliehen hierher, wo sie auf eine bessere Zukunft hoffen können. Es gibt soviel Krieg auf der Welt. Dagegen sollte man seine Stimme erheben! Laut werden, gegen all das, was hier schief geht! Am nächsten Tag gehe ich früh mit Poppy zum Hafen. Dort treffen wir zufällig den Typen mit dem Matrosenanzug. Er meint: „Ich würde dann gleich ein Boot zum Hafen in Plymouth nehmen. Eins von den neuen – drei Tage und wir sind zu Hause. Wenn du willst, kannst du mitkommen." Ich nehme das Angebot an und verspreche, dass ich helfe und gut auf Poppy aufpasse. Ein paar Tage später steige ich, froh und schockiert zugleich, aus dem technisch fortschrittlichen Boot. Den Weg zu Fuß nach Hause kenne ich ja. Ich bin froh, endlich wieder hier zu sein. Also laufe ich mit Poppy, meiner besten vierbeinigen Freundin, nach Hause. Sofort, als ich ankomme, laufe ich zu meinen Eltern. „Liz, wo warst du? Wir haben dich überall gesucht, wir waren sogar in Exeter und in Torquay!" Meine Mutter nimmt mich mit Tränen in den Augen in den Arm. „Mum, mir geht's gut", antworte ich. „Schatz, wo warst du?" Die tiefe Stimme meines Vaters erfüllt den Raum. „In New York, Dad." „Das musst du uns jetzt aber erklären", schmunzelt meine Mum. „Oder veräppelst du uns?" Also erzähle ich ihnen die ganze Geschichte. „Mum, Dad, könnt ihr bitte einen Termin bei der Regierung ausmachen?", frage ich sie schließlich. „Wozu?", fragt Dad mich. „Ich muss eine Rede halten." Eine Woche später fährt mich mein Vater zur englischen Regierung.

„Sehr geehrte Damen und Herren des englischen Parlaments, mein Name ist Elizabeth und ich bin 14 Jahre alt. Ich stehe heute vor Ihnen, um über ein Thema zu sprechen, das mir sehr am Herzen liegt. Ich habe gehört, dass einige Länder ihre Probleme mit Krieg lösen. Aber ist das wirklich der beste Weg? Krieg bringt nur Schmerz und Leid für alle Beteiligten. Kinder und Familien werden getrennt, Häuser und Gemeinden werden zerstört und die Natur wird schwer geschädigt. Das ist nicht fair. Ich glaube, dass wir bessere Wege finden können, um unsere Probleme zu lösen. Wir müssen lernen, uns zuzuhören und respektvoll miteinander umzugehen. Wir müssen lernen, wie wir unsere Konflikte auf eine friedliche Art und Weise lösen können. Das ist der einzige Weg, um eine bessere Zukunft für uns alle zu schaffen.

Ich bitte Sie alle, sich mit mir zusammenzuschließen und sich für eine friedlichere Welt einzusetzen. Wir können nicht zulassen, dass Krieg wieterhin unser Leben und unsere Gesellschaft dominiert. Es ist an der Zeit, dass wir uns für eine bessere Zukunft einsetzen.

Vielen Dank für Ihre Aufmerksamkeit."

Jana Marie Kunz
Maria-Theresia-Gymnasium, Klasse 5e

Sei laut!

Im Unterricht bist du leise, aber glaub mir, zu Hause kannst du so laut sein, wie du willst.

Vertrau mir einfach!

Es tut gut!

Sara Arman
Johann-Strauß-Grundschule, Klasse 4c

Immer lauter!

„PIEB, PIEB, PIEB, PIEB . . .", ertönte schrillend laut der Wecker auf meinem Nachttisch. Er war schließlich auf sechs Uhr morgens gestellt, da heute Freitag war. Ich hatte aber keine Lust auf Schule. So wie immer halt. Aber ich spürte, dass der Tag noch schrecklicher als sonst werden sollte, obwohl es der letzte Schultag vor den Faschingsferien war. Dies ignorierte ich vorerst. Langsam schlenderte ich zum Esstisch, um meine tägliche Frühstücksnahrung zu mir zu nehmen: Cornflakes. Meine nervige Schwester kam wie immer sehr schlecht gelaunt in die Küche gelaufen, drehte das Radio auf volle Lautstärke, um mich damit zu nerven. Ich regte mich auf, weil ich hohe Lautstärke gar nicht leiden kann, aber sie ignorierte mich stets. Mit schlechter Laune trottete ich zur Schule. Mir wurde klar: Heute wird ein sehr lauter Tag werden. Ich wohne in einer kleinen Gasse, in der sehr wenige Autos fahren. Als ich aus der Gasse herauskam, erwartete mich eine böse Überraschung: Die Autos, Busse, Motorräder und LKWs standen an der Hauptstraße im Stau und alle hupten und schimpften. Mein Kopf rauschte. Fast an der Schule angekommen, fuhr ein großer Faschingsumzug an mir vorbei. Die Narren jubelten, spielten laute Musik und entsprechende Instrumente. Langsam wurde ich nervöser. Endlich an der Schule angekommen, betrat ich das Gebäude und anschließend auch mein Klassenzimmer. Wir wollten gerade mit dem Eng-lisch-Unterricht beginnen, als eine Durchsage die Schule vibrieren ließ: „PIIIIEEEEEEPP!!! KNAAARZZZ!!! Entschuldigung, wir haben ein paar Schwie-rigkeiten mit den Lautsprechern. Jetzt sollte es eigentlich funktionieren. Jep! Heute findet das Faschingsfest mit einer Disco und einem Buffet in der zweiten Stunde statt! Die Anwesenheit ist Plicht! Wir freuen uns auf euch. Zur Vorfreude dürfen heute die Schüler entscheiden, was sie im Unterricht machen wollen! Eure SMV." Meine Vorahnungen hatten recht: Es würde der schlimmste Tag! Meine Mitschüler entschieden laute Elek-tro-Musik mit hartem Bass zu hören. Mein Kopf brummte und langsam bekam ich einen Tinnitus. Ganze zwei Stunden kämpfte ich mich durch den unsanften Schall, der mich überrumpelte. Jetzt hieß es: Faschings-feier in der Aula. Wie schrecklich kann es denn noch werden? Die Feier dauerte drei Stunden! Nach zwei ungemütlichen Stunden konnte ich meine Gefühle nicht mehr halten: „STOPP!!! RUHE!!! ICH WILL MEINE RUHE!" Die Musik stoppte abrupt und alle Kinder, Lehrer und Jugendlichen schauten mich an, als ob ein Ufo gerade gelandet wäre. Die Tür stand schon für mich, so wie bestellt, offen. Ich rannte mit hohem Tempo in die Freiheit, am Faschingsumzug, an dem Stau und an dem Radio vorbei, bis in mein Zimmer und in mein Bett. „Endlich Ruhe!"

Leon Krebs
Jakob-Fugger-Gymnasium, Klasse 6d

Das laute Mikrophon und die leise Blume

Es war einmal ein Mikrophon, das sehr laut war. Es spielte sehr gerne mit seiner Freundin Blume. Das Mikrophon schrie immer laut, die Blume war das Gegenteil zum Mikrophon. Die Blume war, wie gesagt, sehr, sehr schüchtern und redete nicht viel. Das Mikrophon war sehr nett zu der Blume. Es holte für die Blume und für sich Karten, um auf der Bühne zu singen. Doch die Blume traute sich nicht. Sie wollte es dem Mikrophon nicht sagen, denn es schien sich sehr zu freuen.

An einem Samstag sprang es hin und her, denn die Aufführung war schon an diesem Abend. Das Mikrophon sagte: „Komm, wir proben!"

Bald war es so weit, es war Abend. Die Blume traute sich immer noch nicht. Die Show begann. Das Mikrophon sang schon auf der Bühne. Erst dann traute sich die Blume zu sagen, dass sie Angst hatte. Das Mikro-phon sagte: „Das hättest du mir aber schon früher sagen können!" Die

Blume antwortete: „Es tut mir echt leid." „Entschuldigung angenommen!", sagte das Mikrophon.

„Komm, wir gehen nach Hause. Lassen wir die Show sein." Die Blume war froh, dass sie endlich laut gesagt hatte, was sie fühlte.

Und so lebten sie weiter in guter Freundschaft bis an ihr Lebensende.

Frieda Passon und Greta Gerhardt
Lichtenstein-Rother Grundschule, Klasse 3

Immer lauter

Auf der Welt wird es immer lauter
Bomben und Raketen sprengen die Mauer
laute Schreie überall
Frieden gibt es nur manchmal
Bitte, lieber Gott, hilf uns in unserer Not,
Sonst ist das Zusammenhalten bald tot.

Berkem Filiz
Maria-Theresia-Gymnasium, Klasse 6b

Fledilunas Problem

Eines Tages flog Flediluna in den Wald, um dicke, saftige Würmer für ihre kranke Schwester Fledijana zu suchen. Als sie die saftigsten in den Klauen hatte, beschloss sie, zurück zu fliegen. Als sie über eine Lichtung flog und in den Sinkflug ging, um eine Blume zu pflücken, ertönte plötzlich ein Brüllen hinter ihr. Erschrocken ließ sie die Würmer fallen und wollte wegfliegen, als ein riesiger Elefant heraus trat und brüllte: „Was suchst du auf meiner Wiese, du Winzling?" Flediluna piepste: „Naja . . . mein Bau ist gleich da drüben und ich kann nicht höher fliegen . . ." „Was?", brüllte der Elefant, „du musst lauter sprechen!" „Mein Bau ist gleich da drüben und ich kann nicht höher fliegen!", schrie Flediluna. „Sag Entschuldigung, da diese Wiese mir gehört!", brüllte der Elefant. „Entschuldigung!", fiepte Flediluna. „LAUTER!!! Sonst zertrample ich dich, du Winzling!" Flediluna nahm all ihren Mut zusammen und schrie den Elefanten an: „ENTSCHULDIGUNG!" „Na gut. Dieses Mal verzeihe ich dir, aber nächstes Mal . . .!" Mehr hörte Flediluna nicht, denn sie flog eiligst weg.

Julia Gaugler und Rebecca Bruns
Jakob-Fugger-Gymnasium, Klasse 5a

Elfchen

Stimme
Laute Töne
Lauter tapfere Gedanken
Sei niemals unterdrückt, sei
Lauter!

Marlene Kalb
Gymnasium bei St. Anna, Klasse 6d

Lauter — mit Musik gegen Rassentrennung

USA, 1963. Es herrschte Rassentrennung. Vor allem in den Südstaaten war das offensichtlich, genauer gesagt in der Stadt Montgomery in Alabama. Dort lebte ein Jugendlicher namens George Sesame. Er war 16 Jahre alt. Er war einer von den Unterdrückten. Sein Vater starb kurz nach Georges Geburt. Als George acht Jahre alt war, kam auch seine Mutter bei einem Busunglück ums Leben. Er lebte nun in einem armen Viertel der Stadt. Jeden Tag ging er in eine öffentliche Bibliothek, in der auch Schwarze willkommen waren, um zu lesen und in fremde Welten einzutauchen. Dies war der Ort, an dem er seinen besten Freund zum ersten Mal traf. Er wollte gerade ein Buch mit Liedtexten aus dem Regal nehmen, als eine andere Hand nach dem Buch grabschte. „Hey! Was soll denn das?", rief George und drehte sich um. Vor ihm stand ein Junge, der etwa einen Kopf kleiner war als er, und grinste: „Magst du auch so gerne Musik?" „Ja! Wer bist du?" Der kleine, etwas pummelige Junge sagte: „Ich heiße William Arondy. Ich wohne hier gleich um die Ecke." George schaute ihn erstaunt an: „Komisch, ich habe dich hier noch nie gesehen." „Kannst du auch gar nicht, denn ich komme sonst immer erst später her. Wie heißt du?" „Ich? Ich heiße George. Und ja, ich liebe Musik. Ich liebe es zu singen. Treffen wir uns morgen wieder hier?" „Klar, bis morgen!", rief William und rannte aus der Bibliothek.

Zwei Jahre später trafen sich die beiden Freunde an der örtlichen Müllkippe. Sie waren schon oft hier gewesen, denn hier gab es immer spitze brauchbares Zeug. Sie mussten jedes Mal aufpassen, denn an dem Maschendraht, der das Gelände einzäunte, hing ein Schild, auf dem stand: „Betreten verboten!" Schnell kletterten die beiden über den Zaun. Doch als George gerade auf die Seite der Müllkippe springen wollte, rief William von unten: „Mist, George! Ich habe mich verheddert. Hilfst du mir mal?" „Wackel mit deinen Beinen! Warte, ich geb' dir meine Hand!"

William wackelte mit den Beinen. Zum Glück hatte er sie nach ein paar Momenten frei und gab George die Hand. So gut es ging, zog George ihn hoch. „Danke", seufzte William erleichtert. Schnell schlichen sie zu dem Berg mit dem Altmetall. Gerade fuhr ein Laster weg. Flink eilte William näher. Und da sah er das, wovon er immer geträumt hatte: ein Saxophon! „George, komm rüber! Schau, was ich gefunden habe!" Schnell rannte George zu ihm. „Wow!" Das Saxophon, das William gefunden hatte, war ein sehr zerbeultes Instrument. An ein paar Rändern war es sogar schon verrostet. Doch für William war es mehr als ein ramponierter Blechhaufen. Er konnte sich kein neues Saxophon leisten, er hatte nicht das Geld dazu. Rasch nahm er das Instrument unter den Arm und die beiden Freunde rannten so schnell es ging zu Williams Wohnung. Er lebte in einem winzigen und muffigen Raum in einem der Mietshäuser der Stadt. Dort begutachteten sie das Saxophon. William blies vorsichtig hinein. Es kam ein etwas metallener Klang heraus. Seitdem übte William verbissen mit seinem Saxophon.

Eines Abends fragte George seinen Freund, ob er mit ihm in die Innenstadt fahren wolle, um dort durch die bunt erleuchteten Straßen zu gehen. Als sie in den Bus einstiegen, sahen sie, dass alle Sitzplätze von Weißen besetzt waren. Die schwarzen Fahrgäste standen. „Warum müssen wir eigentlich immer noch stehen?" flüsterte George William verärgert ins Ohr. „Das ist doch ungerecht. Hat der Busboykott von Martin Luther King denn nichts verändert?" Bei der nächsten Haltestelle stieg einer der wießen Fahrgäste aus. Schnell setzte sich George auf den freien Platz. „Endlich kann ich mal sitzen", freute er sich. Doch da stieg noch ein dicker Weißer in den Bus ein. Er sah wichtig aus. Plötzlich schnauzte er George mit lauter Stimme an: „Wirst du wohl aufstehen! Schäm dich! Steh jetzt auf!" Doch George antwortete ruhig: „Nein! Die Zeiten haben sich geändert." „Du, George, ich würde an deiner Stelle schon aufstehen, der meint das ernst!", flüsterte William ihm ängstlich zu. „Oh ja, das solltest du!" brüllte der dicke Mann, „sonst hole ich die Polizei!" „Nein!", sagte George noch einmal beharrlich. „Ah, George, hier müssen wir aussteigen", meinte William und zupfte seinen Freund am Ärmel. Schnell verließen die zwei den Bus. „Oh, Mann, ich sag' dir, mit dem wirst du noch oft Ärger bekommen", sagte William verzweifelt, als sie durch die Straßen von Montgomery gingen. „Das glaub' ich auch", antwortete George andächtig.

Zur selben Zeit fuhr der verärgerte dicke Mann noch zwei Stationen weiter. Dort stieg er aus. Die Gegend war finster. Hier hausten vor allem Verbrecher, Ganoven, Gangster, Diebe und andere zwielichtige Gestalten. Schnell huschte der Mann in eine kleine und dunkel wirkende Spelunke. Im Inneren roch es nach Alkohol. Er setzte sich an einen Tisch mit drei finsteren Männern. „Ihr müsst mir einen Jungen fassen und verprügeln. Er hat sich geweigert, im Bus für mich von seinem Sitzplatz aufzustehen." „He, Patrick, wir wissen doch gar nicht, wie er aussieht, und außerdem wollen wir eine entsprechende Belohnung." „Erstens nennt ihr mich ‚Boss', zweitens werde ich euch morgen den Jungen zeigen. Ich vermute, er ist irgendwo in der Armensiedlung in den Bus gestiegen. Drittens, was den Lohn betrifft, der wird reichlich sein. Ich werde euch morgen um 11 Uhr genau hier abholen, verstanden?" „Geht klar, Boss!", antwortete der größte der drei.

Am nächsten Morgen holte der Mann, der sich ‚Boss' nannte, die drei in einem braunen Cadillac ab. „So, dann werde ich euch den Knaben mal zeigen", sagte er. Als die vier Männer die Mietshäuser erreichten, sahen sie George und William sofort. „Da ist er! Mit seinem Freund!", brüllte der dicke Mann mit drohender Stimme. „Wir verfolgen ihn bis zu seiner Wohnung!"

„He, George, dieses braune Auto folgt uns schon ganz schön lange", flüsterte William George zu, den Blick auf den Cadillac gerichtet. „Du hast recht, und drei Mal darfst du raten, wer drin sitzt. Ich glaube, wir sollten jetzt schnell in eine Seitengasse rennen", schlug George nervös vor. „Los!" So schnell sie konnten, rannten sie in eine schmale Seitenstraße.

„Mist, die haben bemerkt, dass wir sie verfolgen. Die versuchen wegzurennen. Los, schnell hinterher!", rief einer der drei Rüpel. Der Wagen beschleunigte und raste, so gut es ging, den zwei Jungen hinterher. Doch schon nach kurzer Zeit hatten die beiden ihre Verfolger abgeschüttelt. „Nein! Wie konntet ihr sie entkommen lassen! Ab jetzt werdet ihr sie überall suchen und zu einem passenden Zeitpunkt verprügeln!", knurrte der dicke Mann mit puterrotem Gesicht. „Ok, Boss!"

„Ich glaube, wir haben sie abgeschüttelt", schnaufte George. „Das war ganz schön knapp!", keuchte William. „Was die wohl mit uns machen wollten, George?" „Wer weiß? Bestimmt nichts Gutes. Naja, jetzt sind sie ja weg. Lass uns zu mir gehen!" Auf dem Weg begegneten sie Louis, der William das Saxophonspielen beibrachte. „Hallo, Jungs! Wie geht es euch? Übst du fleißig, William?" „Uns geht's gut. Und ja, ich übe fleißig", lachte William. „Bye, Louis!" „Na, dem ging's ja wieder super," raunte George ihm über die Schulter zu. „Du kennst ihn doch, der ist ja immer gut gelaunt.

Und außerdem kann er wirklich super Saxophon spielen", antwortete William trotzig. „Ich mein' ja nur," erwiderte George kleinlaut.

„Oh! In unserem Briefkasten steckt ein Brief! Komm, lass uns zu mir hoch gehen." George schloss schnell die Tür auf und setzte sich aufs Bett. „Der Brief ist von meinem Onkel Michael", rief er erfreut. „Ist das der Onkel, von dem du schon oft erzählt hast?", fragte William. „Genau der. Und hier steht, dass ich mit dir nach Washington kommen soll, um mir dort die Rede von Martin Luther King anzuhören. Hey, William, wir sollen nach Washington! Ist das nicht super? Was sagst du?" ,Klar, aber wie sollen wir nach Washington kommen, wenn wir kein Geld haben?', dachte William laut. „William, schau mal, hier! Hier ist Geld im Umschlag für unsere Reise!" „Na, dann ist es ja geritzt. Wir fahren nach Washington. Und weißt du was? Ich nehm' mein Saxophon mit, damit wir als Straßenmusikanten ein bisschen Geld verdienen können!", rief William freudig. „Das ist eine gute Idee, William. Der Bus fährt morgen um 8 Uhr. Ich würde sagen, dass jetzt jeder von uns die Koffer packt." „Also, George, bis morgen!"

Am nächsten Morgen trafen sich die Freunde in aller Frühe an der Bus-haltestelle. „Na, ausgeschlafen?", fragte George seinen Freund. „Wir müs-sen noch eine halbe Stunde warten, dann kommt der Bus." Sie setzten sich auf die Bank und warteten.

Derweil fuhr der braune Cadillac durch das Viertel, in dem George und William wohnten. „Hier sind sie nicht. Vielleicht sind sie an einer der Bus-haltestellen. Wir fahren jetzt zu jeder Haltestelle in der Gegend und schauen, ob sie dort sind", knurrte der Mann mit dem dicken Bauch. An der vierten Haltestelle sahen sie die beiden Jungen. „Das sind sie! Und sie warten auf den Bus nach Washington", sagte der kleinste der drei Ganoven mit schräger Stimme. „Ok, dann werdet ihr den beiden mit dem Wagen bis nach Washington folgen und bei der erstbesten Gelegenheit verprügeln. Ich werde hier in Montgomery auf euch warten." „Äh, Boss, ich hätte da eine Frage", sagte der Mittlere der drei. „Wozu soll dieser Aufwand gut sein? Ich meine, kostet das nicht 'ne Stange Geld?" „Wozu der Aufwand gut sein soll? Er ist nicht für mich aufgestanden! Ist das nicht Grund genug? Ich hasse die Schwarzen einfach! Sie gehören nicht in unser zivilisiertes Amerika!", schrie der Mann, der ,Boss' genannt wurde, außer sich vor Wut. „Und jetzt bringt mich zu meinem Haus und verfolgt diese zwei Gören. Und wehe, ihr macht mir diesen Wagen kaputt!" „Hey, kommen Sie mal wieder runter, Boss. Wir machen ja!"

Zur selben Zeit, in einem stickigen Bus, der Richtung Washington fuhr: „Oh, Mann, wären wir doch bloß mit dem Zug gefahren. Dieser Bus ist so eng und außerdem klappert er die ganze Zeit", maulte William. „Was willst du machen? Wir haben kein Geld für den Zug. Es reicht nur für den Bus, also sei jetzt still!" „Ähem, George, wie sollen wir deinen Onkel überhaupt finden?" „Er hat geschrieben, dass er uns an der Bushaltestelle abholen wird. Und jetzt sollten wir uns mit etwas Lesen die Zeit vertreiben. Hier, das ist ein gutes Buch. Es heißt ‚In 80 Tagen um die Welt'." „Na, wenn du meinst . . ." William nahm unentschlossen das Buch, blätterte zur Seite eins und begann zu lesen.

Einige Zeit später kam der Bus in der Hauptstadt der USA an. George und William konnten nur staunen. „Wow!", hauchte William leise. „Ist das schön!" „Hey, da vorne ist der Busbahnhof", rief George aufgeregt, „wir sind gleich da!" Als der Bus anhielt, stiegen die zwei aus und sahen sich um. Da hörten sie plötzlich eine Stimme hinter sich: „George! Und das muss dein Freund William sein, stimmt's? Ich bin Georges Onkel Michael. Lasst euch umarmen!" Michael umarmte die beiden Jungen so stark, dass ihnen fast die Luft wegblieb. „Aber warum hast du ein Saxophon mitgebracht?" „Wir wollen ein bisschen Geld mit Straßenmusik verdienen." „Ok, wenn ihr den Mut dazu habt! Ich hätte da viel zu großen Bammel!", lachte Michael. „Naja, jetzt fahren wir erst einmal zu meiner Wohnung. Dort könnt ihr eure Sachen abstellen und dann die Stadt erkunden." „Au ja, da kannst du gleich dein Saxophon mitnehmen, William", sagte George fröhlich. Schnell gingen die drei in Richtung Michaels Wohnung. „Ich sage euch, der Tag morgen wird in die Geschichte eingehen", sagte Michael mit bedeutsamer Stimme. „Du meinst, weil Dr. King morgen eine Rede halten wird?", fragte George. „Genau deswegen. Und ich wette mit euch, dass viele tausend Menschen kommen werden. Oh, da sind wir ja. Hier wohne ich. Kommt rein!" Vor ihnen war ein großes Mietshaus. Geschwind stiegen sie die Treppe hinauf und Michael schloss die Wohnungstür auf. „Hier wohnst du also, gar nicht mal so schlecht!", lachte William. „Finde ich auch", pflichtete ihm George bei. „Also können wir hier unsere Sachen abstellen?" „Genau." Die beiden Freunde eilten so schnell wie möglich wieder aus dem Haus und liefen in die Innenstadt. „Findest du nicht auch, dass wir von den Weißen ungerecht behandelt werden? Ich meine, wir müssen doch was tun dagegen! Wir dürfen nicht immer leise zuschauen. Wir müssen lauthals dagegen antreten, bis wir nicht mehr unterdrückt werden", sagte George ernst. „Du hast recht, wir müssen lauter werden. Wir sind keine anderen Menschen, sondern alle gleich. Morgen wird es laut werden, wenn abertausende Leute kommen, um sich die Rede von Martin Luther King anzuhören. Aber wir beide werden heute schon anfangen, laut zu sein, indem wir gegen die Rassentrennung singen!", meinte William entschlossen. Und so stellten sie sich an die Ecke eines Parks und begannen zu spielen und zu singen. Immer mehr Leute kamen und hörten ihnen zu, denn es war so ungewöhnlich, dass zwei schwarze Jugendliche über die Rassentrennung sangen.

Als es langsam dunkel wurde, packten sie das Saxophon ein und gingen. „Ich hoffe, dass wir ein paar Leuten gezeigt haben, in welcher Zeit wir leben", sagte George erschöpft. „Naja, wenn du dir das Geld anschaust, das wir eingenommen haben, müssen wir manche doch überzeugt haben", lachte William. Schnell gingen sie nach Hause zu Georges Onkel.

„Ah, da seid ihr ja endlich! Ich habe mir fast schon Sorgen gemacht!", rief Michael erleichtert. „Ihr müsst jetzt schlafen, damit ihr morgen hellwach seid." „Machen wir!", riefen die beiden im Chor. Schnell zogen sie ihre Schlafanzüge an und legten sich schlafen.

Währenddessen in einem braunen Wagen: „Er hätte uns auch mit dem Zug fahren lassen können", grummelte der Kleinste der drei Gangster. „Nach so langer Fahrt mit der Karre wird die ganz schön ungemütlich." „Sei still!", schnauzte ihn der Größte an. „Wir werden uns für diese Nacht ein Motel suchen und morgen die Gören verprügeln. Ich glaube sogar, ich weiß, wohin sie wollen. Ich wette, dass sie morgen die Rede von diesem Martin Luther King anhören möchten. Der muss ja ganz schön bekannt sein, wenn sogar zwei Kinder hingehen." „Hey, hier können wir übernachten!", rief plötzlich der Mittlere der drei. „Hier ist es schön billig."

Am nächsten Morgen sahen George und William, als sie aufstanden, dass Onkel Michael große Plakate geschrieben hatte, auf denen stand: „Lauter, gegen Rassentrennung!", „Wir sind gleichberechtigt", „Wir sind laut gegen Rassentrennung" und „Wir sind alles Menschen." „Warum hast du vier Plakate geschrieben, wir sind doch nur zu dritt?", fragte William, als es an der Tür klingelte. Michael machte auf und vor der Tür stand ein kräftiger Mann. „Das ist Thomas Wyden. Er ist ein alter Kumpel von mir und für ihn ist auch das vierte Plakat", klärte er die beiden Jungen auf. „Thomas, das ist mein Neffe George und sein Freund William." Der Mann grinste sie an und sagte: „In zwei Stunden gehen die Reden los. Kommt, ich habe mein Auto vor dem Haus geparkt." Schnell rannten die vier die Treppe hinunter und stiegen ins Auto. Nach einer Viertelstunde waren sie da. Sie sahen eine riesige Menschenmenge. „Wow, sind das viele Leute!", staunte George. „Hab ich doch gesagt!", triumphierte Michael. Thomas parkte das Auto und sie nahmen ihre Plakate. Anschließend stellten sie sich zu den anderen Menschen, als jemand aus der Menge schrie: „Wir müssen laut gegen die Rassentrennung antreten!" „Da hat er recht", pflichtete ihm George bei.

Derweil machten sich die drei Gangster bereit. „Bist du dir ganz sicher, dass du sie jetzt verprügeln willst? Ich meine, siehst du denn nicht die Menschenmassen?", fragte der Kleinste der drei zögernd. „Denkst du etwa, dass die uns was können? Nein, nein, die haben Angst vor uns!", spottete der Größte. „Na, wenn du meinst, dann los!", meinte der Kleinste, immer noch zweifelnd. Die drei rannten auf die beiden Jungen zu, als George sich umdrehte: „Die wollen uns zusammenschlagen!", schrie er verzweifelt. Sofort drehten sich einige Männer um und gingen drohend auf die Gangster zu. „Wir sollten lieber wieder ins Auto", flüsterte der Mittlere. „Schnell!" So schnell es ging, rannten die drei zum Auto und fuhren los. „Zum Henker mit dem Boss! Ich pfeif auf das Geld und den Auftrag. Wir werden das Auto mitnehmen und für immer verduften!", rief der Größte.

„Kanntest du die? Was wollten die von dir?", fragten die Männer George. „Alles in Ordnung. Nun sind sie ja weg und ich glaube, die haben gen . . ." George wollte den Satz gerade beenden, als die Menschenmenge anfing zu jubeln. Er drehte sich um und sah: Martin Luther King! Die Menge verstummte, als er seine Rede begann: „Ich habe einen Traum . . ."

Constantin Schneider und Valentin Mägele
Gymnasium bei St. Stephan, Klasse 5c

Pieps und sein lautes Pfeifen

Es war einmal ein kleiner Vogel namens Pieps, der in einem Wald lebte. Pieps war sehr stolz darauf, dass er so laut pfeifen konnte wie kein anderer Vogel im Wald. Er dachte, dass ihm das einen besonderen Vorteil verschaffen würde, wenn es darum ging, einen Partner zu finden oder ein Nest zu bauen.

Eines Tages traf Pieps einen alten Vogel namens Krächz. Krächz sagte zu Pieps: „Weißt du, es geht nicht immer nur darum, wer am lautesten pfeifen kann. Es geht darum, wer die schönsten Melodien singen kann und das Herz der anderen erreichen kann." Pieps war überrascht, denn er hatte noch nie darüber nachgedacht, dass er mehr brauchte, um erfolgreich zu sein. Also beschloss er, seine Fähigkeiten zu verbessern und die schönsten Lieder zu lernen.

Nach einer Weile traf Pieps eine hübsche Vogel-Dame namens Lolo. Lolo war begeistert von den Liedern, die Pieps sang, und sie waren bald unzertrennlich. Pieps war glücklicher denn je, denn er hatte gelernt, dass es mehr brauchte, um erfolgreich zu sein, als nur laut zu sein. Von diesem Tag an lebte Pieps glücklich bis an das Ende seiner Tage und sang jeden Tag die schönsten Lieder für Lolo und alle anderen im Wald.

Sorin Saber und Ruth Garcia
Berufsfachschule für Kinderpflege, Klasse Ki 10B

Der Traum

Kennt ihr das Mädchen, das sich nicht traut zu singen? Wir erzählen dir mehr von ihr. Sie heißt Lea, ist 12 Jahre alt und geht in die 6. Klasse. Sie wohnt in einem schönen Haus im Kastanienweg. Lea singt sehr gerne, aber nur wenn niemand sie hört. Wenn ihr jemand zuhört, bekommt sie schlimmen Schluckauf. Deswegen traut sie sich nicht, vor anderen zu singen. Als sie in der Schule in der Bücherei ist, hört sie Stimmen. Die Stimmen führen sie zum Musikzimmer. Als sie die Tür aufmacht, schreit sie: „Ahhhh!" Sie ruft: „Die Instrumente sprechen!" Im Zimmer stehen ein Klavier, eine Flöte und zwei Rasseln. Die Instrumente sprechen: „Keine Angst, wir tun dir nichts." Lea ist sehr erstaunt. Das Klavier fragt: „La le lu, wer bist denn du?" Lea antwortet: „Ich bin Lea." Die Instrumente finden den Namen sehr schön und fragen: „Sollen wir dir ein Geheimnis zeigen?" Lea ist unsicher, aber sagt ja. Die Instrumente führen sie zu einem Wandschrank. Die Instrumente sagen: „Mach die Tür auf!" Lea macht die Tür auf und hinter dem Wandschrank ist ein schöner Wald. Als Lea in den Wald geht, hört sie ihr Lieblingslied und singt mit. Die Instrumente finden Leas Stimme sehr schön. Sie sagen: „Schau dich doch ein bisschen um! Wir müssen noch etwas erledigen." Lea verschwindet im Wald. Die Instrumente veranstalten derweil ein Konzert mit einer großen Bühne und vielen anderen Instrumenten. Das Klavier ruft alle Freunde zusammen. Die Freunde verstehen sich. Das passiert noch rechtzeitig, weil Lea gerade aus dem Wald kommt. Die Instrumente rufen im Chor: „Überraschung!" Lea freut sich über die Überraschung. Lea fragt: „Ist das alles für mich?" „Ja das ist alles für dich!" Lea springt auf die Bühne und fängt an zu singen. Sie singt und singt, als sie plötzlich merkt, dass sie nicht mehr im Wald auf der Bühne steht, sondern im Musikzimmer in ihrer Schule. Erschrocken reißt Lea die Augen auf und schaut in die Gesichter ihrer Klasse. Ihre Mitschüler schauen sie bewundernd an und klatschen. Leas Musiklehrer fragt: „Willst du beim Sommerfest ein Lied auf der Bühne singen?" Lea weiß nicht, ob sie soll, aber nach langem Überlegen sagt sie ja. Ihre ganze Klasse jubelt. Nach ein paar Wochen ist es da, das Sommerfest. Lea ist sehr aufgeregt, aber sie denkt an die Instrumente und dadurch wird sie ruhiger. Dann muss sie auf die Bühne. Sie schließt die Augen und fängt an zu singen. Als sie fertig ist, macht sie die Augen auf und das ganze Publikum klatscht und klatscht und ist begeistert. Lea ist so unendlich glücklich. Und von da an traut sie sich vor anderen zu singen und bekommt keinen Schluckauf mehr.

Zoey Strelcyk und Lilli Winter
Grundschule Hammerschmiede, Klasse 4b

Elfchen lauter

Lauter
Politik Kritik
Demonstration Reden Aufbruch
Mut Ermordungen Verhaftungen Angst
Machtwechsel

Julius Singer
Gymnasium bei St. Stephan, Klasse 6d

Lauter!

L...   so schwirrt es mir im Kopf herum
La...   – Le – Lu, nur der Mann im Mond schaut zu
Lau...   weht ein Lüftchen durch das Fenster
Laut...   ist es im Klasenzimmer
Laute...   erklingen aus der Ferne
Lauter...   ,lauter!, ruft das Publikum.
              „Wir verstehen nichts!"
Das Ende des Gedichts!

Juliane Wirsching
Maria-Theresia-Gymnasium, Klasse 5a

Hör mir zu!

Der Blick in eure Augen verrät eure Meinung
und bitte redet nicht von einer Verneinung!
Warum seid ihr voller Hass,
ich hab nur keinen deutschen Pass.
Wenn Blicke töten könnten, wär nur noch die Hälfte da.

Aber warum? Ich bin doch nur ein Mensch,
den du nicht mal kennst.
Warum wird man nicht akzeptiert, wie man ist?
Seht ihr nicht den Schmerz, der mich innerlich zerfrisst?
Schau mich nicht nur an, sondern fühle mit mir.
Urteile nicht, sondern frag mal: Wie geht es dir?
Versetz dich in mich hinein,
dann würdest du auch wein'n.
Ich fühl mich so leer, so schwach,
denn das habt ihr mit mir gemacht.
Will nicht auffallen, sondern in der Normalität untergehen.
Es kribbelt in mir, ich will endlich schreien,
doch ich brech in mir allein.
Also denke erst und handle dann,
denn so kommen wir voran.
Und ich schreie und schreie, doch bei dir kommt nichts an.
Egal, ob Malediven oder Balkon, ob hell oder dunkel,
egal, welcher Glaube, egal, welche Herkunft,
aber egal ist nicht, wer ich bin.
Jetzt schrei ich all das raus,
was sich in mir staut.
Was bewirkt denn dein Hass?
Das Leben ist zu kurz, also lass!
So viel Zeit an Zorn verschwendet,
wäre es nicht langsam Zeit, dass es endet?

Dilara Arman und Felicitas Weger
Berufsfachschule für Kinderpflege, Klasse Ki 10C

Die alte Dame

Es war einmal eine alte Dame, die nicht mehr so gut hörte. Immer wenn
man sie etwas fragen wollte, rief sie: „Lauter!" Bald wollte sie keiner mehr
etwas fragen. Da dachte sie: „Vielleicht verstehe ich die Tiere besser." Da
fuhr sie in ein anderes Land. Dort traf sie einen Löwen. Der Löwe fragte:
„Was machst du hier?" Die alte Dame schrie: „Lauter!" Da rannte er davon. Sie lief weiter. Da traf sie eine Giraffe. Diese fragte: „Kann ich dir
helfen?" Die alte Dame schrie: „Lauter!" Die Giraffe steckte ihren Kopf in
einen Baum. Als die alte Dame das sah, wurde sie traurig, setzte sich hin
und begann zu weinen. Da kam ein Nilpferd und fragte mit röhrender

Stimme: „Warum weinst du?" Da blickte die alte Dame auf. Sie sagte: „Endlich!" und erzählte dem Nilpferd ihre Geschichte. Und dann wurden die beiden beste Freunde.

Tobias Riess
Jakob-Fugger-Gymnasium, Klasse 5a

Wann ich laut bin

Ich rufe immer laut bei mir zu Hause, wenn meine Mama den Backofen anlässt.
Ich bin immer laut, weil ich singe.
Ich bin immer laut, wenn ich mir wehgetan habe.
In der Pause bin ich manchmal laut.
Wenn wir in der Schule Fasching feiern, bin ich auch laut.
Mein Papa ist immer laut, wenn meine Katze Quatsch macht.

Lia Gieb
Grundschule Centerville-Süd, Klasse 2c

Kein Krieg!

Mir werden zu viele Menschen und Tiere in der Ukraine getötet. Mir ist es wichtig, dass mehr Menschen in der Ukraine überleben und dass keine Häuser mehr kaputt gehen.
Ich finde das alles nicht ok!

Sophia Beutmüller
Hans-Adlhoch-Grundschule, Klasse 2a

Lauter

L ava
A uto
U nfall
T elefon
E lefant
R oller

Gabriel Dreghici
Grundschule Herrenbach, Klasse 1b

Schwarz, weiß – alles gleich

Wie immer ist Lena auf dem Weg zur Schule. Sie hat es dort nicht einfach, eigentlich hasst sie die Schule! Wieso? Ganz einfach: Sie ist schwarz und wird in der Schule geärgert und gemobbt. „Mama, muss ich heute zur Schule? Du weißt, ich hasse die Schule!", fragte Lena ihre Mutter. „Lena, ich weiß, du fühlst dich nicht gut in der Schule und dass du geärgert wirst, weiß ich auch. Aber wie willst du später Geld verdienen, wenn du jetzt nicht lernst? Wenn du nicht zur Schule gehst, wird das nichts mit der Arbeit!", antwortete Lenas Mutter mit einem strengen Blick. Auf dem Weg zur Schule sah Lena die zwei Mädchen, die sie immer ärgerten. Sie wollte sich verstecken, doch bevor sie das tun konnte, hat eines der Mädchen sie schon gesehen. „Schau mal, da ist die Schwarzhäutige! Haha!", sagte das eine Mädchen zum anderen. „Wieso beleidigt ihr mich immer?", wollte Lena wissen und fing an zu weinen. „Ich habe euch gar nichts getan und ihr beleidigt mich trotzdem!" Weinend rannte sie Richtung Schule. Die Mädchen gingen ihr nach und lästerten über sie. Als Lena angekommen war, ging sie in ihr Klassenzimmer, doch es war keiner da. ‚Oh, ich glaube, ich bin ein bisschen zu früh! Naja, dann setze ich mich hin und warte', dachte sie für sich. Doch dann kamen auch schon die Mädels und gingen auf Lena zu und fingen an, sie an den Haaren zu ziehen und sie zu treten. „Auaaa! Lasst das, ihr tut mir weh!", flehte Lena. Sie hörten nicht auf, bis eine Mitschülerin von Lena und den beiden Mädchen dazu kam. „HEY!!! WAS ZUM HENKER MACHT IHR DA? IHR TUT IHR WEH! LASST DAS!", schrie die Mitschülerin. Die beiden Mädchen erschraken und drehten sich um. „Was willst du?", fragte das eine Mädchen. „Ich möchte, dass ihr sie in Ruhe lasst!", sagte sie mit einem bösen Blick. „Wieso sollten wir? Sie ist schwarz!", blaffte das Mädchen zurück. „Ja, und? Das ist noch kein Grund, sie deswegen zu mobben! Sie hat euch nichts getan, oder?", fragte die Mitschülerin. „Nein, hat sie nicht, aber sie sieht eklig aus! Ich meine, warum ist sie nicht weiß?", entgegnete das andere Mädchen „DENKST DU, SIE KANN DAS ENTSCHEIDEN? NEIN, EBEN NICHT! Hört zu, ihr müsst sie nicht mögen. Lasst sie einfach in Ruhe!", sagte die Mitschülerin wütend. „Ja, ok! Tut mir leid!", sagten die Mädchen kleinlaut zu Lena. „Ist ok!", sagte diese und war glücklich. Sie weinte vor Freude. Von da an wurden sie beste Freunde. Ich meine, man sagt doch immer: „Ende gut, alles gut".

Elisabeth Schuldhais
Werner-von-Siemens-Mittelschule, Klasse 6b

Laut denken

Ich denke, du denkst! WIR denken nicht.
Reden? Oft, aber doch zu wenig? Oder nur zu leise?
Viele Fragen, keine Antworten.
Man hört nur das, was man will! Man sagt, was andere hören wollen, meist ohne den eigenen Gedanken. Bringt die Lautstärke bedeutungsloser Worte etwas? Oder muss man sich entscheiden zwischen laut und leise? Jeder, der etwas zu sagen hat, muss laut reden dürfen. Erst denken, dann reden? Nein, auch erst reden und dann denken muss erlaubt sein. Dadurch kommen andere erst auf Gedanken, die unbedingt laut gesagt werden müssen!

Leon Theiß
Städtische Berufsoberschule, Klasse 11

Wir

Du bist laut und ich bin leise.
Doch zusammen sind wir wie auf einer Reise.
Wir schreien uns manchmal an und sind dabei sehr laut
Aber manchmal auch so still, als wären wir uns nicht so vertraut.
Wir verstehen uns blind,
weil wir so verschieden sind.

Nicole Drescher
Berufsschule V, Klasse MF11H

Lauter, viel lauter

Lisa kann alles supergenau hören. Sie hört, wenn ihre Katze Sammy durch den Garten geht und auf ein Stöckchen tritt. Sie hört, wenn Papa im Homeoffice im zweiten Stock der Stift hinunterfällt. Sie hört einfach alles.

Das war nicht immer so: Früher war Lisa fast gehörlos. Die damals 7-Jährige konnte zwar schon noch hören, aber alles ganz leise. Bis zu diesem entscheidenden Moment . . .

„Hey, Lisa! Ist das ein tolles Lied oder ist das ein tolles Lied!?", fragte ihre Freundin Ida und tanzte zur Musik. Lisa liefen die Tränen herunter. Eigentlich wollte sie auch die Musik anhören. Deswegen weinte sie. Aber so, dass es Ida nicht sieht. Lisa hatte nämlich geheim gehalten, dass sie fast gehörlos war. „Lauter, viel lauter!", weinte Lisa. Ida drehte ein paar

Stufen lauter. „So?", fragte sie. „Was hast du gesagt?", entgegnete Lisa. „OB DAS SO REICHT!", brüllte Ida. Sie war solche Reaktionen von ihrer Freundin gewohnt. Und so langsam fragte sie sich, was es damit auf sich hatte . . .

So ging das eine ganze Weile, bis Lisa plötzlich sagte: „Ja, so laut, das ist okay." „WAS?! DAS IST JA VIEL ZU LAUT!!!", schrie Ida. „KANN ES SEIN, DASS DU NICHT SO GUT HÖREN KANNST?!!!" Da erklärte Lisa: „Ja, ich kann nicht so gut hören. Ich wollte es irgendwie verheimlichen. Aber ich habe mir gedacht, dass das nicht klappt. Und jetzt hast du es herausgefunden." „Das hab ich doch schon immer gedacht! Komm, wir sagen das deiner Mama, dann kaufst du dir ein Hörgerät!", rief Ida.

Gesagt, getan. Noch am selben Tag ging Lisa ins Krankenhaus. Dort bekam sie ein Hörgerät. Damit kann sie seitdem super hören und fühlt sich wie ein neuer Mensch!

Lisa hört nicht nur supergut, sie hört besser als jeder andere! So auch in dieser Nacht: Alle schlafen, da wird Lisa von einem Geräusch geweckt. ‚Vielleicht ist es ja nur Sammy', schießt es Lisa durch den Kopf. Da ertönt eine Stimme: „Also, was sollen wir zuerst nehmen?" Darauf eine zweite: „Schau erst einmal im Sekretär nach, Zorro!" ‚Räuber!', denkt Lisa. ‚Sie wollen unser Haus plündern! Ich muss so tun, als würde ich schlafen.' „Ssss-zzzz" ist es danach aus Lisas Zimmer zu hören. „Oh, ja! Da ist wirklich was zu holen", raunt Zorro. „Danke, Don Bruno." Jetzt weiß Lisa, was zu tun ist. Sie muss die Polizei anrufen!

Lisa schleicht durch die Wohnung. Auf dem Weg zum Wohnzimmer hat sie schon fast das Telefon erreicht, da sagt Don Bruno: „Dann schau ich mal im Wohnzimmer nach." „Was, im Wohnzimmer?!", ruft Lisa in Gedanken!

Die Schritte kommen immer näher! Lisa weiß nicht, wo sie sich verstecken kann! Sie nimmt noch schnell das Telefon, dann versteckt sie sich im Schrank. Keine Sekunde zu früh, denn da betritt ein massiger Mann mit breiten Schultern den Raum. Er sieht sehr stark aus.

Don Bruno durchsucht sämtliche Schubladen nach Geld und anderen Wertsachen! Lisa wählt die 110. Sofort erklärt sie dem Diensthabenden, was passiert ist. Dieser schickt gleich vier Einsatzfahrzeuge los. Anscheinend hat Lisa ein berühmtes Räuberduo gefangen!

Allerdings hat der Anführer des Räuberduos sie entdeckt! Lisa hat so laut geredet, dass er sie gefunden hat! „Na, wen haben wir denn da?", fragt er sie. Lisa wird heiß und kalt. Da kommt auch Zorro! Was soll Lisa denn jetzt machen?!

Nun fragt der Anführer mit ganz misstrauischer Stimme: „Hast du die Bullen . . . äh, die Polizei angerufen? 110?" „N...n...nein", stottert Lisa. „Wieso hast du dann so laut gelabert?", fragt Don Bruno. Lisa zuckt mit den Schultern.

Doch da ertönen die Sirenen der Polizeiwagen! „Ich wusste es, ich wusste es!", brüllt Don Bruno. „Wieso bist du dann nicht abgehauen?", muss Lisa fragen. Da kommen schon die Polizisten! Sie drängen Don Bruno und Zorro in eine Ecke und nehmen sie fest.

„Ein fetter Fang!", sagt einer der Polizisten zu Lisa. „Wir verfolgen sie schon seit einer Ewigkeit." „Danke", entgegnet diese. „Aber das, wonach ich mich am meisten sehne, ist mein Bett. Übrigens hätte ich das ohne euch nie geschafft", gähnt sie. Lisa hört eben alles sehr genau.

David Eisele
Grundschule Bärenkeller, Klasse 3b

Erschüttert

Heute saß ich noch auf meiner Couch.
Doch plötzlich hörte ich einen lauten Laut,
ich sah aus dem Fenster:
Gebäude waren zerstört.
Ich spürte ein Kribbeln unter meinen Füßen,
ich rannte aus dem Haus.
Ich wusste, was passiert!
Ich hörte Kinder weinen – ein Erdbeben, das kann es nur sein!
Im kalten Winter draußen sein ist schlimmer, als in der Savanne zu sein.
Wenig Essen, das oft nicht ausreicht.
Länder spenden immer mehr.
Auch wenn ein paar Gebäude wieder stehen,
bleiben die Seelen der Menschen für immer zerstört!

Kayra Abacioglu
Maria-Theresia-Gymnasium, Klasse 6b

Jurymitglieder

Gertrud Hornung	Projektleitung, Maria-Theresia-Gymnasium
Iris Aigner	Berufsschule IV
Peter Dempf	Schriftsteller
Kirsten Denk	Grundschule Göggingen-West
Anna Dumont	St.-Georg-Mittelschule
Dr. Michael Friedrichs	ehemals Wißner Verlag
Jürgen Fergg	Stadtwerke, Pressesprecher
Harald Horn	ehemals Berufsschule IV
Hedwig Jordan	ehemals Grundschullehrerin
Werner Kruse	ehemals Reischlesche Wirtschaftsschule
Anja Marks-Schilffarth	Augsburg Journal
Erich Pfefferlen	Schriftsteller
Sigrid Prinz	ehemals Agnes-Bernauer-Realschule
Marina Sandmann	Servicestelle für Schulentwicklung
Sieghard Schramm	ehemals Stadtrat
Anita Sohnle-Schütz	Unterstützerin
Ulrike Stautner	ehemals Gesamtelternbeirat
Helga Treml-Sieder	Stifterin
Elfriede Wagner von Hoff	ehemals Agnes-Bernauer-Realschule
Katharina Wieser	ehemals Elternvertretung Augsburger Gymnasien

Schulen und Klassen